すらすら図解

貿易・為替のしくみ

後藤守孝＋軽森雄二＋粥川泰洋【著】

輸出金融の種類

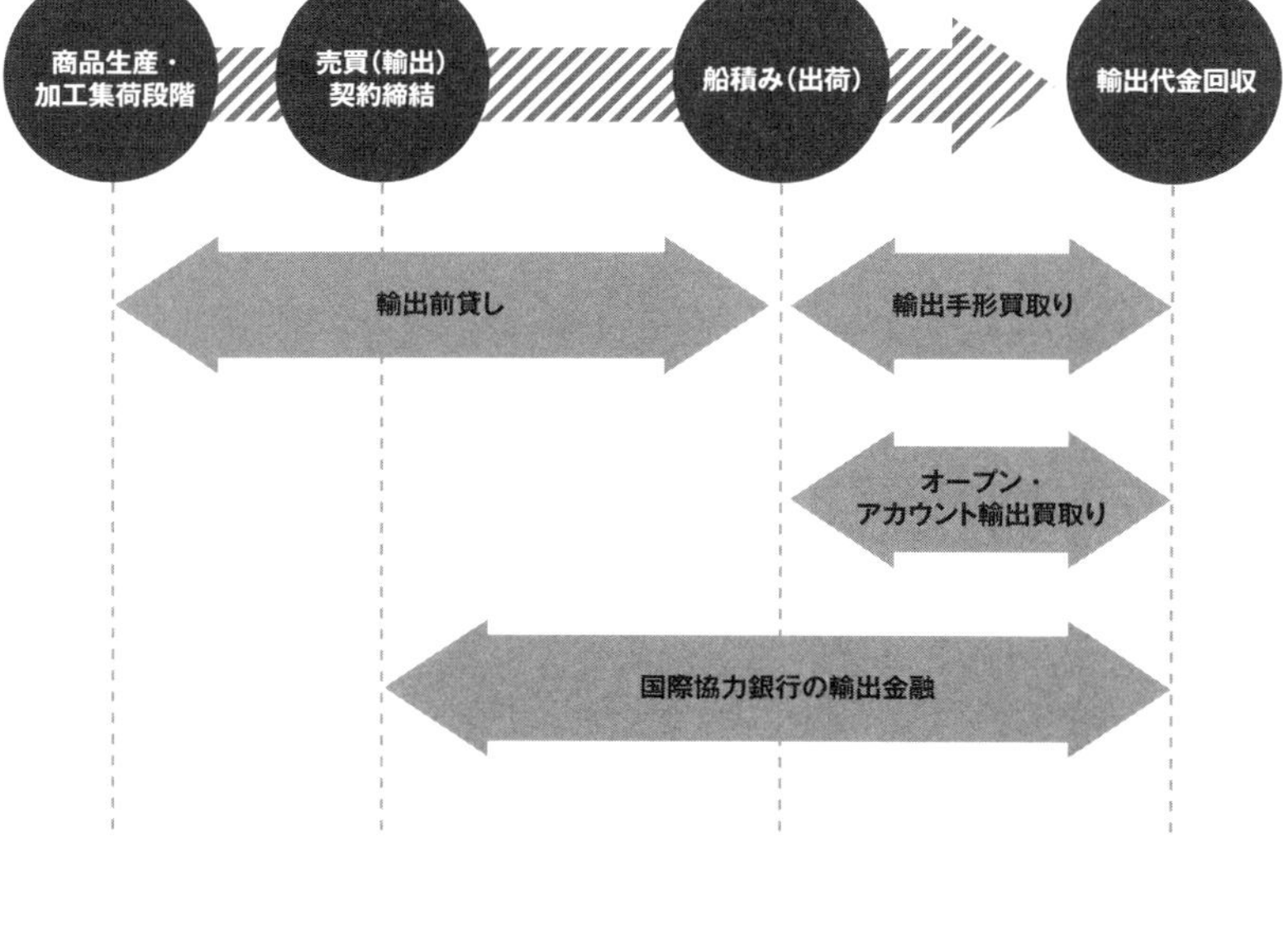

中央経済社

はじめに

日本経済は少子高齢化と所得の伸び悩みから需要の低迷が続いているうえ、貿易や海外進出の面でもかつての勢いはありませんが、今後とも海外需要に目を向けた動きが変わることはないと思われます。このような状況を踏まえると、貿易取引の多様化、資本取引の拡大と海外進出の重要性が変化することはなく、こうした流れは今後とも続いていくものと思われ、ビジネスに携わる者にとっては、従来にもまして外国為替取引の幅広い知識を必要としているといえます。

そこで、広範な内容を含む外国為替取引全般について、主として外国為替実務に従事して日の浅い人、少し経験はあるが改めて基本を学び直したい人を対象に、コンパクトな入門書の作成を企画しました。学習テーマを2頁ごとに区切って図表を付すことで、多忙でまとまった学習時間のとれない人でも、比較的容易に外国為替取引の基本が学べることを目指しています。

また、貿易取引など外国為替取引ではモノやサービスの流れと資金の流れが一体となっているため、銀行取引についても説明を加え、より理解が深まるような構成としました。

本書を読めば外国為替取引の基本とその全貌をつかめるようになっていますが、それを実際に実務に生かすには、より詳しい知識の習得が必要です。巻末に掲げた書籍などを参考にして実務に耐えうる知識を身につけてください。

本書の構成は全体を10章に分けて、以下の内容を解説しています。

第1章～第5章：外国為替取引の基本知識
第6章～第8章：貨物の移動を伴う国際間取引（貿易取引）と貿易金融
第9章：貨物やサービスの移動の伴わない金融取引（資本取引）のなかで銀行等が関わる取引

第10章：外国為替取引の総合的な知識と応用を必要とする国際間取引の広がりと海外進出

なお、本書の出版にあたっては、株式会社中央経済社取締役坂部秀治様に大変お世話になりました。この場を借りて感謝申し上げます。

２０１７年２月

著者一同

本書の内容は、２０１７年２月末現在の法令等に基づいています。

Contents

第1章　外国為替とは

1 外国為替のあらまし ―― 2
国内取引と異なる外国為替取引の特徴と資金移動としての外国為替

2 外国為替の決済① ―― 4
取引リスクから見た貿易決済手段である送金と荷為替手形の特色

3 外国為替の決済② ―― 6
貿易決済手段である信用状の特色

4 外国為替の決済③ ―― 8
信用状の特質である独立抽象性・書類取引性・取消不能性等

5 信用状の金融機能 ―― 10
輸出者にとっても輸入者にとっても信用状は金融手段として利用できる

6 船積書類① ―― 12
積荷明細の商業送り状と、貨物の所有権を表す船荷証券

7 船積書類②　14
迅速な貨物引取りのための航空運送書類と、貨物危険回避のための保険書類

8 コルレス契約　16
外国為替取引に必要な外国の銀行との契約と取り決め内容

9 スイフト(国際銀行間通信協会)　18
国際間金融取引の通信手段

10 外国為替決済システム　20
各国の大口決済のしくみ

コラム　外為決済リスクとその削減策／22

第2章　外国為替取引に関する法制

11 外為法のあらまし　24
規制概要、適用範囲と対象取引

12 外為法に基づく銀行等の義務　26
適法性の確認と本人確認

13 犯収法と銀行等の義務①　28
取引時確認(本人特定事項と顧客管理事項の確認)とは

14 犯収法と銀行等の義務②　30
外国為替取引に係る通知義務とは

23 国際海上物品運送法 50
国内法化された国際条約（ヘーグ・ヴィスヴィ・ルール）

24 ウィーン売買条約 52
国際間の物品売買契約に適用される国際連合条約

コラム 英文保険証券と協会貨物約款（ICC：Institute Cargo Clauses）／54

第4章 外国為替相場

25 外国為替相場と相場の決定 56
相場が変動する要因は何か

26 外国為替相場の建て方 58
外国通貨建て・自国通貨建てと裁定相場

27 外国為替相場の種類 60
売相場・買相場、銀行間相場・対顧客相場、直物相場・先物相場

28 公表相場と市場連動相場 62
取引金額の大小で区分される、顧客との取引に適用される相場

29 対顧客相場 64
金利や手数料を含む、顧客との取引に適用される相場

30 先物相場と為替予約 66
将来の特定の日または期間に外貨の受渡しを行う契約

31 為替予約の解約・延長・繰上げ―68
予約期日に外貨の受渡しができない場合の取扱い

32 通貨オプション等デリバティブズ―70
為替変動リスクを回避する手段の1つ

33 為替リスクヘッジ―72
為替変動リスクを回避する対策の数々

コラム 外国為替市場（銀行間市場）における相場表示／74

第5章 外国送金

34 外国送金のしくみ―76
電信送金、郵便送金、送金小切手の種類があるが、大部分は電信送金

35 外国送金における規制―78
外為法、犯収法および調書提出法の確認義務と報告

36 仕向外国送金―80
送金取組時に注意すべき主な事項

37 銀行間資金決済―82
外国送金に必要な銀行間での資金受渡しのしくみ

38 BICとIBAN―84
外国送金における銀行識別コードと国際銀行口座番号

第6章 輸出入契約と貨物の流れ

47 輸入貨物の流れ 104
船積書類到着後から荷物受取りまでの手順

48 通関手続き・保税制度・関税 106
輸出入者または海貨業者は税関に申告する。輸入の場合は納税申告も行う

49 貿易クレームと輸出代金回収 108
売買契約書にクレーム対応の規定を盛り込んでおくのが近道

50 輸出入取引に伴う各種リスク 110
信用リスク、為替変動リスク、カントリーリスクへの対策

51 製造物責任・知的財産権 112
輸出入品をめぐる重要な法務対応

コラム AEO（Authorized Economic Operator）制度／114

第7章 輸出

52 外為法上の輸出規制 116
経済産業大臣の許可や承認が必要な貨物等がある

53 輸出取引の約定書 118
銀行と「外国向為替手形取引約定書」を締結しておく

54 信用状付輸出手形取引の流れ 120
船積書類一式と為替手形を取引銀行に持ち込み、輸出代金を回収する

55 信用状と条件変更の通知 122
信用状が受益者に通知されるしくみ

56 信用状の確認・譲渡 124
信用状には信用度を補強する確認、利便性を高めるための譲渡がある

57 信用状付輸出手形の買取り 126
買取銀行にとって、輸出者への信用供与となる

58 ディスクレのある場合の対処 128
主に5つの方法があるが、それぞれ一長一短あり

59 信用状に基づく銀行間補償 130
買取銀行が輸出者に立て替えた資金の回収

60 信用状なし輸出手形取引の流れ 132
D／P手形とD／A手形の2つの形態がある

61 輸出手形保険制度 134
NEXIが保険者、買取銀行が保険契約者となり、保険料は輸出者に転嫁

62 輸出金融 136
輸出船積み前後で受けられる融資制度

63 保証 138
本邦債務者が海外の債権者に差し入れる銀行保証

コラム フォーフェイティングと輸出ファクタリング／140

第8章 輸 入

64 外為法上の輸入規制 142
経済産業大臣の承認・確認を要する輸入規制には5つの制度がある

65 輸入取引の約定書 144
「信用状取引約定書」のほか「外国為替取引約定書」がある

66 信用状の発行、条件変更、取消し 146
輸入信用状発行依頼書は与信の申込書でもある

67 信用状付輸入手形取引 148
ディスクレの諾否を輸入者に照会することがある

68 信用状なし輸入手形取引 150
船積書類を輸入者に引き渡す条件には、D／PとD／Aがある

69 輸入担保荷物貸渡し（T／R） 152
輸入貨物を銀行の担保にしたまま、輸入者に貸し渡す方法

70 輸入航空貨物貸渡し（Airway T/R） 154
輸入航空貨物を銀行の所有のまま、輸入者に貸し渡す方法

71 輸入担保荷物引取保証（L／G） 156
船荷証券なしで輸入者が貨物を受け取れる商慣習

72 輸入金融——158
輸入ユーザンスと輸入撥ね（ハネ）融資のしくみ
コラム B/Lの危機と船積書類の電子化の動向/160

第9章　資本取引

73 資本取引とは——162
資金のみが移動する対外的な金融取引のこと
74 外貨預金——164
決済口座、資金運用目的、為替リスクヘッジ等の手段として利用される
75 インパクト・ローン——166
資金使途に制限のない外貨建ての融資のこと
76 ネッティング、プーリング——168
受取りと支払いの相殺や資金の集中管理でリスクや手数料を減少させる
77 現地金融——170
親会社が支援する海外現地法人の借入れの4つのパターン
コラム 地域統括会社とタックスヘイブン対策税制/172

第10章　国際間取引の広がりと海外進出

78 直接貿易と間接貿易 174
国内取引では発生しない貿易におけるリスクや留意点

79 仲介貿易 176
販売力のある現地企業と提携する輸出方法

80 海外販売店・代理店の活用 178
自社の技術やブランドを提供することで海外で稼ぐ

81 技術輸出 180
資金や人材の負担を抑えて優位な海外で生産する

82 海外委託加工・委託生産 182
海外販売地域の拡大に伴い増加する三国間貿易とその類似取引

83 海外進出の形態 184
目的に応じて駐在員事務所や支店、現地法人などを設立する

84 直接投資 186
現地法人設立のメリット・デメリットと単独進出と合弁の違い

コラム 日本企業の海外進出状況／188

● 参考文献／189

第1章

外国為替とは

1 外国為替のあらまし
2 外国為替の決済①
3 外国為替の決済②
4 外国為替の決済③
5 信用状の金融機能
6 船積書類①
7 船積書類②
8 コルレス契約
9 スイフト（国際銀行間通信協会）
10 外国為替決済システム

1 外国為替のあらまし

国内取引と異なる外国為替取引の特徴と資金移動としての外国為替

異国間の取引において為替手形などの手段で金融機関を介して行う資金移動のことを外国為替といいますが、通常、通貨の交換が伴うので、通貨の交換を含めて外国為替と呼んでいます。

●外国為替の特徴

① 外貨と円貨との交換

大半の外国との取引では、輸出者は外貨で輸出代金を受け取り、輸入者は外貨で輸入代金を支払います。ところが、輸出者は国内で通用しない外貨を受け取っても使い道が限られますし、輸入者は代金支払いのための外貨を必要とします。そこで金融機関との間で外貨と円の交換が行われます。

② 為替相場変動リスク

外貨と円貨の交換比率である外国為替相場（㉕項参照）は絶えず変動しており、相場変動によって商取引で得た利益を一瞬にして失うこともあります。このリスクを避けるため、為替予約などの手段を利用します。

③ コルレス銀行

外国為替取引の決済を務める銀行は、世界中の銀行とのネットワークを必要とし、世界各国の銀行と外国為替のための取り決めを結んでいます。この取り決めをコルレス契約といい、コルレス契約（⑧項参照）を取り交わしている相手銀行のことをコルレス銀行といいます。

④ 特有な取引手段、法令上の規制

外国為替は遠く離れた外国との取引です。取引相手の信用状態をつかむことは国内取引よりもずっと困難ですので、外国為替取引では、信用状（③項参照）のようなしくみを利用して困難を克服しています。また、条約、国際的な規則や各国の外国為替管理などの規制を受けます。

⑤ 民間銀行を通じた銀行間の資金決済

米ドル建取引を例にとると、日本など米国以外の国に所在する銀行は、米国のコルレス銀行に米ドル口座を保有し、この口座を通じて外国為替取引に必要な資金の決済を行います。

●外国為替のしくみ

外国為替には、債務者から債権者に代金を送る送金為替と、債権者が債務者から代金を取り立てる取立為替があります。送金為替は、決済手段（支払指図）と資金の流れは同方向で、並為替ともいいます（34項参照）。取立為替は、決済手段（手形・小切手）と資金の流れが逆方向であるため逆為替ともいい、主に貿易代金の決済に用いられます（60項参照）。

外国為替の位置づけ

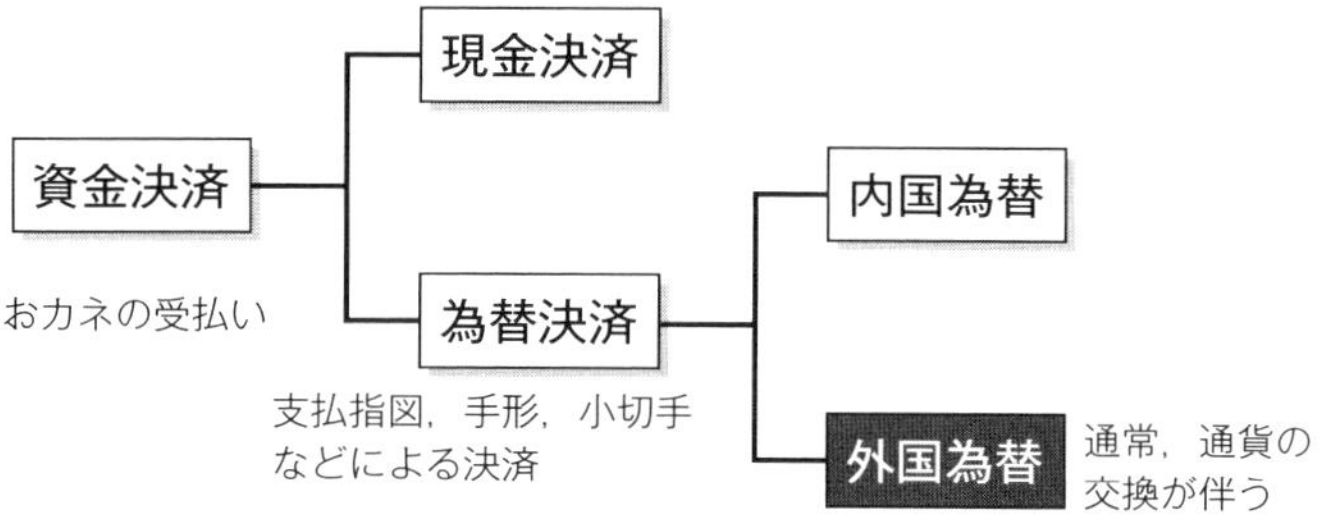

なお，ここでは相殺やネッティングによる決済を省略している。

送金為替（並為替）

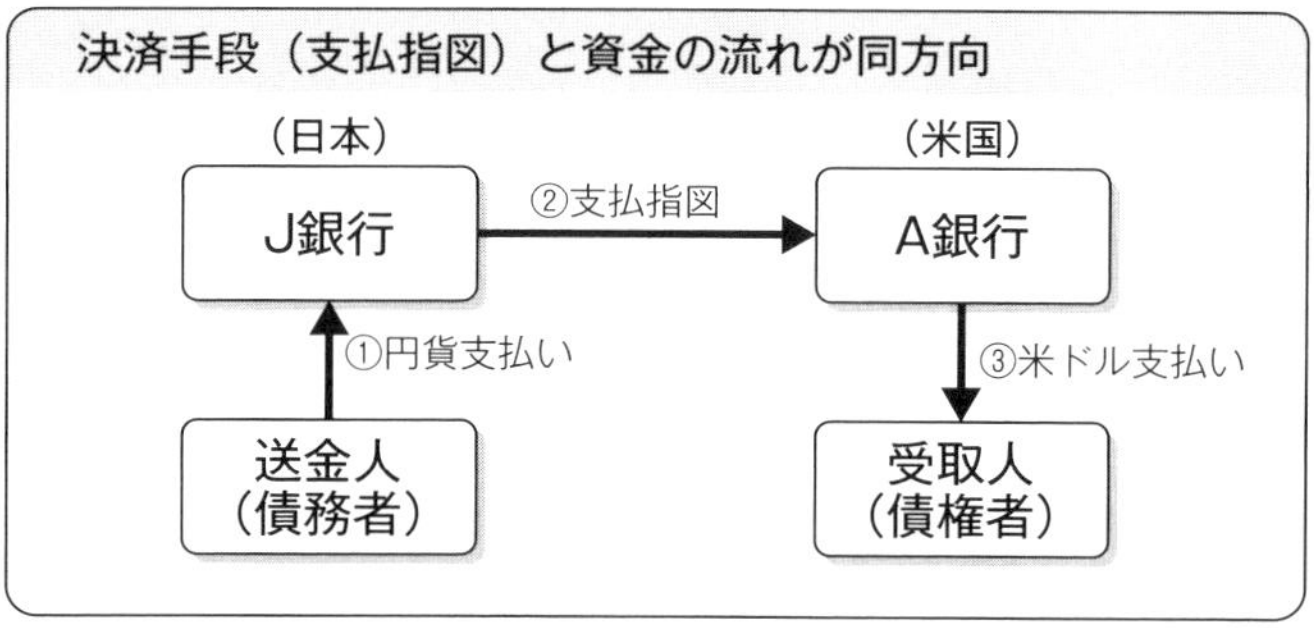

取立為替（逆為替）

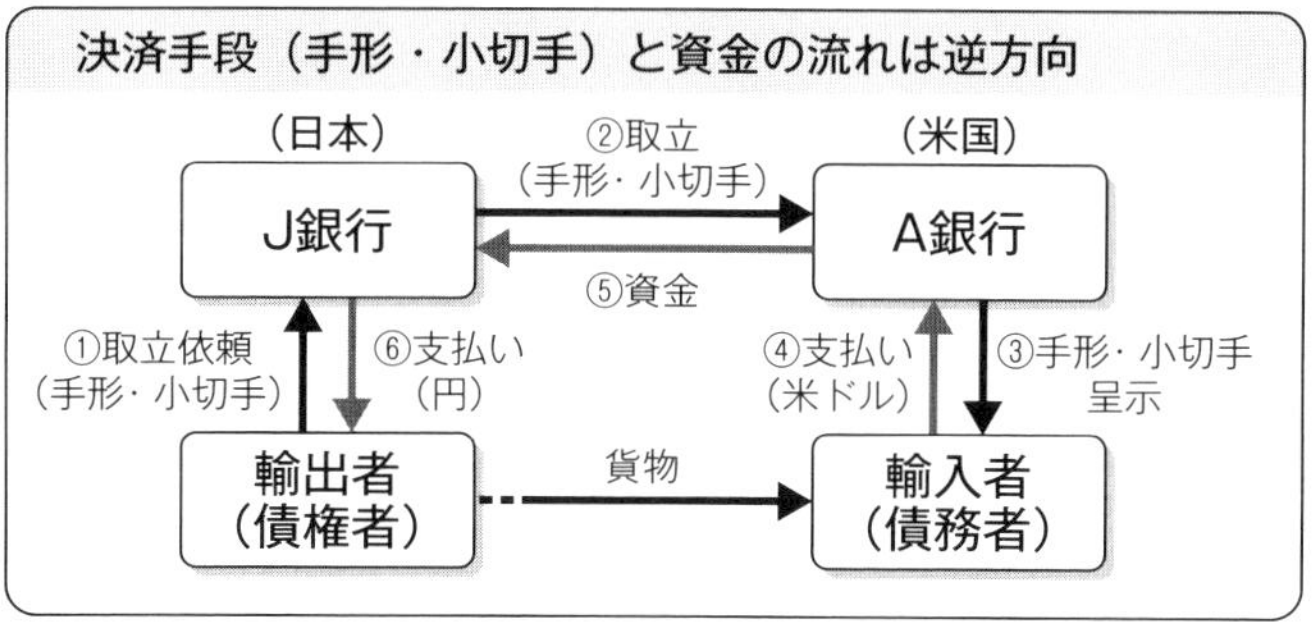

2 外国為替の決済①

取引リスクから見た貿易決済手段である送金と荷為替手形の特色

外国との貿易は、取引相手がお互いに遠く離れているため、相手方の情報入手は難しく、国内取引に比べて信用状態の把握は困難です。これを克服するため、貿易取引の長い歴史のなかで、荷為替手形や信用状が生み出されてきました。

●送金

貿易代金の決済手段の1つに送金がありますが、送金時期により輸出者と輸入者の負うリスクが異なります。船積み前に輸入者が代金を送金すれば、輸出者は安心して船積みできますが、輸入者は代金を支払ったものの契約どおりに貨物が受け取ることができるか不安です。輸入者が貨物を受け取ってから送金すると、輸入者は契約どおりの貨物であることを確かめたうえで代金を支払えるので安心ですが、輸出者にとっては輸入者が本当に支払ってくれるか不安です。そこで、輸出者と輸入者双方の不安を取り除くため、荷為替手形による決済が生まれてきました。

●荷為替手形

荷為替手形とは、為替手形に船荷証券などの船積書類を添付したもので、輸出者は貨物を船積みしたあと取引銀行に依頼して荷為替手形を輸入地の銀行に取り立ててもらい、輸入地の銀行では、手形の支払いまたは引受けを条件に輸入者に船積書類（6 7項参照）を引き渡します。

船積書類の引渡しには、手形の支払いまたは引受けを条件に引き渡す方法があり、それぞれ支払渡し（D／P）または引受渡し（D／A）（60項参照）といいます。

荷為替手形の利用により、輸出者は手形の支払いまたは引受け前に貨物が輸入者に引き渡される危険はなくなりますし、輸入者は契約どおりの貨物が船積みされたことを確認して支払いまたは引受けを行えるので安心です。

手形の支払いまたは引受けを条件に船積書類の引渡しを行うことで、輸出者と輸入者の双方のリスク軽減を図れますが、信用状態に起因する危険は、依然として残っています。輸入者が商品を注文しておきながら、市況の悪化、信用状態の悪化等により、注文を取り消したり、貨物が到着しても代金を支払わないことがあるのです。

送金，荷為替手形および信用状取引の相互比較

	送金	荷為替手形	信用状取引
決済手段の違いによる取引リスクの大小	大	←	小
決済手段の複雑性	簡単	→	複雑
取引コスト	少	→	大
銀行との関係(緊密度)	低	→	高

近年は日本企業の海外進出が進み，国際間取引における取引リスクが低減したため（グループ企業間取引など），オープン・アカウント（62項参照）と称する送金決済の比率が増加している。

外国為替の決済方法

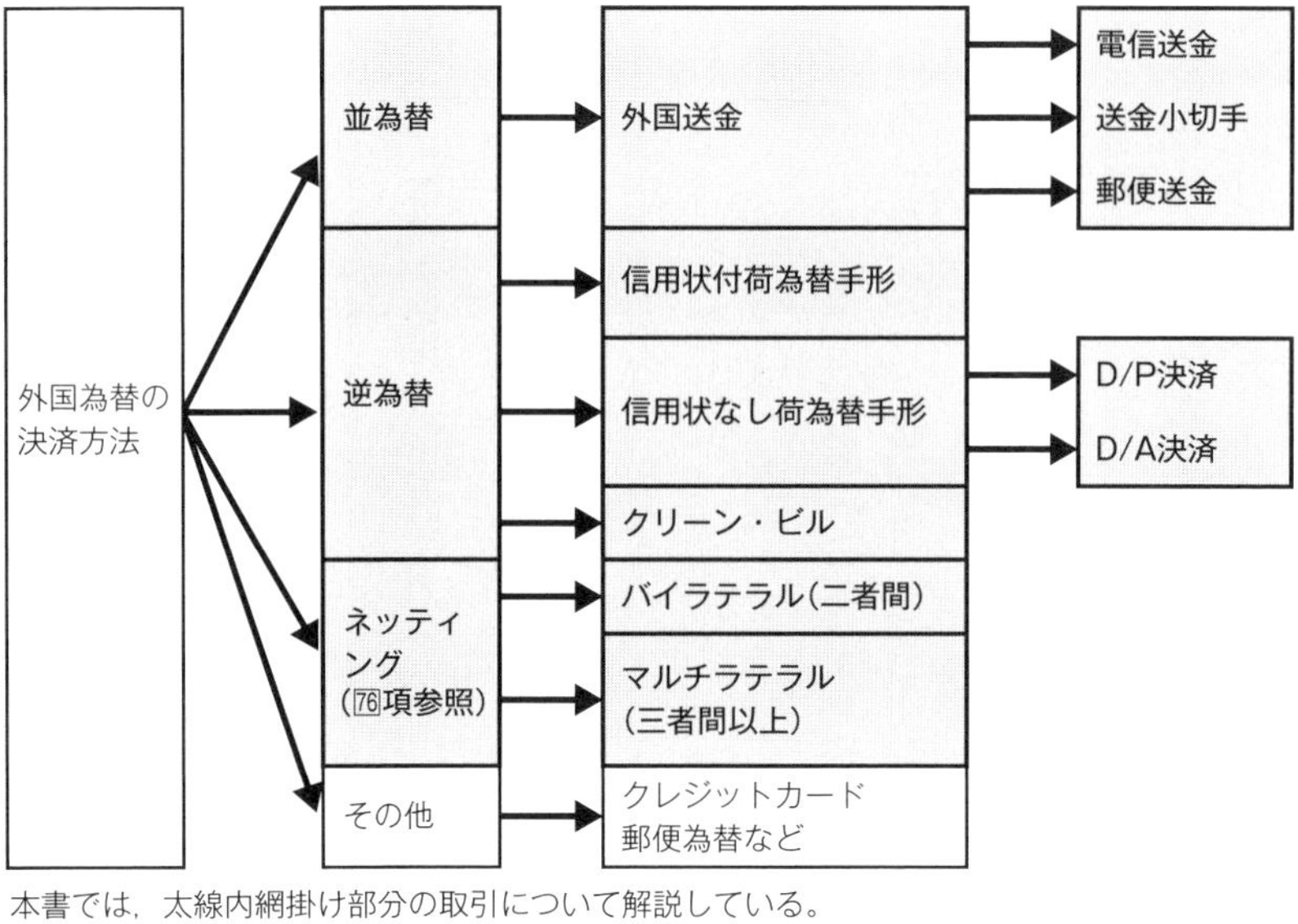

本書では，太線内網掛け部分の取引について解説している。

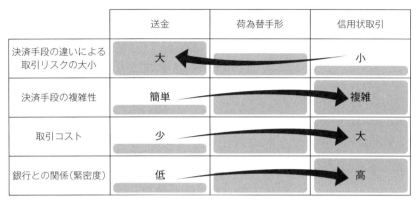

3 外国為替の決済②

貿易決済手段である信用状の特色

輸入者の支払能力、誠実さ等の信用状態を把握することは難しく、荷為替手形といえども確実とは限りません。そこで、外国為替の決済手段として、輸入者の信用を補強する信用状が発達してきました。

●信用状（信用状と荷為替手形の結合）

信用状とは、輸入者の依頼を受けた輸入地の銀行が信用状の要求する為替手形と船積書類の呈示を条件に、輸出者に対して一定の金額の支払いを確約する取り決めです。信用状を利用することで、荷為替手形の利点に銀行の信用が加わり、貿易取引が一層円滑に行われるようになりました。

信用状は、送金や信用状なし荷為替手形と比べ、手続きが複雑で、信用状発行手数料などの費用もかかりますが、何より輸出者、輸入者双方にとって安全で確実な決済方法です。

●輸出地における信用状取引の協力者

信用状は、輸入者の依頼に基づき、輸入地の銀行が輸出者を受益者として発行されますが、遠く離れた輸出地で、発行銀行自ら輸出者のために信用状の通知や輸出手形の買取りをすることはできません。発行銀行に代わって行動してくれる輸出地の銀行が必要になります。そこで、発行銀行は、輸出地の銀行に依頼して、信用状の通知、確認、買取り等の信用状取引に必要な銀行の役割を担ってもらいます。

このとき、信用状の通知をしてくれる銀行のことを通知銀行、確認をしてくれる銀行を確認銀行、買取りや支払いなどをしてくれる銀行を指定銀行といいます。

詳しい内容は第7章の55項~57項を参照してください。

信用状の役割と信用状が有効に機能するためのしくみ

信用状の役割	輸入者の取引銀行が輸出者を受益者とする信用状を発行することで輸入者の信用を補強して国際間の売買取引（貿易取引）を円滑化する
信用状が有効に機能するためのしくみ	✓独立抽象性 ✓書類取引性 ✓取消不能性 ✓信用状の主たる債務者は信用状発行銀行 ✓輸出地における信用状発行銀行の協力者である通知銀行，指定銀行，確認銀行および譲渡銀行（56項参照）の存在 ✓輸出地，輸入地以外の第三国で信用状の決済をサポートしてくれる補償銀行（59項参照）の存在

4 外国為替の決済③

信用状の特質である独立抽象性・書類取引性・取消不能性等

決済手段としての信用状の役割を有効に果たすしくみとして、信用状には独立抽象性や書類取引性などの特質があり、また、さまざまな機能を持つ信用状があります。

●信用状の特質

① 信用状の主たる債務者は発行銀行

信用状は、発行銀行と輸出者（信用状の受益者）との間の契約とされています。輸入者の依頼で発行されて、信用状にその名前が記載されますが、信用状の主たる債務者は発行銀行です。

② 独立抽象性

信用状取引では、売買契約の当事者でない商品の売買に不慣れな銀行が信用状を取り扱います。もし、発行銀行の支払確約について売買契約の履行を条件にすると、銀行は書類の点検だけでなく、売買契約の履行を確認しなければならず、それは事実上不可能です。円滑な貿易取引を行うという信用状本来の機能を発揮できません。

そこで、信用状は、売買契約その他の契約から独立した別個の契約であり、それらの契約に拘束されないという性質を持っています（独立抽象性）。

③ 書類取引性

独立抽象性を担保するため、信用状取引は書類の形式審査だけの書類取引になっています（書類取引性）。銀行は書類だけを取り扱い、書類が関係する物品やサービスは取り扱いません。

④ 取消不能性

発行された信用状が、発行銀行の事情で一方的に取り消すことができると、輸出者は安心して信用状を利用することができず、使用をためらうことにもなります。そこで、いったん有効に発行された信用状は、発行銀行、もしあれば確認銀行、および受益者の同意がない限り、取消しや変更はできません（取消不能性）。

独立抽象性の原則

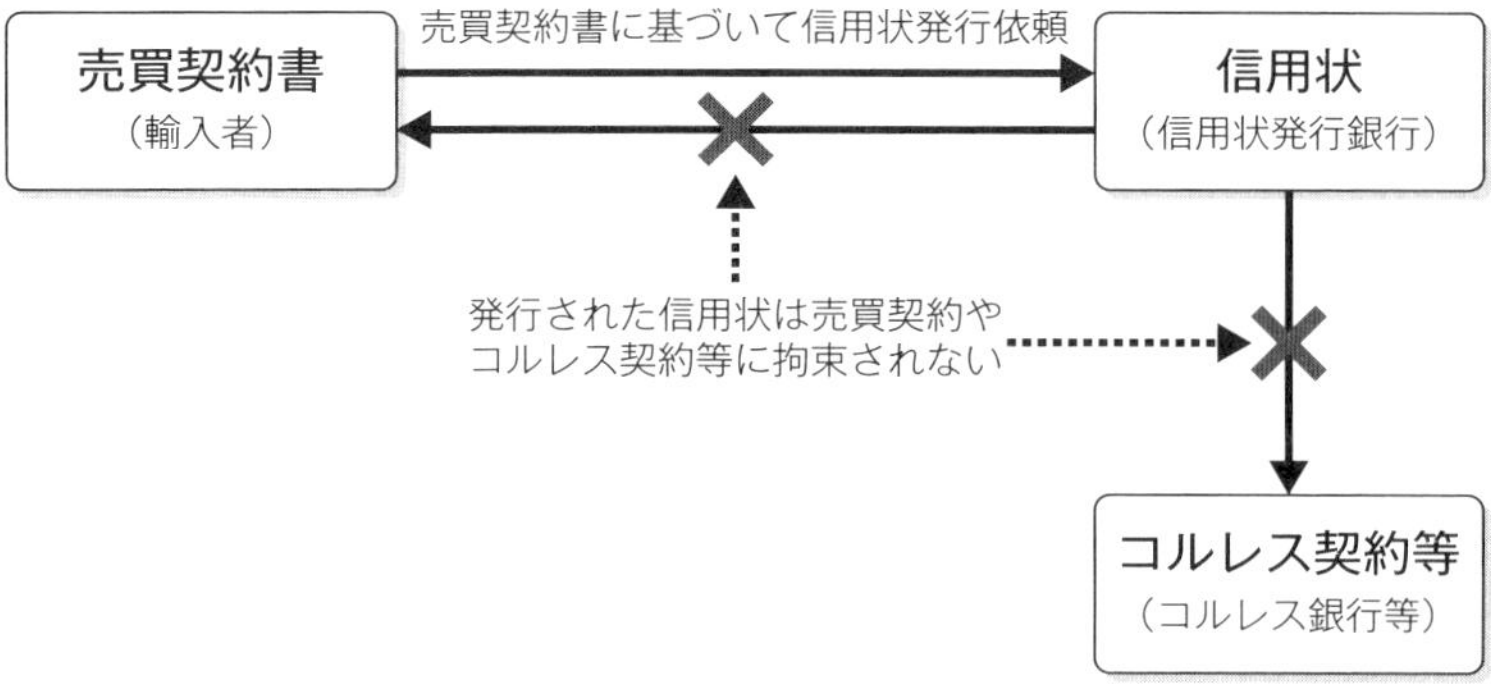

書類取引の原則

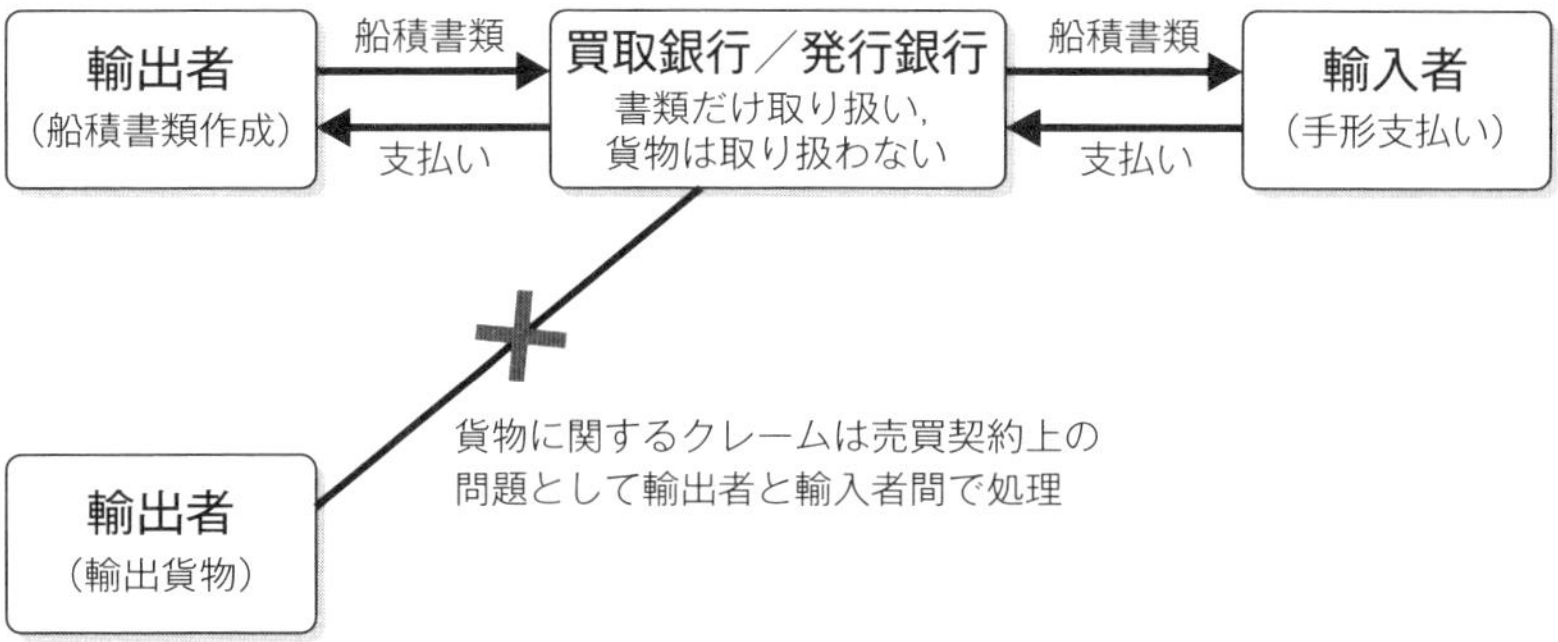

●信用状の種類

信用状の信頼性を高めるため、輸出地の有力な銀行が、発行銀行の依頼を受けて発行銀行の支払確約に加えた別の支払確約を付与する「確認信用状」、受益者が信用状を第三者に譲渡して取引を円滑化する「譲渡可能信用状」など、さまざまな機能を持った信用状があります。

5 信用状の金融機能

輸出者にとっても輸入者にとっても信用状は金融手段として利用できる

信用状取引とは、為替手形や運送書類等の機能、国際間決済のしくみ、さらには銀行の信用力と資金を利用した取引であり、輸出代金の回収を確実にする手段であるだけでなく、輸出者・輸入者にとって金融面でも重要な機能を持っています。

●輸出者に対する金融機能

信用状取引では、信用状に記載された為替手形と船積書類（荷為替手形）の呈示を条件に、輸入者の取引銀行である発行銀行が支払いを確約しています。そのような荷為替手形は輸出者の取引銀行にとって支払いの確実性が高いので、輸出者から依頼があれば買い取ることもできます。したがって、輸出者は輸入地からの支払いを待つことなく、早期に輸出代金の回収が図れることになります。

また、信用状があれば、銀行は輸出貨物の生産や集荷に要する資金を輸出者に貸し出すこともできます（輸出前貸し。62項参照）。

●輸入者に対する金融機能

輸入者にとっても、輸入貨物を銀行の担保に差し入れることで、信用状の発行銀行から輸入ユーザンス（72項参照）という借入れをして輸入手形の決済をするとともに、輸入担保荷物の貸渡しという手続きにより、銀行から船荷証券を含む船積書類を受け取り、船荷証券と引き換えに船会社から貨物の引渡しを受けることができます。したがって、輸入者は、銀行から貸渡しを受けた貨物を販売してから、その売却代金をもって借入れの返済をすることができます。

なお、輸入担保荷物の貸渡しとは、発行銀行が所有者となっている輸入貨物を輸入者に貸し渡して貨物の販売まで認める制度です。詳しくは、第8章69項で説明します。

●荷為替手形取引と信用状取引

信用状の金融機能についての理解の一助として、輸出者、輸入者、買取銀行、取立銀行および信用状発行銀行それぞれの立場からみた、信用状なし荷為替手形取引と信用状付荷為替手形取引の特徴を図解しています。

信用状なし荷為替手形取引と信用状付荷為替手形取引の特徴

<table>
<tr><td rowspan="4">信用状なし荷為替手形取引</td><th>輸出者</th><th>輸入者</th></tr>
<tr><td>●輸入者による支払いまたは引受けまでの間，貨物に対する所有権を確保できる。
●銀行が荷為替手形の買取りに応じてくれれば，早期に代金を回収できる。</td><td>●売買契約に従って貨物が船積みされたことを，船積書類により確認したうえで，代金の支払いまたは引受けを行うことができる。
●貨物の裏付けがあるので，銀行から決済資金の融資を受けやすい。</td></tr>
<tr><th>買取銀行（輸出者の取引銀行）</th><th>取立銀行（輸入者の取引銀行）</th></tr>
<tr><td>●荷為替手形に裏付けられた担保（貨物）が存在するので，買取りに応じやすい。</td><td>●輸入貨物の決済資金を融資する場合，担保（貨物）を確認できる。</td></tr>
<tr><td rowspan="4">信用状付荷為替手形取引</td><th>輸出者</th><th>輸入者</th></tr>
<tr><td>●信用状発行銀行の支払確約がある。
●信用状条件を充足した荷為替手形を整え，取引銀行に買取りを依頼することで，早期に代金を回収できる。
●信用状があるので，船積み前に取引銀行から生産，集荷等の運転資金の融資を受けやすい。</td><td>●信用状の発行により，輸出者を安心させ，価格条件や決済条件等を有利に導きやすい。
●輸入ユーザンスという借入れを利用し，貨物の貸渡しを受けて貨物を引き取り，それを売却した代金で輸入ユーザンスの決済を行うことができる。</td></tr>
<tr><th>買取銀行（輸出者の取引銀行）</th><th>信用状発行銀行（輸入者の取引銀行）</th></tr>
<tr><td>●信用状発行銀行の支払確約があるので，安全性の高い取引ができ，買取りに応じやすい。</td><td>●信用状条件どおりの船積みが行われたことを確認でき，取引の安全を確認できる。</td></tr>
</table>

6 船積書類①

積荷明細の商業送り状と、貨物の所有権を表す船荷証券

商業送り状、船荷証券などの運送書類、保険書類は、輸出者と輸入者だけでなく、貿易取引を側面から支えている関係者にとっても重要な書類です。

●商業送り状

商業送り状は、輸出者が輸入者宛に発行する、貨物の明細や代金支払請求の根拠を示す書類であり、輸入者に対する請求書、出荷案内書でもあります。輸出申告用の書類でもあり、輸入者にとっては輸入申告において関税（48項参照）算定の課税価格を計算する資料です。

●船荷証券

船荷証券は船積書類の中で最も重要な書類です。船会社が運送品を受け取り、これを海上運送して指定港（輸入地）で証券の正当な所持人に引き渡すべきことを証する有価証券であり、また海上運送契約の証拠書類でもあります。

① 船荷証券の性質

運送人は、船荷証券と引き換えでなければ貨物を引き渡す義務はなく、証券との引き換えなしに貨物を引き渡しても有効な引渡しとはなりません（受戻証券）。貨物の引渡しを請求できるのは、船荷証券を所持している証券上の権利者（証券上に荷受人として記載された者など）だけです。

② 船荷証券の種類

船荷証券の種類には次のようなものがあります。

・船積船荷証券と受取船荷証券

船積船荷証券とは、貨物が船荷証券に記載された船舶に船積みされたことを表している証券です。信用状統一規則（20項参照）も、貨物が記載船舶に積込み済みの表示を求めています。受取船荷証券は、貨物の受取りだけを表している船荷証券ですが、積込み済みの付記があれば船積船荷証券とみなされます。

・指図証券と記名証券

船荷証券には、指図証券（指図式）と記名証券（記名式）があります。指図証券では、荷送人またはその指図人（裏書によりその証券を譲り受けた者）が貨物を受け取ることができます。記名証券は、荷受人欄にその名を記載された者だけが貨物を受け取ることができるものです。わが国では、記名証券も、裏書禁止の記載がなければ裏書により権利を譲渡することが認められていますが、欧米では裏書譲渡は認められていません。

船荷証券

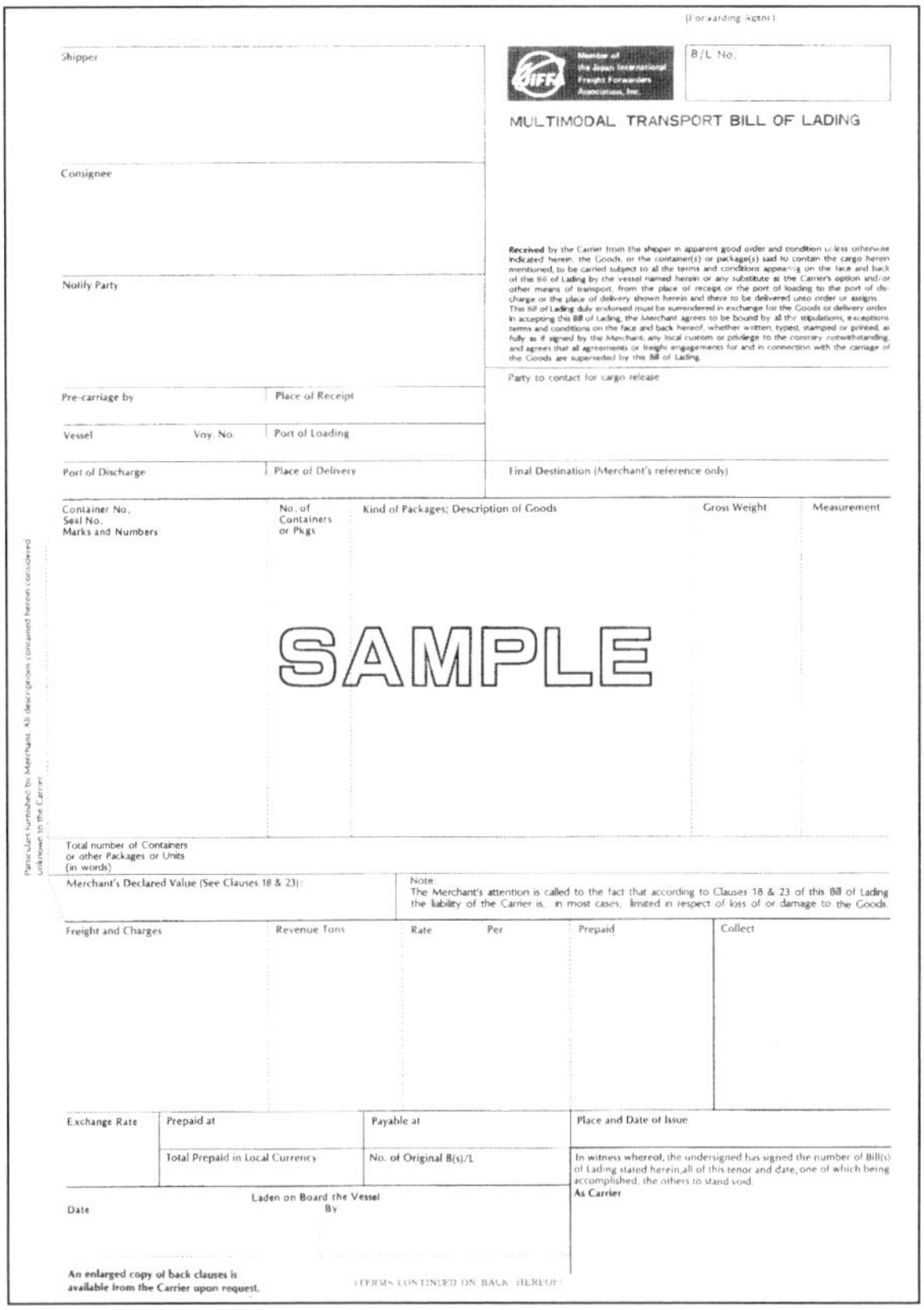
(Forwarding Agent)

Shipper

Member of the Japan International Freight Forwarders Association, Inc.

B/L No.

MULTIMODAL TRANSPORT BILL OF LADING

Consignee

Notify Party

Received by the Carrier from the shipper in apparent good order and condition unless otherwise indicated herein, the Goods, or the container(s) or package(s) said to contain the cargo herein mentioned, to be carried subject to all the terms and conditions appearing on the face and back of this Bill of Lading by the vessel named herein or any substitute at the Carrier's option and/or other means of transport, from the place of receipt or the port of loading to the port of discharge or the place of delivery shown herein and there to be delivered unto order or assigns. This Bill of Lading duly endorsed must be surrendered in exchange for the Goods or delivery order. In accepting this Bill of Lading, the Merchant agrees to be bound by all the stipulations, exceptions, terms and conditions on the face and back hereof, whether written, typed, stamped or printed, as fully as if signed by the Merchant, any local custom or privilege to the contrary notwithstanding, and agrees that all agreements or freight engagements for and in connection with the carriage of the Goods are superseded by this Bill of Lading.

Party to contact for cargo release

Pre-carriage by / Place of Receipt

Vessel / Voy. No. / Port of Loading

Port of Discharge / Place of Delivery / Final Destination (Merchant's reference only)

Container No. Seal No. Marks and Numbers / No. of Containers or Pkgs / Kind of Packages; Description of Goods / Gross Weight / Measurement

Particulars furnished by Merchant. All descriptions contained herein considered unknown to the Carrier

SAMPLE

Total number of Containers or other Packages or Units (in words)

Merchant's Declared Value (See Clauses 18 & 23):

Note: The Merchant's attention is called to the fact that according to Clauses 18 & 23 of this Bill of Lading the liability of the Carrier is, in most cases, limited in respect of loss of or damage to the Goods.

Freight and Charges / Revenue Tons / Rate / Per / Prepaid / Collect

Exchange Rate / Prepaid at / Payable at / Place and Date of Issue

Total Prepaid in Local Currency / No. of Original B(s)/L

In witness whereof, the undersigned has signed the number of Bill(s) of Lading stated herein, all of this tenor and date, one of which being accomplished, the others to stand void.

As Carrier

Laden on Board the Vessel

Date / By

An enlarged copy of back clauses is available from the Carrier upon request.

(TERMS CONTINUED ON BACK HEREOF)

船荷証券と航空運送書類の比較

	船荷証券	航空運送書類
運送契約を立証する証拠書類	○	○
貨物の受領書	○	○
有価証券	○	×
貨物の引渡方法	船荷証券を所持している証券上の権利者（証券上に荷受人として記載された者など）に対して船荷証券と引き換えに貨物を引き渡す。	航空運送書類に記載された荷受人に対して航空運送書類と引き換えることなく運送品を引き渡す。

7 船積書類②

迅速な貨物引取りのための航空運送書類と、貨物危険回避のための保険書類

●航空運送書類

航空運送書類とは、航空会社が荷送人から航空貨物を受領したときに発行する証券です。船荷証券のような有価証券ではなく、単なる貨物の受領証です。裏書きによる流通性・受戻証券性（6項参照）はなく、運送契約と運送品の明細を証する証拠書類に過ぎません。

航空運送人またはその代理人は、航空運送書類に記載された荷受人に対して、航空運送書類と引き換えることなく運送品を引き渡します。航空貨物は短期間のうちに目的地に到着し、すみやかに荷受人に物品が引き渡されることを求められるため、流通性・受戻証券性のある有価証券である必要はないからです。したがって、荷受人欄の記載は記名式となっています。

航空貨物運送には、航空会社と荷送人との直接契約による航空運送と、航空会社と荷送人との間に混載運送会社が介在する混載貨物運送があります。

●保険書類

貨物の海上運送中に受けるおそれのある不慮の事故による損失をてん補するのが、貨物海上保険です。貿易取引では、売買当事者のいずれかによって運送中の貨物にこの保険が掛けられますが、貨物の損害に対して十分な保険がつけられることで、銀行は船荷証券を担保とした輸出手形（54項参照）を買い取ることができます。

保険証券は、保険を引き受けた保険者が損害をてん補することを約束し、保険契約者がその対価として保険料を支払うことを内容とする契約です。保険金請求権を有する保険契約上の受益者である被保険者は、譲渡禁止文言がない限り、保険証券への裏書により保険契約上の権利を、譲渡することができます。

保険契約には、確定保険契約と予定保険契約があり、確定保険契約に基づいて発行される証券が、保険証券です。予定保険契約は、貨物の数量、保険金額、積載船舶

名等の保険契約の内容が未詳の場合に発行されるもので、この契約に基づいて発行されるのが、予定保険証券です。未詳事項が確定すると、被保険者は保険会社に確定通知を行い、保険会社は確定保険証券または保険承認状を発行します。

保険証券

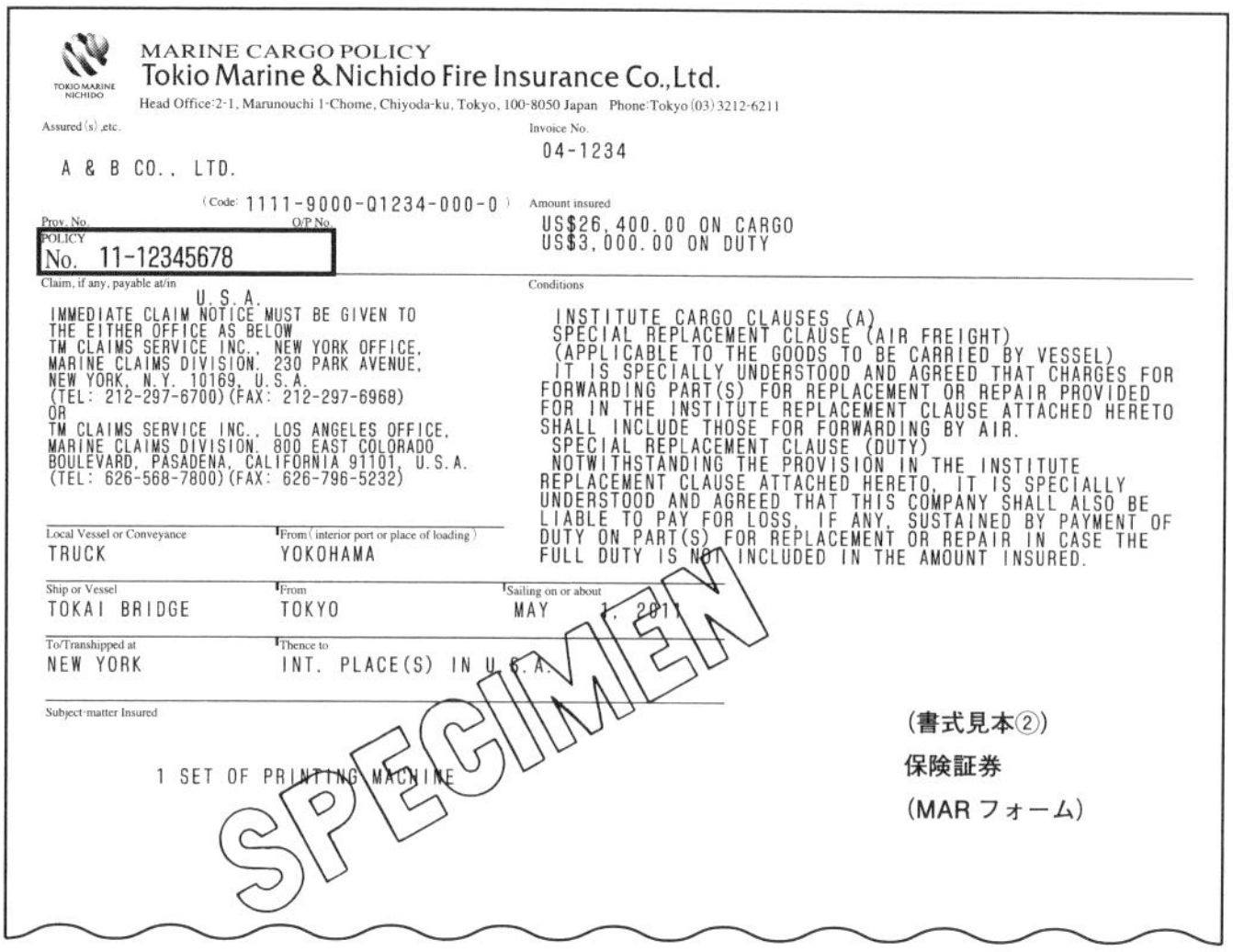

MARINE CARGO POLICY
Tokio Marine & Nichido Fire Insurance Co.,Ltd.
Head Office:2-1, Marunouchi 1-Chome, Chiyoda-ku, Tokyo, 100-8050 Japan Phone:Tokyo (03) 3212-6211

Assured (s) ,etc.
A & B CO., LTD.
(Code: 1111-9000-Q1234-000-0)

Invoice No.
04-1234

Amount insured
US$26,400.00 ON CARGO
US$3,000.00 ON DUTY

Prov. No. O/P No.
POLICY No. 11-12345678

Claim, if any, payable at/in
U.S.A.
IMMEDIATE CLAIM NOTICE MUST BE GIVEN TO
THE EITHER OFFICE AS BELOW
TM CLAIMS SERVICE INC., NEW YORK OFFICE,
MARINE CLAIMS DIVISION. 230 PARK AVENUE,
NEW YORK, N.Y. 10169, U.S.A.
(TEL: 212-297-6700)(FAX: 212-297-6968)
OR
TM CLAIMS SERVICE INC., LOS ANGELES OFFICE,
MARINE CLAIMS DIVISION. 800 EAST COLORADO
BOULEVARD, PASADENA, CALIFORNIA 91101, U.S.A.
(TEL: 626-568-7800)(FAX: 626-796-5232)

Conditions
INSTITUTE CARGO CLAUSES (A)
SPECIAL REPLACEMENT CLAUSE (AIR FREIGHT)
(APPLICABLE TO THE GOODS TO BE CARRIED BY VESSEL)
IT IS SPECIALLY UNDERSTOOD AND AGREED THAT CHARGES FOR FORWARDING PART(S) FOR REPLACEMENT OR REPAIR PROVIDED FOR IN THE INSTITUTE REPLACEMENT CLAUSE ATTACHED HERETO SHALL INCLUDE THOSE FOR FORWARDING BY AIR.
SPECIAL REPLACEMENT CLAUSE (DUTY)
NOTWITHSTANDING THE PROVISION IN THE INSTITUTE REPLACEMENT CLAUSE ATTACHED HERETO, IT IS SPECIALLY UNDERSTOOD AND AGREED THAT THIS COMPANY SHALL ALSO BE LIABLE TO PAY FOR LOSS, IF ANY, SUSTAINED BY PAYMENT OF DUTY ON PART(S) FOR REPLACEMENT OR REPAIR IN CASE THE FULL DUTY IS NOT INCLUDED IN THE AMOUNT INSURED.

Local Vessel or Conveyance	From (interior port or place of loading)	
TRUCK	YOKOHAMA	
Ship or Vessel	**From**	**Sailing on or about**
TOKAI BRIDGE	TOKYO	MAY 1, 2011
To/Transhipped at	**Thence to**	
NEW YORK	INT. PLACE(S) IN U.S.A.	

Subject-matter Insured
1 SET OF PRINTING MACHINE

SPECIMEN

(書式見本②)
保険証券
(MARフォーム)

(資料提供：東京海上日動火災保険株式会社)

予定保険（輸入取引の場合）

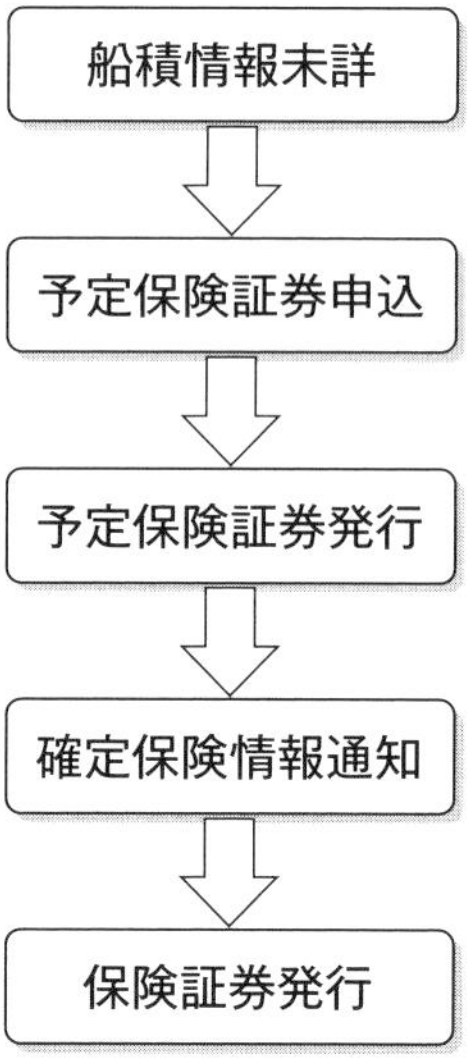

FOB，FCA（㉒項参照）などの場合，輸入者は自ら貨物保険を掛ける必要がある。保険申込みは保険契約の成立に必要なすべての情報を危険開始前に告知しなければならないが，輸入者は危険開始時点（船積時点）で船積情報を得ることはできないので，保険会社に予定保険制度を申し込む。

船積み後に輸出者から送られてきた船積通知により，輸入者が保険会社に確定情報を通知すると危険開始時点に遡って保険が成立し，保険証券が発行される。

（船積通知とは，貨物の船積完了後，輸出者が輸入者宛に送る船積みの通知のこと）

8 コルレス契約

外国為替取引に必要な外国の銀行との契約と取り決め内容

●**コルレス契約**

外国為替取引は、異国間の債権・債務の決済や資金移動を、銀行の仲介によって行います。仲介者の銀行は、自行の海外支店を相手に外国為替取引を進められればよいのですが、世界各地に支店網を設けることは不経済であるばかりか実際上も不可能ですから、外国に所在する銀行と外国為替取引に関する契約を締結して取引を行っています。この契約のことをコルレス契約、相手銀行のことをコルレス銀行またはコルレス先といいます。

●**コルレス決済勘定**

コルレス銀行に、外国為替決済のため自行の決済勘定を設ける必要があります。決済勘定を設けないことも少なくありませんが、資金の効率的運用を図るため、どの銀行も保有口座を極力絞っています。

●**コルレス契約の取り決め**

コルレス契約締結の際に交換する書類には、コントロール・ドキュメンツとコルレス取決書があります。

① コントロール・ドキュメンツ

• 署名鑑……銀行間の英文署名権限が付与された者の署名（サイン）を収録したものです。最近では、ほとんどの外国為替取引はスイフト（9項参照）によって行われるため、署名鑑を使うことはほとんどありません。

• 電鍵……取引相手の銀行から受け取った外国為替取引の電文の真正性を確認するためのスイフトキーやテストキーのことです。

• 料率表……銀行間取引ごとの手数料を一覧表にしたもので、タリフとも呼ばれています。

② コルレス取決書

外国為替取引の内容、手順等に関する具体的な取り決めとして、次のような事項が定められています。

コルレス関係店、取引通貨と決済方法（外国為替取引の決済に使用する口座を主要通貨ごとに一覧表にしたもの）、取引種類、補償方法、信用供与に関する事項（信用状の確認枠、手形引受枠、クリーンローン枠、オーバードラフト枠など）。

海外の銀行の区分

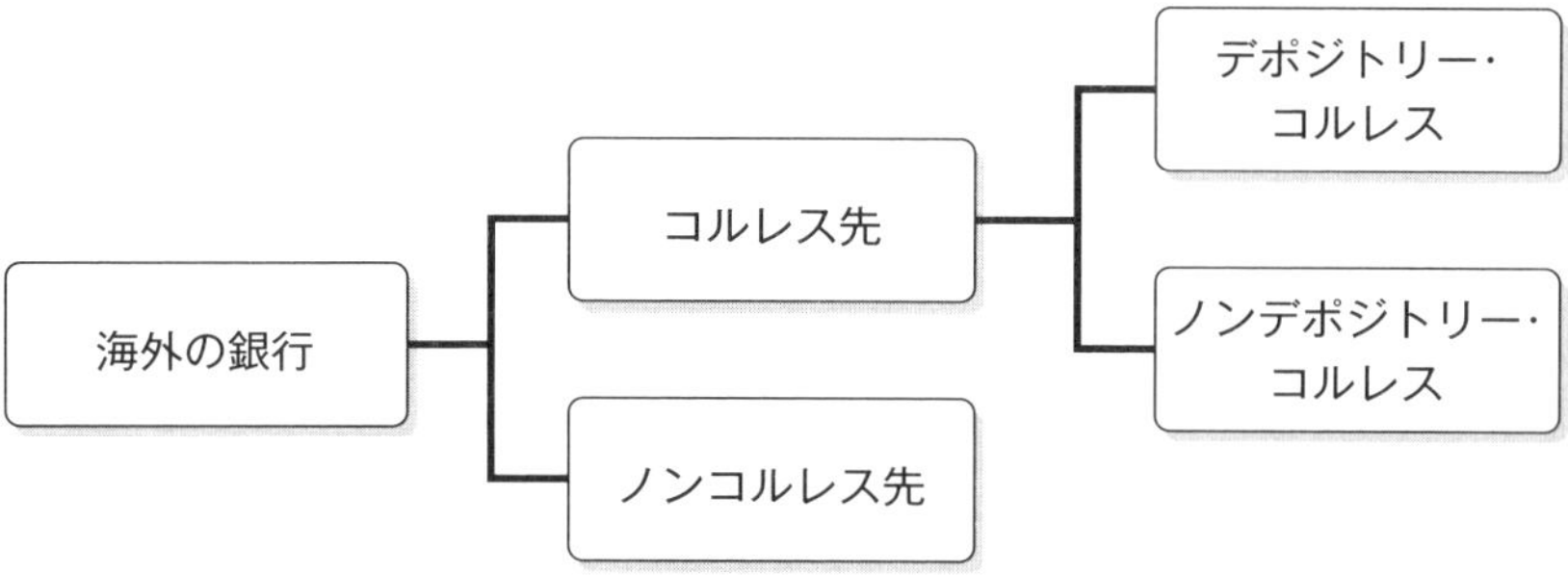

デポジトリー・コルレスとノンデポジトリー・コルレス

デポジトリー・コルレス（デポ・コルレスともいう）	外国為替取引に伴う外貨資金の決済のため，自行勘定（決済勘定）を設けたコルレス銀行
ノンデポジトリー・コルレス（ノンデポ・コルレスともいう）	コルレス契約はあるが，自行勘定（決済勘定）を設けていない銀行

コントロール・ドキュメンツとコルレス取決書

コントロール・ドキュメンツ（Control Documents）	銀行間で取り交わされる金融メッセージや指図書などについて，相手方を確認するための書類（署名鑑，電鍵）と料率表
コルレス取決書（Correspondent Arrangement, Agency Arrangement）	取引の内容や手順などに関する取決書のことで，取引種類・手順に関する事項や信用供与に関する事項を規定

9 スイフト（国際銀行間通信協会）

国際間金融取引の通信手段

●スイフト設立の経緯

かつて、銀行間の主たる通信手段には、テレックスが広く利用されていましたが、その通信電文は平文のまちまちな形式で、コンピュータ処理できるフォーマットではありませんでした。テレックスで受け取った送金指図などは紙に印刷した電文を手作業で処理していました。1960年代に入ると、国際的な金融取引、とりわけユーロダラー取引が急拡大しましたが、テレックス中心の手作業では事務処理が追いつかなくなり、通信業務の電子化と合理化が急務となりました。

そこで、金融機関共通のネットワークと標準化した通信フォーマットの導入が進められ、欧州の銀行を中心に1973年5月、欧米15か国の銀行によりベルギーに協同組合形態のスイフトが設立され、1977年5月にサービスを開始しました。

●スイフトの目的

スイフトは、コンピュータを使った通信手段で、国際的なネットワークを使って安全、確実、低廉で大量処理可能な金融取引に関するメッセージ通信を金融機関に提供しています。①安全で信頼性のあるネットワークの維持、②メッセージの標準化によるリスクとコストの削減、③自動化（STP）の推進を目的としています。2011年8月末現在、212か国、1万184のユーザーがスイフトを利用した金融メッセージを交換しています。

●スイフトの提供するサービス

スイフトは、顧客送金、通貨売買や貸借に伴う金融機関同士の資金付替え、信用状取引等に係る通信手段として、世界中の金融機関で広く利用されていますが、メッセージ通信サービスだけに特化しており、決済機能は有していません。銀行間の決済は、個別銀行間で取り決められたコルレス契約に従って行われます。

スイフトシステムで交換される金融メッセージは、図に示す10種類のカテゴリーに区分され、さらにいくつかのメッセージ・タイプに分けて定義されています。

スイフトのメッセージ・タイプ

	カテゴリー	主なメッセージ・タイプ
1	顧客送金と小切手 （Customer Payments & Cheques）	MT103：単一の顧客送金
2	金融機関間の資金移動 （Financial Institution Transfer）	MT202 COV：一般的な金融機関間の資金付替
3	外国為替，マネーマーケット，デリバティブ （Treasury Markets - Foreign Exchange, Money Markets & Derivatives）	MT300：外国為替のコンファメーション
4	取立とキャッシュレター （Collections & Cash Letters）	MT400：支払通知 MT412：引受通知
5	証券市場 （Securities Markets）	
6	金属とシンジケーション （Metals & Syndications）	
7	荷為替信用状と保証状 （Documentary Credits & Guarantees）	MT700/701：荷為替信用状の発行 MT707：荷為替信用状の条件変更
8	トラベラーズ・チェック （Travelers Cheques）	MT802：T/C決済通知
9	キャッシュ・マネージメントと顧客状況 （Cash Management & Customer Status）	MT900：借記のコンファメーション MT910：貸記のコンファメーション
N	共通グループメッセージ （Common Group Message）	MTn95：照会 MTn96：回答 MTn99：フリー・フォーマット

10 外国為替決済システム

各国の大口決済のしくみ

国際間の外国為替決済は、コルレス契約がなく銀行間で直接決済できない場合、各国の大口決済システムを利用して決済されます。

●日本の大口決済システム（外為円決済制度）

外国為替取引に伴う円資金の決済システムのことで、コルレス先の円勘定の資金操作、外国送金の代り金、輸出入代金、銀行間市場での通貨売買に伴う円貨代金などの決済に利用されています。

従来、外為円決済は、営業時間中に紙の支払指図の交換を行い、営業終了間際に決済尻を日銀預け金の振替えによって決済していましたが、営業終了時点まで支払完結性が確認できず、システミック・リスクに晒されていました（時点ネット決済）。

現在では、送金1件ごとにリアルタイムで日銀預け金の振替えによる支払完結性のある次世代ＲＴＧＳ（流動性節約機能付）が導入され、システミック・リスク（本章コラム参照）の解消が図られました。ＲＴＧＳとは、"Real Time Gross Settlement"の略で、即時グロス決済システムのことです。

●米国の大口決済システム

米国では、連邦準備銀行が運営するフェドワイヤーと、ニューヨーク・クリアリング・ハウスの子会社ＣＨＩＰCo.が運営するチップスの米ドルの大口決済システムがあります。フェドワイヤーは、即時グロス決済（ＲＴＧＳ）を使用した主として国内取引の決済、チップスは、日中連続的に支払額と受取額をネッティングして差額を決済することで支払完結性を有するＲＴＧＳに近い機能を持つ決済システムとして、主として大口の外国為替等国際取引の決済に利用されています。

●欧州の大口決済システム

ＥＵ各国（ユーロ加盟国）では、ＥＣＢ（欧州中央銀行）の運営する決済システムであるＴＡＲＧＥＴ2により、参加銀行が保有しているＲＴＧＳ口座を通じてユーロの即時決済が行われています。英国では、ＣＨＡＰＳ Co.が運営するＲＴＧＳシステムであるＣＨＡＰＳにより、参加銀行がイングランド銀行に保有する口座を通じてポンドの即時決済が行われています。

外為円決済制度のしくみ（支払指図と資金の流れ）

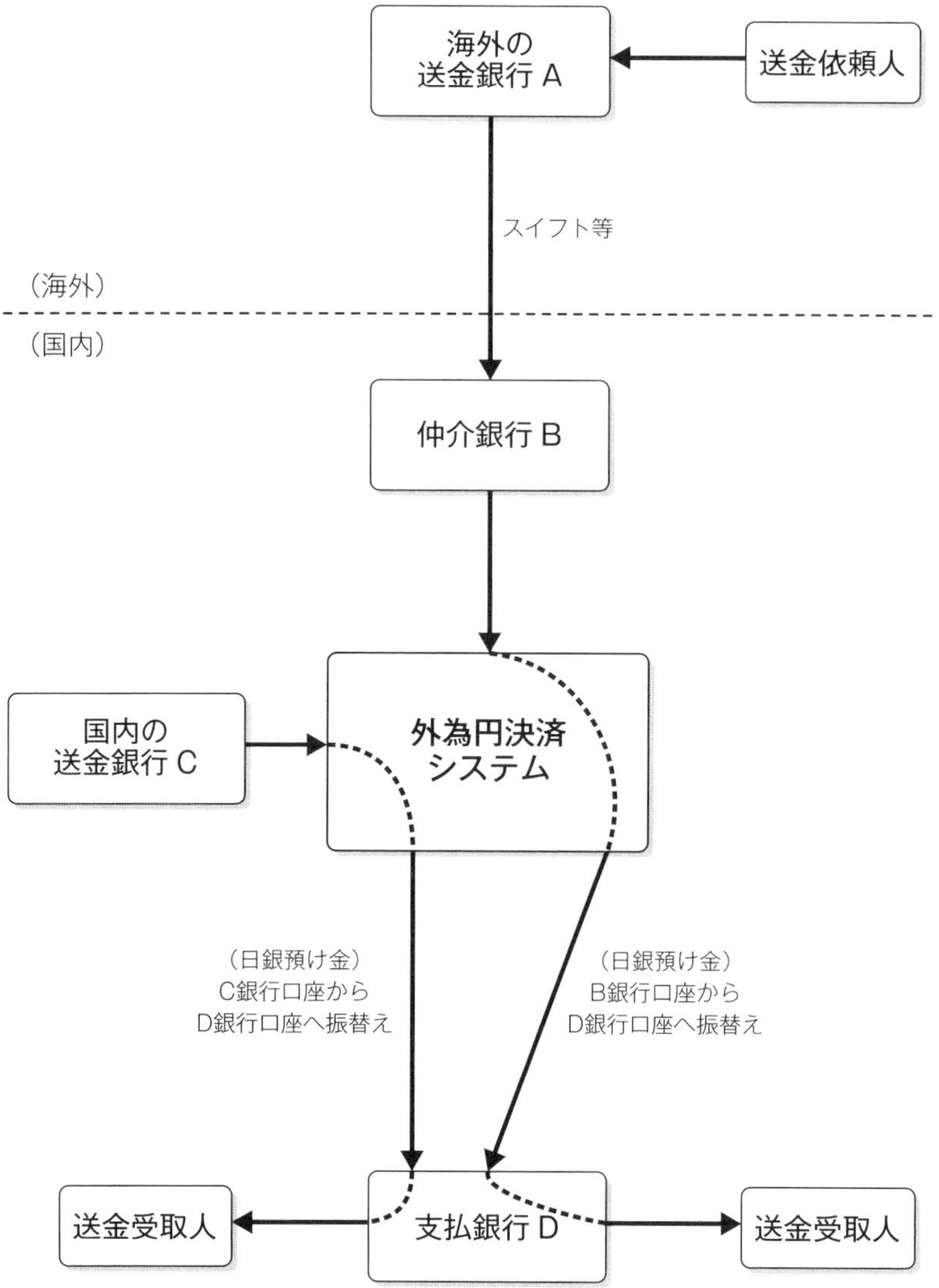

コラム

外為決済リスクとその削減策

1980年代以降，世界的に資本取引の自由化が進み，国際間の資金移動が急増して国際間の決済額が急拡大した結果，大口決済システムの重要性が認識され，決済リスクへの関心が高まりました。

●決済リスクとは

外国為替取引には，資金決済のしくみに起因したリスクとして，ヘルシュタット・リスクとシステミック・リスクがあります。ヘルシュタット・リスクは時差（決済時間帯の差異）の存在によって生じるリスクであり，通貨売買の一方の当事者が売渡通貨を支払ったものの，買入通貨を受け取れなくなるリスクです。

ドル買い・円売り取引では，外為円決済により日本時間の営業時間内に円を支払いますが，ドルはチップスにより米国東部時間の営業時間内に支払われます。日本時間と米国東部時間では14時間（冬時間）のタイムラグがあり，受払いのタイミングのずれは避けられません。円の支払い後，ドル受取り前にドルを支払う銀行が破綻すると，円を支払った銀行はドルを受け取れず損失を被ります。これは，２通貨が同時決済されないことに根本的な原因があり，ヘルシュタット・リスクが顕在化すると，日本だけでなく外国の銀行やその顧客にも多大な影響を及ぼす可能性があります。

●CLS決済によるヘルシュタット・リスク削減

ヘルシュタット・リスクを解決するため，CLS決済が導入されています。CLS決済とは，通貨交換を安全確実に行うため，受取通貨と支払通貨の決済システムが営業時間外であっても，受取通貨と支払通貨の同時決済（PVP）を行うしくみで，ヘルシュタット・リスクの解決に大きく前進しました。

●システミック・リスク削減

かつての外為円決済は日中に支払指図を交換し，決済尻をシステムの営業終了間際に一括してネット決済していましたが，参加銀行１行の支払不履行が，その資金受取りを見込んでいた銀行の支払不履行を誘発するおそれがありました。支払不履行が次々と他の銀行に波及すると，最悪の場合，財務状態が健全な銀行を巻き込んで決済システム全体が機能不全に陥るリスクがあり，これをシステミック・リスクといいます。現在では，先進各国同様，わが国も即時決済システムを導入して，システミック・リスクの削減が図られています。

第2章

外国為替取引に関する法制

11 外為法のあらまし

規制概要、適用範囲と対象取引

外為法は、外国為替と外国貿易に係る取引や行為を規律している法律です。対外取引を貿易取引と貿易外取引に大別し、さらに貿易取引を輸出取引と輸入取引に、貿易外取引を貿易外経常取引、資本取引、対内直接投資等に区分して規制を定めています。

●常時規制と有事規制

対外取引は原則自由ですが、一部の取引に許可・承認・届出を要する取引があります。常時規制とは、常に規制対象となる取引で、安全保障貿易管理の対象貨物の輸出および役務取引（仲介貿易・特定技術の提供）、特定貨物の輸出入、事前届出の対象となる対外直接投資や対内直接投資等があります。

有事規制は、本来自由に行うことができる取引のうち、特定の取引について規制を発動するしくみで、安保理決議に基づく制裁、有志国連合による制裁、わが国独自の制裁などがあります。

●外為法の適用範囲

外為法は、取引や行為を規律する基本概念として居住性を定め、本邦内に住所または居所を有する自然人と本邦内に主たる事務所を有する法人を居住者、それ以外を非居住者としています。なお、対内直接投資では、行為の主体である外国資本の本邦における事業活動を対象とするため、外国投資家という概念で規律しています。

●外為法の対象取引と行為

① 外国貿易

通関手続きを経て本邦と外国の間で貨物が移動する輸出と輸入のことです。

② 貿易外経常取引

仲介貿易などの役務取引（サービス）と、海外渡航費用、寄付・贈与などがあります。

③ 資本取引

預金、金銭の信託、金銭の貸借、債務の保証、対外支払手段や債権等の売買、証券の発行・募集・取得・譲渡、不動産の取得など貨物やサービスの移転を伴わない対外的な金融取引です。経営参加のための外国企業への出資や長期の貸付け、海外支店の設置などは対外直接投資といいます。

④　対内直接投資等

外国資本が経営参加のために行う本邦企業への出資、長期の貸付け、本邦における支店等の設置などです。

対外取引の区分

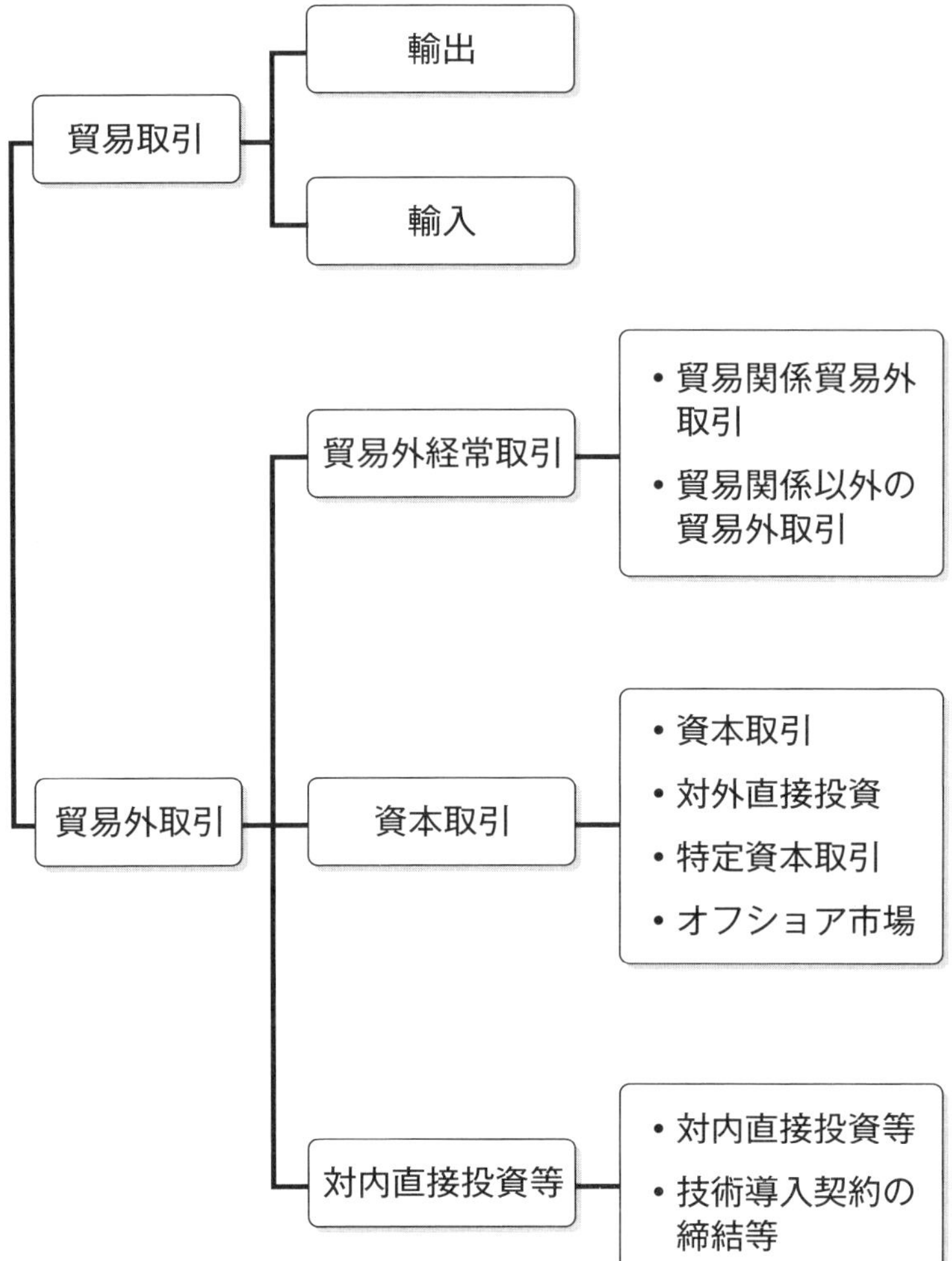

12 外為法に基づく銀行等の義務

適法性の確認と本人確認

●銀行等の適法性の確認

経済制裁等の有事規制が発動されている取引に係る支払い等は、対外決済のための為替取引の窓口になっている銀行等や資金移動業者（銀行等以外で為替取引を営む業者）などに適法性の確認義務が課されています。

顧客の支払い等が、許可・承認・届出の義務を課されたものである場合は、許可・承認証または届出証を確認したうえで取引に応じます。

●銀行等の本人確認

外為法は、外国為替取引にマネー・ローンダリング（15項参照）またはテロ資金供与の防止のための本人確認義務を課しています。

① 外為法の本人確認義務

銀行等は、特定為替取引、資本取引に係る契約締結等行為および両替の外国為替取引について、顧客等の本人特定事項の確認を行います。個人取引の場合は代理人等、法人取引の場合は実際の取引の任にあたっている自然人（代表者等）についても、本人特定事項の確認を行います。

・特定為替取引

特定為替取引とは、本邦から外国に向けた支払い（仕向外国送金）、外国から本邦に向けた支払いの受領のうち居住者が非居住者から受領するもの（被仕向外国送金）、居住者から非居住者への国内での支払い（国内仕向送金）、居住者による非居住者からの国内での支払いの受領（国内被仕向送金）のことで、10万円相当額超の場合に本人特定事項の確認を行います。

・資本取引に係る契約締結等行為（預金契約等）

原則、金額と関係なく確認を行います。

・両替業務

200万円相当額超の外国通貨または旅行小切手の売買について確認を行います。

② 顧客等の本人特定事項

自然人は、氏名・住所または居所・生年月日、法人は、名称・主たる事務所の所在地のことです。

③ 確認書類

自然人は、運転免許証など公的書類の提示により確認します。法人は、設立登記に係る登記事項証明書などの提示により確認します。

④ 本人確認記録

銀行等が本人特定事項の確認を行ったとき、確認記録を作成して7年間保存します。

本人確認の対象取引

	本人確認対象取引	金額の条件
特定為替取引	✓居住者の本邦から外国に向けた支払いまたは支払いの受領（外国送金） ✓居住者の非居住者との間の支払いまたは支払いの受領（国内送金）	10万円相当額超
資本取引に係る契約締結等行為	以下に示す居住者と非居住者の間または外貨建てで居住者相互間の契約締結等の行為 ✓預金契約 ✓金銭貸借契約 ✓対外支払手段や債権の売買 ✓金融指標等先物契約	金額にかかわらず
	資本取引の契約締結（両替を除く）に基づく行為で，現金，持参人払式小切手，自己宛小切手等の受払いをする行為	200万円相当額超
	本人確認を偽っていた疑いがある場合，なりすましの疑いがある場合，特定の国や地域（北朝鮮・イラン）に居住する者との取引，外国 PEPs（外国において重要な地位を有する者等）との取引	金額にかかわらず
両替取引	現金または旅行小切手の売買	200万円相当額超

13 犯収法と銀行等の義務①

取引時確認（本人特定事項と顧客管理事項の確認）とは

犯収法（「犯罪による収益の移転防止に関する法律」）とは、マネー・ローンダリング防止およびテロ資金供与等の防止を目的とする法律です。銀行等による取引時確認制度や疑わしい取引の届出義務など、犯罪による収益の移転防止やテロ資金供与防止のための基本的な事項が定められているほか、取引記録の作成・保存義務や外国為替取引に係る通知義務（送金人情報の通知義務）などについて定めています。

●犯収法の取引時確認

銀行等は、顧客との間で犯収法上の特定取引を行うとき、公的書類（例えば運転免許証）等により、当該顧客について取引時確認を行います。外国為替取引に係る特定取引には、非居住者預金または外貨預金の受入れ、10万円相当額超の現金を原資とする仕向外国送金と現金払を行う被仕向外国送金、および200万円相当額超の両替があります。なお、関連する複数の取引が閾値（両替でいえば200万円相当額のこと）を超える場合も含まれます。

① 顧客等の本人特定事項と顧客管理事項の確認

特定取引について、本人特定事項と顧客管理事項の確認を行います。本人特定事項の確認は、外為法の場合と同じ（⑫項参照）であり、犯収法に基づく本人特定事項の確認をすれば同時に履行したことになります。顧客管理事項の確認は、取引目的、職業（個人）・事業内容（法人）、法人の実質的支配者の有無等について確認します。

② ハイリスク取引に係る確認

なりすまし、もしくは本人確認事項を偽っていた疑いのある取引は、当初の本人確認とは別の本人確認書類により、改めて本人確認を行います。特定の国や地域（北朝鮮・イラン）に居住する者との取引と、外国PEPs（外国において重要な地位を有する者等）との取引や実質的支配者の確認については、通常の取引より厳格な方法で確認を行います。200万円を超える取引は、さらに資産・収入の状況の確認も行います。

●取引時確認記録

銀行等が本人特定事項と顧客管理事項の確認を行ったとき、確認記録を作成して、7年間保存します。

外為法の本人確認と犯収法の取引時確認の関係

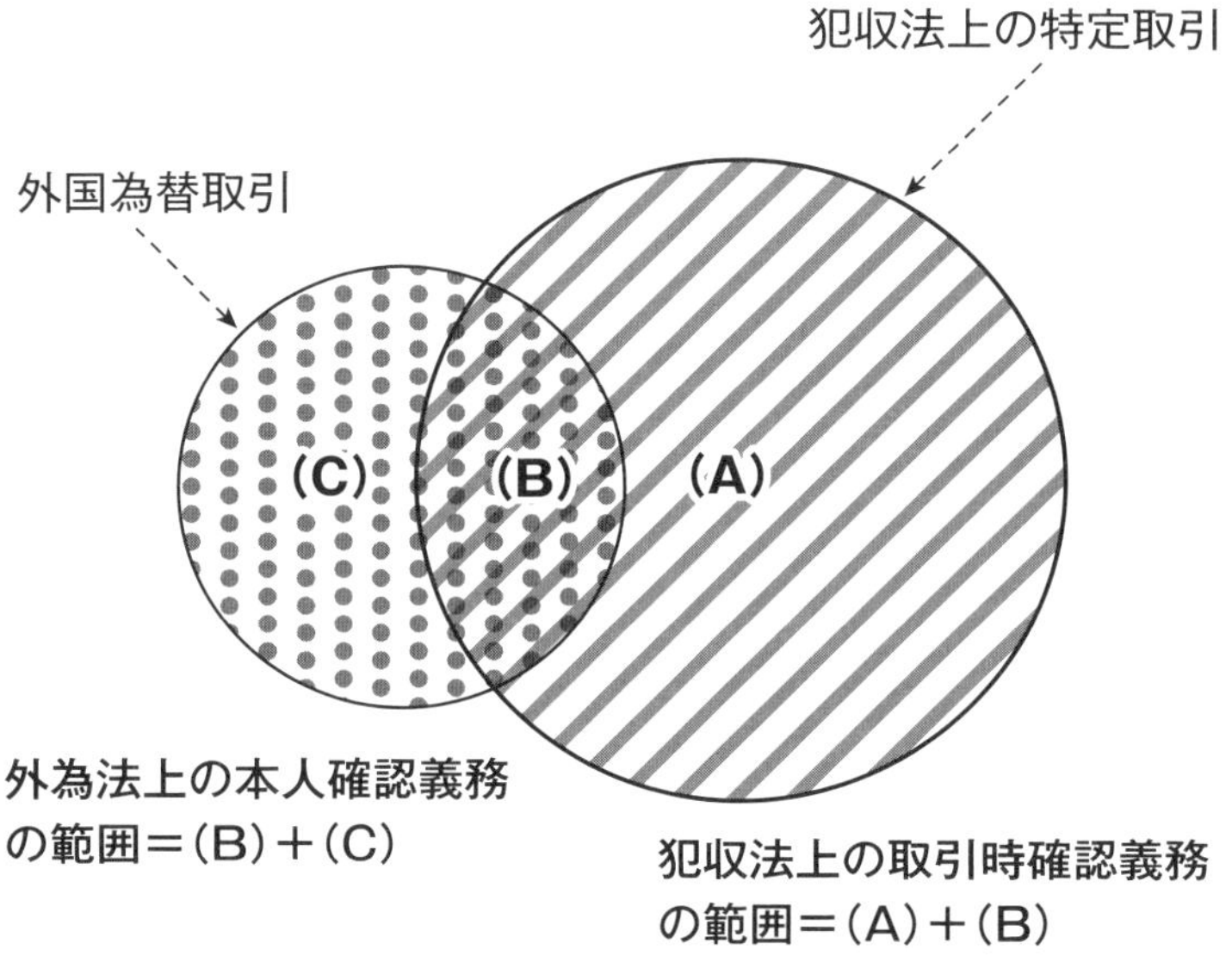

(A)＝国内取引に係る特定取引であり，取引時確認だけが必要。

(B)＝外国為替取引に係る特定取引。犯収法の取引時確認と外為法の本人確認の重複部分であるが，取引時確認を行えば，本人確認をしたことになる。

(C)＝特定取引でない外国為替取引。外為法の本人確認だけが必要。
(C）の部分は，10万円相当額超の本人確認未済口座との振替えによる外国送金取引であり，該当する取引は外国為替取引のごく一部。

14 犯収法と銀行等の義務②

外国為替取引に係る通知義務とは

通知義務は、送金内容についてマネー・ローンダリングやテロ資金供与の疑いがある場合などに、送金を受け取った銀行が仕向銀行に対して追跡調査するために設けられたものです。

外国為替取引に係る通知義務は、銀行等が顧客と外国送金取引を行うとき、当該顧客の氏名、住居などの送金人情報を電文発信の相手銀行に通知するものです。

●通知の対象取引

顧客から依頼を受けた仕向外国送金、他の銀行等から委託を受けた仕向外国送金、他国間の送金の中継を含む被仕向送金の中継について、送金額に関係なく、顧客情報を通知します。なお、通知義務は電信送金（34項参照）を対象とするので、送金小切手などの書面を媒介とする送金は対象外です。

●通知する事項

- 個人：①氏名、②住居または本人確認書類の記号・番号もしくは顧客識別番号、③預金口座を用いたときは口座番号（用いないときは取引番号）
- 法人：①名称、②本店または主たる事務所の所在地または顧客識別番号、③預金口座を用いたときは口座番号（用いないときは取引番号）

銀行等が他の銀行等から送金依頼の取次ぎを受けた場合（取次送金）、取次ぎを受けた送金取扱銀行等が通知義務を履行しますが、送金原資が取次銀行の顧客口座から引き落とされた場合には、当該口座を通知します。

●取引記録の作成・保存

仕向銀行と支払銀行は、通知した事項および通知を受けた事項について、取引記録を取引日から7年間、作成・保存します。なお、仕向銀行と支払銀行に課せられている取引記録の作成・保存義務は、中継銀行には課せられていません。

通知義務の対象

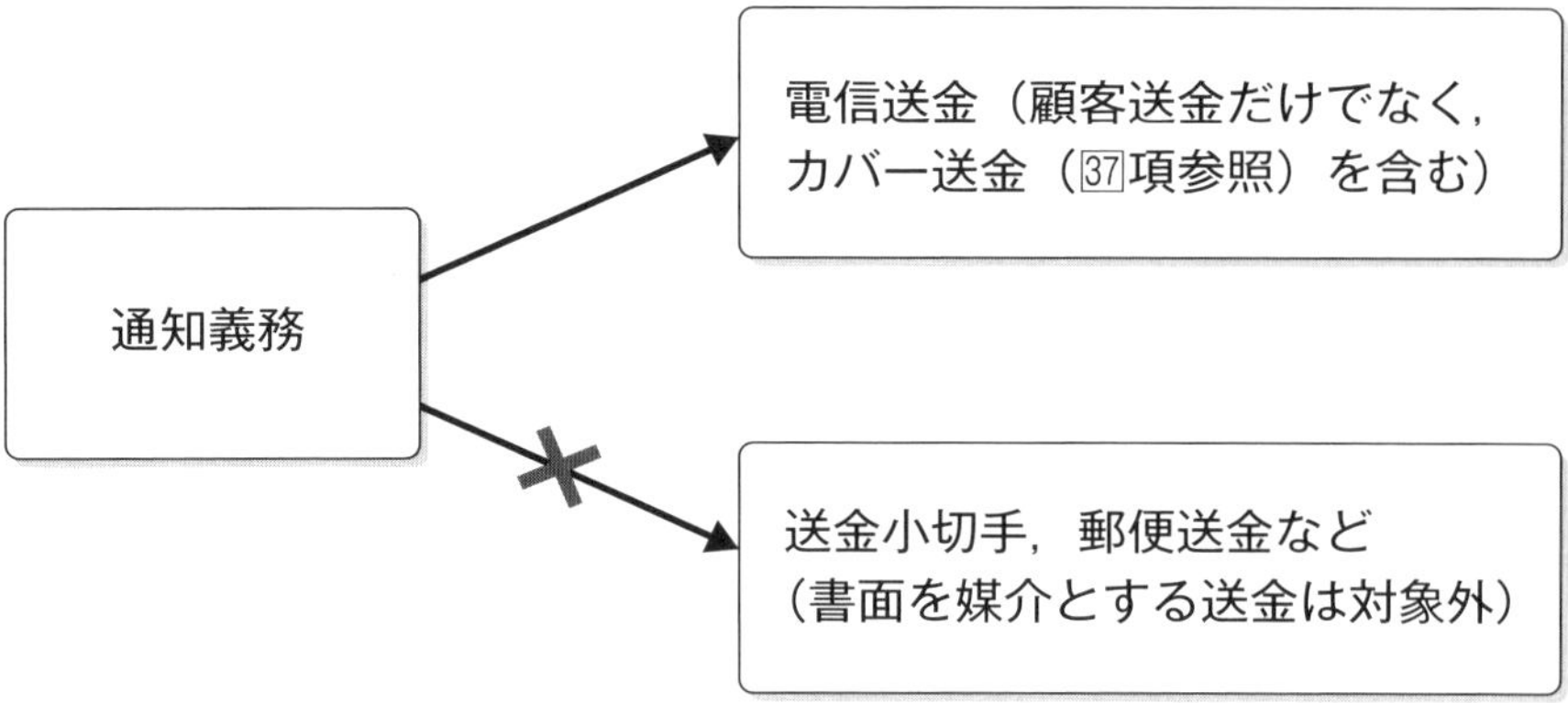

通知義務の内容

仕向銀行	電文発信の相手銀行へ送金人情報を通知 通知した事項について取引記録を作成して７年間保存
被仕向銀行	通知をうけた事項について取引記録を作成して７年間保存
中継銀行	通知を受けた送金人情報をそのまま電文発信の相手銀行へ通知 取引記録の作成・保存義務はない

15 犯収法と銀行等の義務③

マネー・ローンダリング防止と疑わしい取引とは

●マネー・ローンダリング防止と疑わしい取引の届出

銀行等は、顧客との取引にあたり、取引時確認を行い、確認記録の作成と保存を行うとともに、その取引が犯罪に係るものである疑いがある場合、あるいは、テロ資金供与に当たる疑いがある場合には、関連情報を疑わしい取引の届出として、所管の行政庁（銀行の場合は金融庁）に提出します。

犯収法では、銀行等のほか、ファイナンスリース業者、クレジットカード業者、宅地建物取引業者、貴金属取引業者、郵便物受取サービス業者、電話受付代行業者、電話転送サービス業者、弁護士、司法書士、行政書士、公認会計士、税理士等も、取引時確認義務を課せられた事業者（特定事業者）となっています。

●疑わしい取引の届出制度の目的

疑わしい取引の届出の制度は、銀行等の特定事業者から、マネー・ローンダリング等の疑いのある取引の情報を届出させ、捜査に役立てることにあります。

届けられた情報は、各所管行政庁から警察庁の犯罪収益移転防止対策室（JAFIC：Japan Financial Intelligence Center）に集約され、犯罪捜査に活用され、外国との取引に関する情報は海外の捜査機関にも提供されて、国際的な犯罪収益の移転状況の解明に役立てられています。

また、本制度は、銀行等が提供するサービスや決済システムが犯罪者に利用されることを防止し、銀行や金融システムに対する信頼を確保すること等を目的としています。

疑わしい取引の届出の制度は、取引時確認の制度とともに、犯収法に基づくマネー・ローンダリング対策等の柱となっています。

疑わしい取引の届出制度

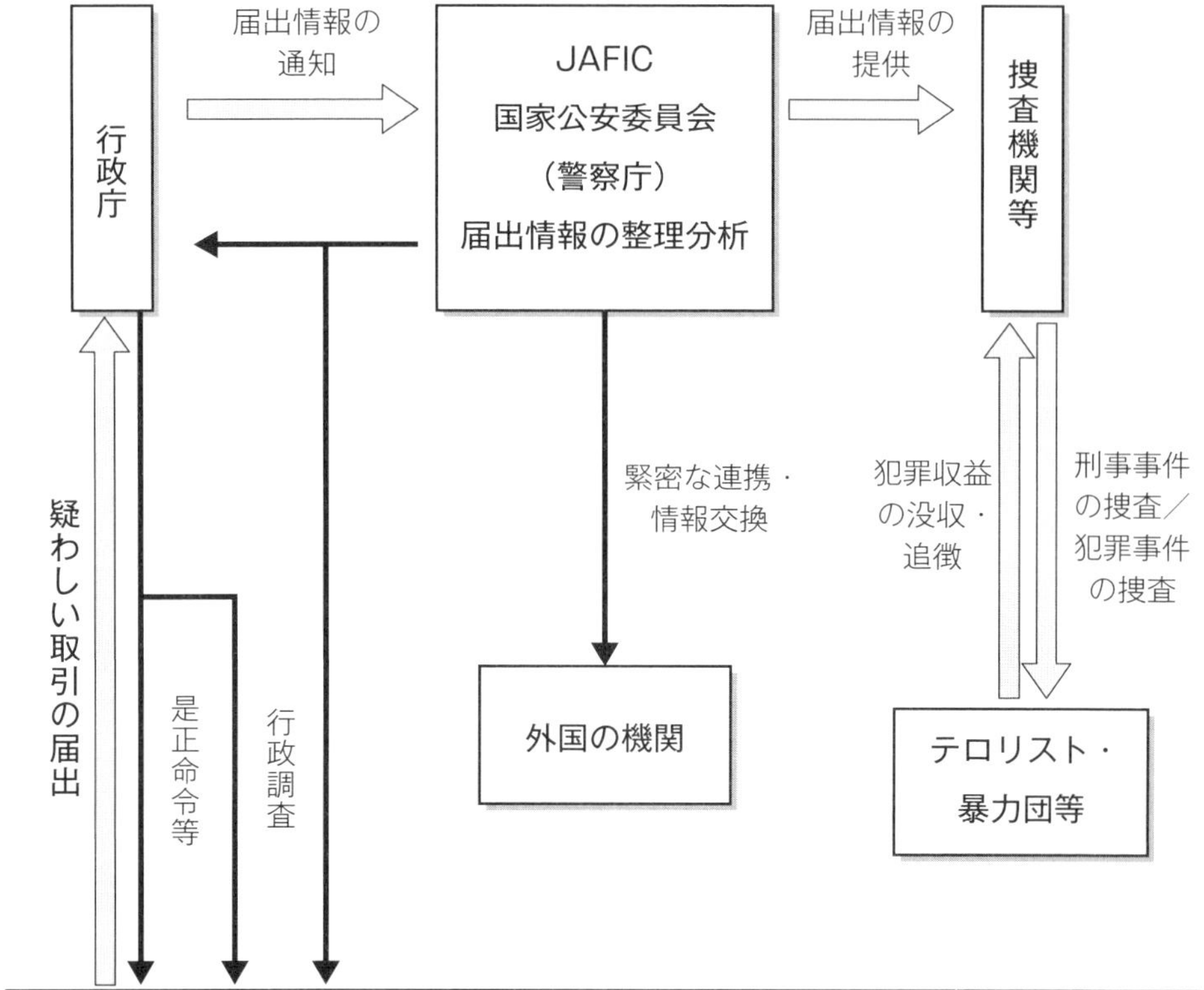

特定事業者		
疑わしい取引の届出		
顧客等の取引時確認・取引記録の保存		
銀行等，ファイナンスリース業者， クレジットカード業者，宅地建物取引業者， 貴金属等取引事業者，郵便物受取サービス会社， 電話受付代行業者，電話転送サービス業者	司法書士 行政書士 公認会計士 税理士 （疑わしい取引の届出対象外）	弁護士

16 「支払又は支払の受領に関する報告書」

貿易外取引に係る支払い等を行ったとき提出

●報告目的と支払い等の概要

「支払又は支払の受領に関する報告書」は、対外取引の実態把握と国際収支統計の基礎資料収集のために、日銀経由財務大臣あて報告が義務付けられているものです。貿易外取引に係る支払等において、3000万円相当額を超える次の①〜④の場合に報告を要します。なお、「支払い等」とは、支払いまたは支払いの受領のことです。

① 居住者が本邦から外国に向けて行う支払い（仕向外国送金等）

② 居住者による外国から本邦に向けた支払いの受領（被仕向外国送金等）

③ 本邦内において居住者が非居住者との間で行った支払いまたは支払いの受領（国内送金等）

④ 外国において居住者が非居住者との間で行った支払いまたは支払いの受領（居住者海外預金を経由した支払い等）

●概要の補足

✓貿易外取引とは、貨物の輸出入を除くサービス取引や資本取引などのことです。

✓報告書の提出要否を判定する換算相場は、本邦通貨と外国通貨との売買を伴う場合は市場実勢相場、売買を伴わない場合は基準外国為替相場または裁定外国為替相場です。

✓3000万円相当額超を報告対象としているのは報告負担軽減のためであり、3000万円相当額以下の支払い等は報告不要です。

✓このほか海外預金口座を経由した海外建設工事代金の支払いまたは支払いの受領について報告負担軽減措置があり、支払い等の月中の合計額が1億円相当額超のとき、支払月から3か月以内に報告することになっています。

●銀行等を経由する報告と経由しない報告

銀行等を経由する外国送金などによる支払い等だけでなく、居住者海外預金（銀行預金のほか取引先への預け金を含む）を通じた支払い等や相殺（ネッティング）による決済など銀行等を経由しない支払い等も報告の対象です。そこで、支払い等の当事者である顧客から銀行等を経由して日銀へ提出する報告と、顧客から日銀あて直接提出する報告に大別されています。詳細は、左下の図を参照してください。

「支払又は支払の受領に関する報告書」の提出を要する取引（3,000万円相当額超のとき）

①　居住者が本邦から外国に向けて行う支払い	（取引例）居住者による仕向外国送金 居住者 → 居住者 または 居住者 → 非居住者 （国内）｜（外国）
②　居住者による外国から本邦に向けた支払いの受領	（取引例）居住者の受領する被仕向外国送金 居住者 ← 居住者 または 居住者 ← 非居住者 （国内）｜（外国）
③　本邦内において居住者が非居住者との間で行った支払い等	（取引例）居住者から非居住者に向けた国内送金または居住者が非居住者から受領する国内送金 居住者 → 非居住者 または 居住者 ← 非居住者 （国内）
④　外国において居住者が非居住者との間で行った支払い等	（取引例）居住者外貨預金等を経由して外国内もしくは外国間において行う，居住者から非居住者に向けた送金または居住者が非居住者から受領する送金 居住者 → 非居住者 または 居住者 ← 非居住者 （外国）

銀行等を経由する報告と経由しない報告

銀行等を経由する支払い等の報告	
個別報告（報告省令別紙様式第３）	支払日の10日以内に銀行に提出，銀行は受領日から10営業日以内に日銀経由財務大臣に提出
一括報告（報告省令別紙様式第４）	支払日の翌月10日までに日銀経由財務大臣に提出
銀行等を経由しない支払い等の報告	
個別報告（報告省令別紙様式第１）	支払日の翌月20日までに日銀経由財務大臣に提出
一括報告（報告省令別紙様式第２）	同上

17 国外送金等に係る調書提出制度

告知書と本人確認および国外送金等調書の取扱い

1998年の外為法大改正で、居住者が海外の銀行に預金口座を持つことなど対外取引が完全に自由化されました。これに伴って、海外のタックスヘイブン（第9章コラム参照）等を利用した租税回避行為が増加する懸念が高まったため、外為法改正と同時に、適正な課税の確保を図る目的で、国外送金等調書提出法が制定されました。

●適用範囲

国外送金と、国外からの送金等の受領に適用されます。国外送金には、銀行等を通じて行われる国内から国外に向けた送金（支払い）のほかに、海外から取立呈示を受けた国内払クリーン・ビル（41項参照）の対外支払いも含まれます。国外からの送金等の受領は、銀行等を通じた国外から国内に向けた送金（支払いの受領）および銀行等が行う外国払クリーン・ビルの買取りまたは取立てに係る対価の受領を含みます。

なお、国内送金、外貨両替、輸出荷為替手形の買取りまたは取立てによる支払いの受領、輸入荷為替手形による支払いは、適用の対象ではありません。

●告知書と本人確認および国外送金等調書

国外送金または国外からの送金等の受領（以下、国外送金等）を行う顧客は、金額にかかわらず、氏名・名称、住所、個人番号または法人番号等を記載した告知書を銀行等に提出します（外国送金依頼書では告知書を兼ねています）。併せて、個人の場合は個人番号カードなど、法人の場合は法人番号通知書などの本人確認書類を銀行等に提示します。告知書の提示を受けた銀行等は、告知書に記載された氏名・名称、住所等を本人確認書類によって確認します。

国外送金等の金額が、100万円相当額を超えた場合には、銀行等は、取引を行った月の翌月末までに顧客の氏名・名称、住所、送金額等を記載した国外送金等調書を所轄の税務署に提出します。

国外送金等調書

調書の様式	国外送金等調書提出法に規定された所定の様式
提出対象の金額	送金等の金額が100万円相当額超 ただし，顧客が公共法人等の場合は提出不要
記載事項	✓**国外送金等の場合** 送金人の氏名・名称と住所，個人番号または法人番号，送金額と送金日，送金原因，送金受取人の氏名・名称，支払銀行とその営業所名，送金相手国など ✓**国外からの送金等の受領** 受取人の氏名・名称と住所（口座入金の場合は受取銀行の営業所名，所在地，口座番号でもよい），個人番号または法人番号，送金銀行とその営業所名，相手国名など
提出期限 **提出先**	取引日の翌月末 送金銀行／支払銀行の所轄税務署

国外送金等に係る調書提出制度の導入と関連の規制

1998年外為法大改正により，資金が自由に国境を越えることが容易になり，租税回避の目的で資産を容易に海外へ移すことが可能となった。

⇩ 租税回避防止への対応

国外送金等に係る調書提出制度の導入

⇩

（租税回避防止策の強化）

⇩

国外財産調書制度の導入（2014年1月）　海外に保有する預金，株式，不動産などの資産が5,000万円相当額を超えるとき，その内訳と金額を税務当局へ報告する。

⇩ さらに2017年1月から

多国間自動情報交換制度スタート　他国の口座を利用した租税回避を防止するため，世界各国が金融機関にある非居住者財産情報を相互に交換する制度。

●告知書および本人確認の不要な取引

顧客が、本人確認済みの本人口座を通じて国外送金等をする場合、あるいは、国、法人税法別表第1に掲げる公共法人、特別の法律により設立された法人、金融機関、金融商品取引業者、外国政府、国際機関などの場合は、告知書の受入れおよび本人確認は不要です。

18 米国の経済制裁

OFAC規制の概要と注意事項

米国財務省外国資産管理局（通称OFAC）が、米国の外交政策や安全保障上の目的で、外国資産管理法に基づいて米国の金融システムにアクセスするのを防ぐよう実施している経済制裁のことを、OFAC規制といいます。

海外から重要な物資の調達が困難になり、北朝鮮が厳しい状況に置かれているのも、テロリストの活動がある程度抑えられているのも、FATF（マネーローンダリング、テロ資金供与防止のための金融活動作業部会／政府間機関）の活動とともにOFAC規制の効果が大きいとみられています。古くは、第2次世界大戦勃発時に日本の在米資産が凍結されたことで戦略物資の調達が難しくなり、敗戦の遠因になったのも、同種の規制によるものといわれています。

●制裁対象者

OFAC規制には、国連安保理決議に基づくものと、米国が独自に定めているものとがあり、特定国、テロリスト、国際的麻薬組織、大量破壊兵器の拡散に関与する者などを制裁の対象としています。

●分野別と国別制裁プログラム

OFAC規制には、分野別制裁プログラムと国別制裁プログラムがあります。分野別制裁プログラムには、反テロリズム、ダイヤモンド取引、反麻薬取引、大量破壊兵器の拡散防止、レバノン関係の規制があります。

制裁対象者に指定された団体・個人は、OFACのホームページに制裁対象者リストSDN（Specially Designated Nationals）として掲載されています。

●制裁義務を負う者

米国法人、米国人、米国居住者は、制裁対象者の在米資産・口座を凍結する義務が課せられています。米国所在の銀行（外国銀行の在米支店を含む）や米銀の海外拠点も同様に、制裁対象者の送金や預金等を凍結する義務を課せられています。

●OFAC規制の適用

邦銀の在米支店を含む米国内の銀行は、OFAC規制の遵守義務を負い、もし、規制対象取引に係る資金決済を行ったり、資産凍結を怠った場合には厳しい罰則が課されます。顧客送金だけではなく、銀行間資金決済（37項参照）も規制の対象です。OFAC規制の制裁対象者に類似した名義の受取人宛に米ドル送金を行うと、米国所在の銀行で資金がブロックされ、資産凍結の対象かどうかチェックされます。資産凍結されない場合でも、送金遅延は免れません。

国別制裁プログラム（2015年11月現在）

当該国に関係する取引が規制対象（規制内容は国により異なる）	イラン，スーダン共和国，キューバ，北朝鮮，シリア，クリミア地域
当該国のなかで制裁対象者とされた者との取引が規制対象	ミャンマーの国防省や国軍その他の武装組織が関与する取引

制裁違反と罰金支払い

（米国の経済制裁に違反した結果，米当局への和解金支払いに至った最近の主な事例）

2015年	Commerzbank AG	2億5,866万ドル
2015年	PayPal, Inc	765万ドル
2015年	UBS AG	170万ドル
2015年	Credit Agricole Corporate and Investment	3億2,959万ドル
2014年	Bank of America	1,600万ドル
2014年	BNP Paribas S.A.	9億6,300万ドル
2014年	Clearstream Banking S.A.	1億5,100万ドル
2013年	Royal Bank of Scotland S.A.	3,300万ドル
2012年	H.S.B.C.	3億7,500万ドル
2012年	Standard Chartered Bank	1億3,200万ドル
2012年	ING Bank N.V.	6億1,900万ドル
2011年	JP Morgan Chase National Association	8,830万ドル
2010年	Barclays Bank PLC	2億9,800万ドル

コラム

外為法上の報告書提出に関する注意事項

今日，コンプライアンスの重要性はますます高まっており，その取扱いによっては，企業の経営問題にまで発展することもありえます。外為法上の報告についても注意が必要であり，ここでは，「支払又は支払の受領に関する報告書」（以下，「本報告書」）の留意点等を取りまとめています。

●提出を要する報告書の減少

1998年施行の外為法大改正により，資本取引を中心に残っていた事前届出・許可制が原則廃止されて事後報告制に移行し，外為法に基づく報告書も大幅に減少しました。このため，現行制度では真に必要な報告書だけが残ったので，１件１件が重要な報告書となっています。

●報告の目的

国際収支統計（一定期間中の対外取引に伴う国全体の資金の動きをフローベース記録した統計のこと）等の作成に必要な情報を的確かつ効率的に収集するため，また，有事規制の発動に備えて取引実態の把握等を行うため，対外取引を行った者には，外為法上の報告書を当局宛に提出することが義務付けられています。

国際収支統計作成上，貴重な基礎資料となっているのが，「本報告書」であり，最も基本的な報告書です。当局（財務省・日銀）は，提出もれ防止と報告書を正確に作成してもらうため，種々アドバイスを行っているほか，財務省は重大な報告もれ等があった場合には，行政指導などにより注意を喚起しており，その結果は通常マスコミに公表されます。また，違反者には罰則も設けられています。

●報告もれが起きやすいケース

「本報告書」は，居住者が非居住者との間で3,000万円相当額超の支払い等を行った場合に提出しますが，提出もれが起きやすいのは，銀行を経由する支払い等によらずに行う場合です。

代表例を挙げれば，非居住者との債権債務を，①相殺決済（ネッティング）により行った場合，②居住者の海外預金を受払いして決済した場合，③居住者間で決済する場合，例えば，本邦企業が，債権者たる外国法人（非居住者）の依頼により，その在日子会社（居住者）に支払いをした場合です。表面上は「本報告書」の提出を要しない居住者間の決済に見えますが，実態は居住者と非居住者間の決済だからです。

第3章

外国為替と国際規則・条約等

19　国際規則の意義

20　信用状統一規則

21　取立統一規則

22　インコタームズ

23　国際海上物品運送法

24　ウィーン売買条約

19 国際規則の意義

国際的な法の統一の難しさと克服策

外国為替取引は、国際条約・慣習等のほかに取引当事者の関係する国の法律の適用を受けますが、ここでは多くの分野で国際取引に適用される法律が異なっている現状と問題、および国際規則の意義について考えてみます。

●国際的な法の統一の難しさ

国際間の取引では、取引をめぐって紛争になったときのために、売買契約書の中に紛争解決のよりどころになる準拠法を定めるのが通例です。一般に、契約自由の原則から、契約当事者の合意により日本法のような各国法を準拠法とすることができますが、取引当事者の一方の国の法律を準拠法に定めると、もう一方の当事者には他国の法律が準拠法となります。契約によっては英国法のような第三国の法律を準拠法とすることもありますが、外国の法律が適用されると結果の予測が困難で、契約当事者は不安な状況に置かれます。

このことからわかるように、国際取引の多くの分野でよりどころになる各国の法律が異なっている現状は、取引を円滑に行うにあたって障害になることは明らかです。そこで、従来から各国の私法の統一のための努力が払われていますが、各国の歴史的、法制的な背景から、多くの分野で法の統一は依然として難しいのが現状です。

●国際規則の制定

円滑な国際取引を行うため、統一的な規範の重要性はますます高まっている状況から、国家による私法の統一を待つことなく、国際取引の当事者が任意に合意することで、実質的に法の統一を図ろうとする試みが続けられてきました。その成果として誕生したルールのことを、国際規則と呼んでいます。

これは、国際取引の円滑化のため、当事者の合意に基づいて取引当事者間の権利・義務を画一的に規律し、異なる法規制等から生じる障害を克服する目的で、国際商業会議所（略称ＩＣＣ）などにより制定された民間のルールのことです。取引当事者間の異なった利害関係を調整し、事前に紛争を防止することで円滑な国際取引を推進するため、また、紛争に至った場合に準拠する共通のルールとして、信用状統一規則をはじめ多くの国際規則が制定されています。

外国為替取引に関係する国際規則，条約等

分野	代表的な国際規則，条約等	対応項目
売買契約	インコタームズ ウィーン売買条約	売買契約条件
外国為替	信用状統一規則 取立統一規則	代金決済
国際間輸送	ヘーグ・ルール（船荷証券統一条約） ヘーグ・ヴィスヴィ・ルール	海上運送契約
	ワルソー条約，モントリオール条約	航空運送契約
貨物海上保険	英文保険証券・協会貨物約款	貨物海上保険契約

20 信用状統一規則

規則制定の背景と最新規則（UCP600）

●信用状統一規則の制定

円滑な貿易決済などのため、信用状は世界中で利用されていますが、安全かつ確実にその機能を発揮するためには、信用状関係者の権利・義務、使用される用語と解釈、信用状の様式など信用状取扱基準の統一が欠かせません。ところが、20世紀初めまで信用状の取扱いは各国まちまちで、少なからぬ混乱の中で信用状取引が行われてきました。このような状況を打開するために制定されたのが国際商業会議所（ICC）による信用状統一規則であり、ICCは信用状取引の世界統一基準としてその普及に努めてきました。

●最新の信用状統一規則（UCP600）

最新の信用状統一規則は、「荷為替信用状に関する統一規則および慣例（2007年改定版）」（略称UCP600）です。UCP600は39か条で構成され、用語の定義と解釈、発行銀行の約束、信用状の通知と条件変更、書類点検の標準、ディスクレ（58項参照）のある書類、運送書類、保険書類、金額・数量の許容範囲など多くの事項を定めています。

信用状統一規則は、この規則に準拠することについて当事者間の合意があってはじめて適用され、当事者を拘束することになっています。

当事者とは、信用状発行銀行、信用状の受益者（通常は輸出者）、通知銀行、指定銀行、確認銀行の信用状契約の直接の当事者のことです。通知銀行はコルレス契約により発行銀行から信用状通知の委任を受けた者ですが、信用状のUCP準拠文言に従って信用状を取り扱う以上、この規則の拘束を受けます。信用状発行依頼人は、この規則の直接の当事者ではありませんが、信用状の発行依頼を通じて間接的に拘束を受けることになります。

当事者間の合意は、信用状や発行銀行に送付する荷為替手形の送達状などに信用状統一規則に準拠する旨を明示することで成立するとされています。

2003年には、信用状統一規則の解釈を補足し事務取扱基準を定めた「荷為替信用状に基づく書類点検に関する国際標準銀行実務」（略称ISBP）が制定されました。これは、条文の解釈相違により紛争の絶えなかった信用状統一規則に、具体性と有用な指針を提供するものです。最新版は、ISBP745と略称されています。

信用状統一規則（最新版　UCP600）

第１条　UCPの適用
第２条　定義
第３条　解釈
第４条　信用状と契約
第５条　書類と物品，有効期限および履行
第６条　利用可能性，有効期限および呈示地
第７条　発行銀行の約束
第８条　確認銀行の約束
第９条　信用状および条件変更の通知
第10条　条件変更
第11条　テレトランスミッションによる信用状・条件変更および予告された信用状・条件変更
第12条　指定
第13条　銀行間補償の取決め
第14条　書類点検の標準
第15条　充足した呈示
第16条　ディスクレパンシーのある書類，権利放棄および通告
第17条　書類の原本およびコピー
第18条　商業送り状
第19条　少なくとも２つの異なった運送形態を対象とする運送書類
第20条　船荷証券
第21条　流通性のない海上運送状
第22条　傭船契約船荷証券
第23条　航空運送書類
第24条　道路，鉄道または内陸水路の運送書類
第25条　クーリエ受領書，郵便受領書または郵便証明書
第26条　“On Deck”，“Shipper’s Load and Count”，“Said by Shipper to Contain” および運送賃に追加された費用
第27条　無故障運送書類
第28条　保険書類および担保範囲
第29条　有効期限または最終呈示日の延長
第30条　信用状金額，数量および単価の許容範囲
第31条　一部使用または一部船積
第32条　所定期間ごとの分割使用または分割船積
第33条　呈示の時間
第34条　書類の有効性に関する銀行の責任排除
第35条　伝送および翻訳に関する銀行の責任排除
第36条　不可抗力
第37条　指図された当事者の行為に関する銀行の責任排除
第38条　譲渡可能信用状
第39条　代り金の譲渡

21 取立統一規則

貿易代金等取立てのための規則（URC522）とその概要

●取立統一規則の概要

国際間の手形・小切手、信用状に基づかない荷為替手形等の取立てについて、国際的な基準となる規則が定められています。法律や慣習が国によって異なることから生じる代金取立ての事務処理や手続きに関する困難を取り除いて、貿易や外国為替取引が円滑に行われるようにするためのものです。

国際商業会議所（略称ＩＣＣ）が制定したこの規則は取立統一規則と呼ばれ、銀行を通じた手形・小切手や荷為替手形等の代金取立てについて、関係当事者の義務と責任の明確化および取立事務の統一化のための規定が盛り込まれています。最新版は１９９５年改訂版（略称ＵＲＣ５２２）で26条からなり、Ａ章「総則と定義」（第1条〜第3条）、Ｂ章「取立の形式と構成」（第４条）、Ｃ章「呈示の形式」（第5条〜第8条）、Ｄ章「義務と責任」（第9条〜第15条）、Ｅ章「支払」（第16条〜第19条）、Ｆ章「利息、手数料および費用」（第20条〜第21条）、Ｇ章「その他の規定」（第22条〜第26条）から構成されています。

なお、本規則では、取立てを、金融書類のみの取立てをクリーン取立て、商業書類を伴う金融書類の取立てをドキュメンタリー取立てに分けています。

●取立統一規則の適用

信用状統一規則と同様に、取立統一規則も民間の経済団体であるＩＣＣが制定した規則ですから、法律や条約のような普遍的な拘束力を持つものではありません。銀行間の取立指図に取立統一規則に準拠する旨の文言を記載した場合に、関係当事者を拘束することになります。

関係当事者とは、取立てを銀行に依頼した取立依頼人（本人）、本人から取立てを依頼された銀行（仕向銀行）、取立ての処理過程に登場する仕向銀行以外のすべての銀行（取立銀行）、および、取立銀行のうち、支払人に呈

クリーン取立とドキュメンタリー取立の添付書類

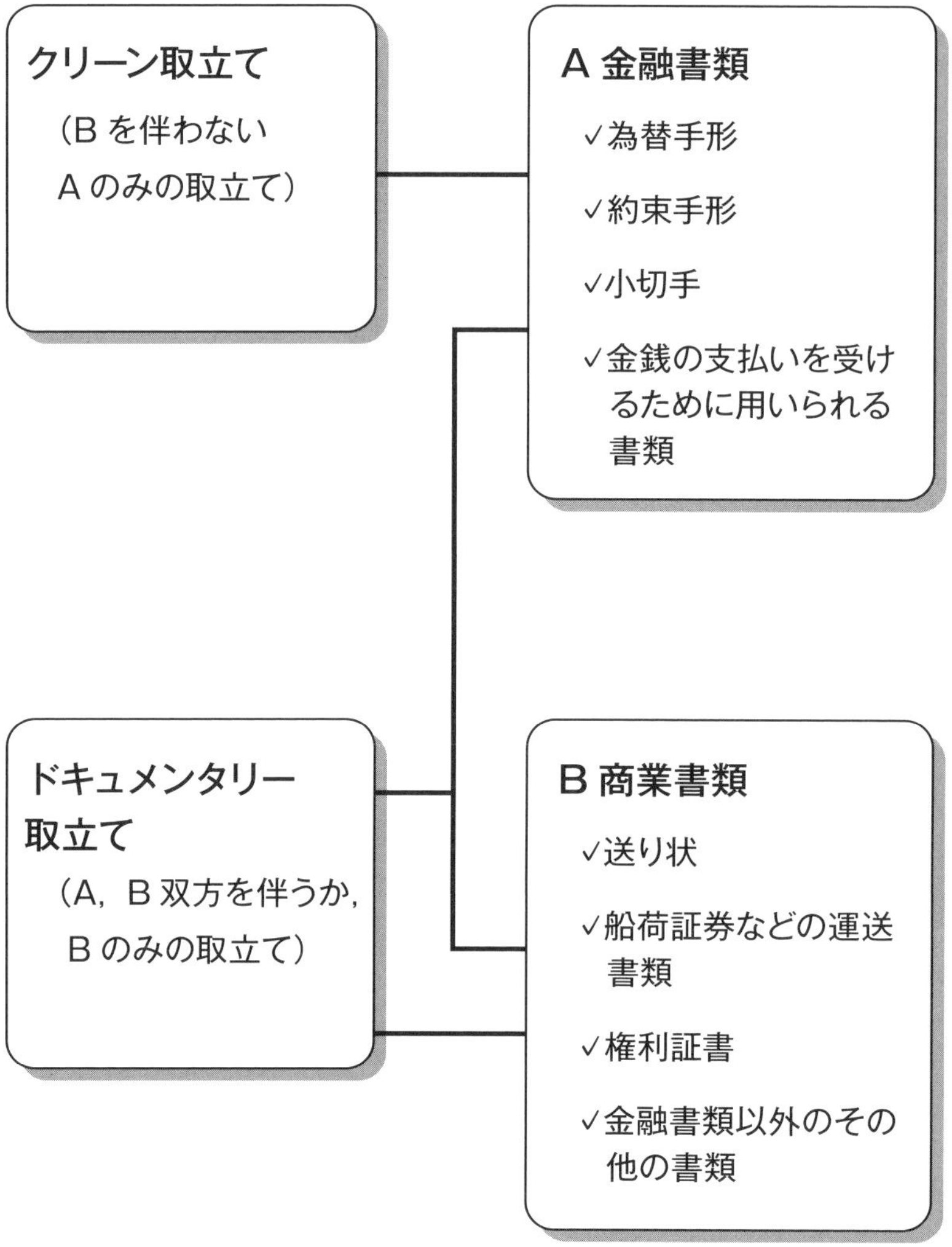

示を行う銀行（呈示銀行）をいいます。

●取立統一規則の普及

取立統一規則は、81か国で採択されており、わが国に仕向けられる取立てまたはわが国から仕向ける取立ての大半は、この規則に準拠したものとなっています。

22 インコタームズ

最も広く利用されている、貿易取引の条件を定める規則

●インコタームズのあらまし

商慣習が異なる外国との貿易取引では、輸出者と輸入者の責任が明確でないと紛争の原因になるため、貨物の引渡し、貨物に発生する損傷や滅失に対する責任の分担・費用の負担等を明確にした貿易条件が用いられています。

貿易条件の中で最も広く利用されているのが、ICCのインコタームズです。インコタームズ最新版（2010年版）では、海上と内陸水路輸送のみに使用する「海上および内陸水路輸送のための規則」（4規則）と、あらゆる輸送に使用できる「いかなる単数又は複数の輸送手段にも適した規則」（7規則）に大別され、2類型・11規則となっています。

●インコタームズ2010の最もポピュラーな規則

①　海上および内陸水路輸送のための規則

在来船の輸送に適した貿易条件です。

・FOB（本船渡し）

指定船積港で国際運送をする船（本船）の船上で貨物を引き渡した時点で、費用と危険の負担は売主から買主に移転します。

・CFR（運賃込み）

FOBの条件に加えて、売主は貨物を指定仕向港まで運送を手配し、その費用を負担します。

・CIF（運賃保険料込み）

CFRの条件に加えて、売主は、運送中の貨物の滅失・損傷についての買主の危険に対して海上保険を掛け、その費用を負担します。

②　いかなる単数または複数の輸送手段にも適した規則

コンテナ輸送に適した貿易条件です。

・FCA（運送人渡し）

売主の施設や指定場所で、買主が指定した運送人に貨物を引き渡したときに、売主の引渡しが完了し、危険負担は売主から買主に移転します。

・CPT（輸送費込み）
FCAの条件に加えて、売主は指定仕向地までの運送を手配し、その費用を負担します。貨物が運送人に引き渡された後は、買主が一切の危険と費用および以後の追加費用を負担します。

・CIP（輸送費保険料込み）
CPTの条件に加えて、売主は貨物に対する保険を掛け、その費用を負担します。

インコタームズ2010における危険の移転と売主・買主の役割

本文で述べた規則に FAS「船側渡し」，EXW「工場渡し」，DAT「ターミナル持込渡し」，DAP「仕向地持込渡し」，DDP「関税持込渡し」を加えたインコタームズ2010における危険の移転と売主・買主の役割を表にまとめると，次のようになります。

貿易条件	危険の移転（物品の引渡場所）	運送手配	保険手配	輸出通関	輸入通関
＜海上および内陸水路輸送のための規則＞					
FAS「船側渡し」	物品が本船の船側に置かれた時	買主	買主	売主	買主
FOB「本船渡し」	物品が本船の船上に置かれた時または本船上で売買された時	買主	買主	売主	買主
CFR「運賃込み」	同上	売主	買主	売主	買主
CIF「運賃保険料込み」	同上	売主	売主	売主	買主
＜いかなる単数または複数の輸送手段にも適した規則＞					
EXW「工場渡し」	売主の施設またはその他の場所（工場，倉庫など）で買主の処分に委ねられた時	買主	買主	買主	買主
FCA「運送人渡し」	運送人に引き渡された時	買主	買主	売主	買主
CPT「輸送費込み」	同上	売主	買主	売主	買主
CIP「輸送費保険料込み」	同上	売主	売主	売主	買主
DAT「ターミナル持込渡し」	指定ターミナルで荷卸後，買主の処分に委ねられた時	売主	売主	売主	買主
DAP「仕向地持込渡し」	輸送手段の上で買主の処分に委ねられた時	売主	売主	売主	買主
DDP「関税持込渡し」	同上	売主	売主	売主	売主

23

国際海上物品運送法

国内法化された国際条約（ヘーグ・ヴィスヴィ・ルール）

●国際海上物品運送法とその基礎となる条約

船荷証券は運送契約の内容を規定していますが、船会社間で統一が取れていないと、海運業界も混乱しますし円滑な貿易取引も望めません。そのためのわが国の規制が国際海上物品運送法で、貨物の国際海上運送における運送人の責任関係を規定しています。

この法律は1924年の統一船荷証券条約を取り入れたもので、この条約の実質的な規定は1921年の国際法協会のヘーグ会議で採択されたヘーグ・ルールに準拠していました。現在は1968年のヘーグ・ヴィスヴィ・ルールに準拠したものになっています。

●ヘーグ・ルールとヘーグ・ヴィスヴィ・ルール

ヘーグ・ルールは、船荷証券の免責約款を制限し、同時に船荷証券の流通性を念頭に、貨物の船積み、積付け、運送、陸揚げ等について船会社は使用人の過失（商業過失）の責任を負いますが、船の航海または取扱いに関する過失（航海過失）や天災・不可抗力等は免責として、海上運送の特殊性を十分考慮した内容でした。ところが、その後、運送人の責任を徐々に重くしていこうとする方向に動いていき、1968年、ヘーグ・ヴィスヴィ・ルールの改正議定書が制定され、1977年に発効しました。

この新ルールでは、運送品の貨物に対する責任限度額が引き上げられたほか、新しい運送形態に合わせてコンテナなどの規定が追加され、条約の適用範囲が広げられました。わが国も1992年に議定書に署名したあと国内法化され、改正国際海上物品運送法として施行されています。

●新しい動き

ヘーグ・ルールとヘーグ・ヴィスヴィ・ルールは、いずれも先進国を中心に制定されたため、開発途上国から、先進国の運送会社に有利ではないかとの問題提起を受け、南北問題是正の観点から、1978年、国連海上物品運送条約（ハンブルグ・ルール）が制定されました。ハンブルグ・ルールは、航海過失免責や船舶火災の免責を否定し、船の堪航性の確保は航海完了まで全期間を要求するなど、船会社にとって厳しい内容で主要国は批准しておらず、ほとんど適用されていません。

国際海上物品運送法と条約

国際海上物品法		改正国際海上物品法
ヘーグ・ルールに準拠	→	ヘーグ・ヴィスヴィ・ルールに準拠（運送人の責任限度額引上げ）
ヘーグ・ルール **1924年** 船荷証券統一ルール	**ヘーグ・ヴィスヴィ・ルール** **1968年** ブラッセル議定書	**ヘーグ・ヴィスヴィ・ルール** **1979年** 議定書
運送人の責任内容を規定した条約	コンテナリゼーションに対応する責任限度額等の修正条約	責任限度額単位をSDRに改訂

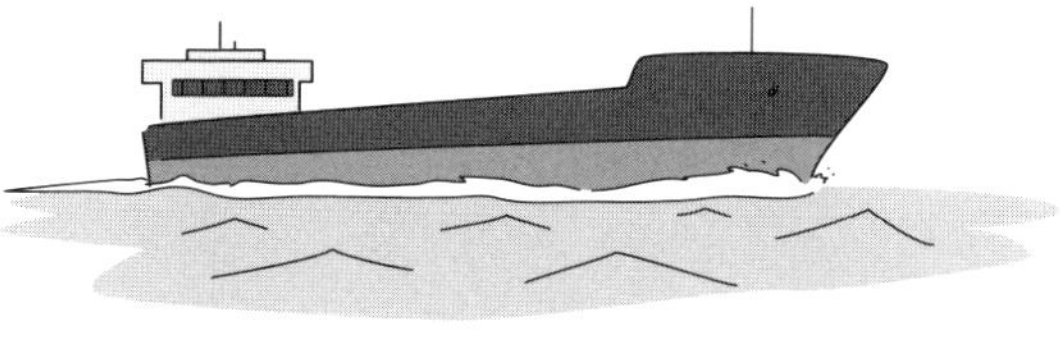

24 ウィーン売買条約

国際間の物品売買契約に適用される国際連合条約

ウィーン売買条約は、正式名を「国際物品売買契約に関する国際連合条約」といい、国際的な売買に関する統一ルールとして日本も加盟し、２００９年８月から発効しています。

●ウィーン売買条約の適用

本条約は、異なる国に所在する売主と買主の間の物品売買契約であることを前提にして、売主と買主の所在する国がともに本条約の締約国（例えば、日本と米国）である場合は、自動的に適用されます。

売主と買主の所在する国の一方だけが締約国（例えば日本と非締約国の英国）の場合には本条約は適用されませんが、売買契約書に締約国の法律を適用すると記載すると、原則として本条約が適用されます。

なお、本条約の規定は、原則として任意規定ですから、上記の内容が固定的に適用されるのではありません。当事者の合意があれば、その適用を排除したり規定内容を変更することができます。

●ウィーン売買条約のカバーする売買取引の範囲

本条約は売買取引のすべてをカバーしていません。本条約が適用される場合でも、売買契約の成立と売買契約から生じる当事者の権利・義務に限られており、契約の有効性や所有権の移転等を含んでいません。

また、本条約では、合意した慣習や当事者間で確立した慣行は本条約に優先するとされています。この慣習にはインコタームズなどの国際慣習が含まれるので、売買契約書にインコタームズによる旨の明示があれば、本条約に優先してインコタームズが適用されます。

本条約には、インコタームズのような貿易条件の規定がありませんので、実際には売買契約書にインコタームズの適用を明示する必要がありますが、本条約とインコタームズは守備範囲が異なっていることに留意が必要です。インコタームズだけでウィーン売買条約が関係なくなるわけではありません。本条約にはインコタームズに規定のない契約成立の要件、契約違反における救済に関する規定が設けられており、当事者が排除しない限り適用されるからです。

ウィーン売買条約とインコタームズの守備範囲

	ウィーン売買条約	インコタームズ
契約当事者の権利義務	○	○
危険移転時期	○	○
契約成立の要件	○	×
契約違反における救済	○	×
契約の有効性	×	×
所有権移転時期と効果	×	×

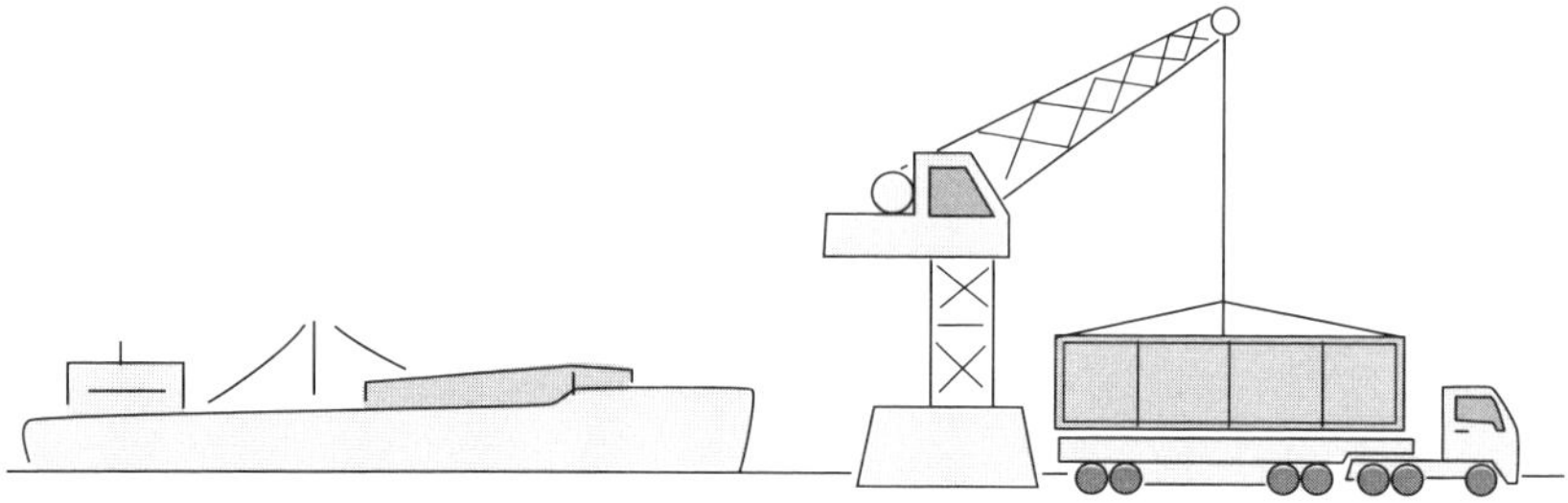

コラム

英文保険証券と協会貨物約款（ICC：Institute Cargo Clauses）

英文保険証券は条約や国際規則に基づいているわけではありませんが，世界中に普及し，広く利用されています。

●英国法と英国の慣習に準拠した英文保険証券と協会貨物約款

英文保険証券と協会貨物約款（ICC）は，貿易関係者にとってなくてはならない存在です。貿易に携わる者なら誰でも目にする英国式の英文保険証券は，保険金請求に対する責任とその精算は英国の海上保険法および慣習に準拠することを規定していますが，国際市場において実質的な標準約款として認められており，わが国を含め世界中に広く普及しています。

貨物海上保険は，世界中の大多数の保険会社が英国式の英文保険証券を使用することで，国を異にする利害関係者が共通の解釈に基づいてリスクへの対応策を講じることを可能にするからです。

●MARフォーム保険証券と新協会貨物約款

世界中の貨物海上保険で広く使われている協会貨物約款は，英文証券フォームとともに長い歴史を有しており，その時々の貿易実務やリスク実態に合わせて改訂が重ねられてきました。今日も残るSGフォーム保険証券と旧協会貨物約款（1963年版ICC）は，証券本文の英語表現自体のわかりにくさのうえに，補足・訂正する種々の約款や規定が追加されてきたため，どのような危険がカバーされているかわかりにくい状況にありました。

こうした状況を踏まえて誕生したのが，MARフォーム保険証券と新協会貨物約款（1982年版新約款）です。このMARフォーム保険証券と新約款は，本家本元の英国をはじめ諸外国では，1982年版新約款発表後，すみやかに普及しました。日本では普及が進みませんでしたが，2009年に至り，1982年版新約款の改訂を機に急速に普及しました。当初，普及しなかったのは，1982年版では船社倒産が明示的に免責で，船社の倒産によって生じた費用が実際に保険金支払いの対象とならなかったため，新約款への移行をためらう荷主が多かったためとされています。この船社倒産免責条項は，最新の2009年版ICCで取扱いが改訂され，荷主が船社の窮状を知る立場になかった場合には免責とされることはなくなりました。

2009年版は，被保険者有利への変更，文言の平易化および保険期間が従来より明確化されたことや船社倒産による免責の緩和が特色です。

第4章

外国為替相場

25 外国為替相場と相場の決定

相場が変動する要因は何か

●外国為替相場

外国為替相場とは、ある国の通貨と他の国の通貨との交換比率のことで、通貨の値段でもあります。

外国為替相場制度は、戦後、固定相場制、基準相場制と続き、現在は変動相場制を採用しています。

変動相場制とは、市場の需給関係に応じて相場を変動させ、市場の実勢に任せる制度であり、各国の通貨当局は、市場が無秩序の状況に陥った場合などを除いて、市場には介入しないのが原則です。

●外国為替相場の決定

外国為替相場は、一般市場における物の値段と同じく、外貨に対する売手と買手の需給関係で決まります。需給関係を変化させる要因には次のようなものがありますが、実際にはこれらが複雑に絡み合っています。

① 各国の金利差による資金の移動

国際間を移動する資金は、高利回り運用を目指し、金利の低い国から金利の高い国へ流入するため、高金利国の通貨が高くなる傾向があります。歴史的には、各国で投機取引と資本取引の規制緩和および米国などで資本市場の整備が進み、資金が自由に国境を越え始めた頃から、為替変動要因として金利差が注目されるようになりました。

② 経済の基礎的条件

通貨はその国の政治・社会・経済を裏付けとしており、その相場は一国の経済の基礎的条件（ファンダメンタルズ）の差を反映します。ファンダメンタルズの良好な国の通貨は、その国の経済すなわちその代表である通貨への信頼から、ファンダメンタルズの悪い国の通貨に比べて高くなります。

③ 国際情勢の変化

戦争や紛争が起きて国際的緊張が高まると、一時的に難を避けるため、スイスフランや円など安全といわれる通貨が買われたり、リスクに直面している国の通貨が売られます。

④ 心理的要因

相場が大きく動いている場合、思惑や心理的要因により相場の振幅がより大きくなることがあります。

主な為替相場の変動要因と着眼点

要因	項目	着眼点
政治的要因	政治の安定性	政治の安定はプラス要因，不安定な場合通貨は弱い
	政権交代	政治・政策の変化に注目
	国際的緊張	緊張時は，避難通貨の円やスイスフランが高くなる
	国際協調	G8やG20での合意内容
	高官発言	主要国高官の発言，特に米国の高官発言に注目
制度的要因／政策要因	通貨当局の介入	短期的には相場を左右
	財政赤字	財政赤字は国際収支の赤字につながる
経済的要因	経済成長率格差	高成長率の国の通貨は強い
	インフレ	低インフレ国の通貨は強い
	金利	短期的には高金利の通貨は強い。長期的にはインフレと成長率のバランスを見る
	国際収支	経常収支や貿易収支の黒字国の通貨は強い
	原油価格	原油輸入量の多い国の通貨は原油高で弱くなる
金融的要因	内外証券投資	対内投資の増加は短期的に円高
	金融政策	金利を通じて為替に影響
市場内要因	市場参加者の予想	リーズ・アンド・ラグズ(㉝項参照)，季節性要因

26 外国為替相場の建て方

外国通貨建て・自国通貨建てと裁定相場

●外国通貨建てと自国通貨建て

為替相場は異なる2通貨の交換比率であり、その比率を表すのに2通貨のどちらの通貨を基準とするかによって、外国通貨建てと自国通貨建ての2通りの表示方法があります。

日本では1米ドル＝110円と表示されるように、外国通貨1単位（100単位の通貨もある）は自国通貨でいくらか、という表示のことを外国通貨建てといいます。これに対して、英国では1英ポンド＝1.8米ドルと表示します。このように自国通貨1単位が外国通貨でいくらかという表示のことを自国通貨建てといいます。

外国為替市場の取引では、各国の外国為替相場を無統一に外国通貨建てまたは自国通貨建てで表示した場合、相手通貨が同じ米ドルであっても、国際間で瞬時にドル安・ドル高を比較するのは困難ですから、世界の主要外国為替市場では、通貨ごとに同一の表示方法とする慣行が確立されています（本章コラム参照）。

●裁定相場

東京外国為替市場では、米ドルを中心に通貨の売買が行われますが、ユーロ対円など米ドル以外の通貨と円との相場は、米ドルを介在する相場となっています。これを裁定相場といい、基準相場とクロスレートの2つの為替相場から算出する相場のことです。

例えば、円と米ドルの為替相場（基準相場）が1米ドル＝100円のとき、ユーロと米ドルの為替相場（クロスレート）が1ユーロ＝1.42米ドルであれば、これらの2つの為替相場から、ユーロと円の裁定相場は1ユーロ＝100円×1.42＝142円となります。

① 基準相場（Basic Rate）……米ドルの対円相場。基準相場には、東京外国為替市場の銀行間中心相場を使います。

② クロスレート（Cross Rate）……米ドルの対そ

の他通貨相場。クロスレートには、前営業日の海外市場、通常はニューヨーク市場の前日の終値を使います。

③ 裁定相場（Arbitrated Rate）……その他通貨の対円相場。

外国通貨建てと自国通貨建ての実際

外国通貨建て
と
自国通貨建て

- 国内的には，外国通貨建てのほうが自国通貨の価値がわかりやすいので便利。
- 外国為替市場では，売買される２通貨の価値の比較が容易な慣習が確立されている。
（本章コラム参照）

基準相場，クロスレート，裁定相場

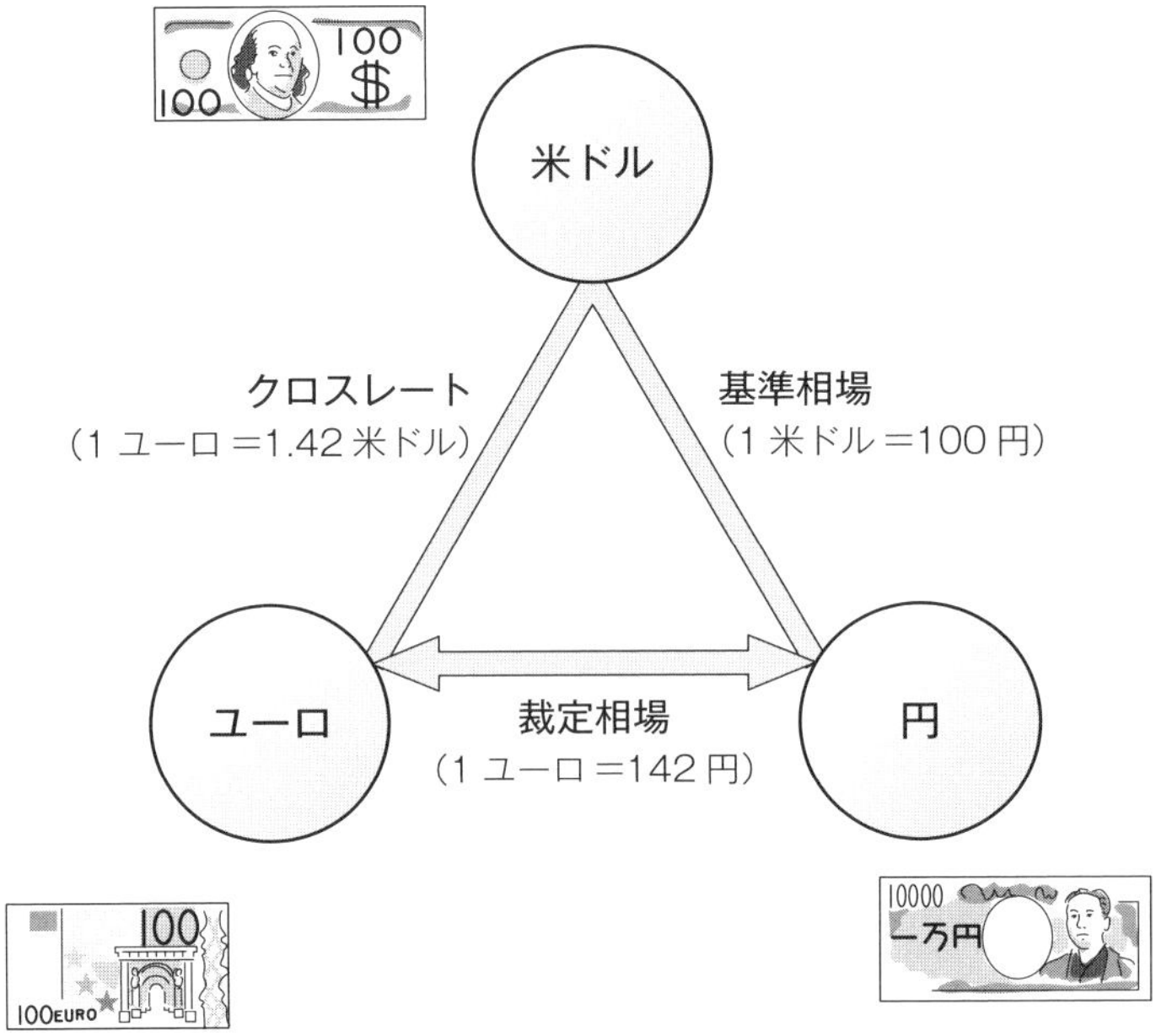

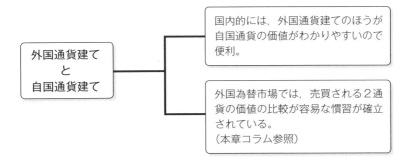

27 外国為替相場の種類

売相場・買相場、銀行間相場・対顧客相場、直物相場・先物相場

●売相場と買相場

外国為替は通貨の売買ですから、その売りの値段と買いの値段は異なります。売りの値段を売相場、買いの値段を買相場といいます。銀行の売相場は、顧客にとっては買相場を意味し、銀行の買相場は、顧客にとっては売相場を意味します。なお、銀行と顧客との取引では、銀行が相場を公表するので、売りとか買いという表現は、銀行を中心としたいい方になっています。

●銀行間相場と対顧客相場

銀行同士が通貨を売買するときの相場が銀行間相場で、銀行が顧客との間で売買するときの相場が対顧客相場（㉙項参照）です。銀行は、顧客からの通貨売買の求めに応じるために銀行間市場で通貨売買を行いますから、銀行間相場が卸売価格、対顧客相場が小売価格といった関係にあり、対顧客相場には、銀行の手数料、金利およびリスク料に相当するものが含まれています。

●直物相場（Spot Rate）と先物相場（Forward Rate）

為替相場を通貨の受渡時期で区別すると、直物（じきもの）相場と先物（さきもの）相場に分けられます。

銀行間市場の直物相場は、売買締結日の2営業日後に通貨の受渡しをするときの相場です。これに対して対顧客取引の直物相場は、売買当日中に通貨の受渡しをするときの相場です。

	銀行間市場	対顧客市場
直物取引（Spot）	売買締結日から2営業日後の受渡し	当日中の受渡し
先物取引（Forward）	売買締結日から3営業日以降の受渡し	売買締結日の翌営業日以降の受渡し

銀行間市場の先物相場は、売買締結日から3営業日以降の将来の特定日または特定期間内に通貨の受渡しをす

るときの相場であり、対顧客取引の先物相場は売買締結日の翌営業日以降に通貨の受渡しをするときの相場です。

なお、銀行が公表している対顧客先物相場は参考値に過ぎません。実際の先物予約（為替予約ともいう。30項参照）では、予約締結時点の銀行間市場の先物相場に一定の手数料等を加味した相場となっています。

外国為替相場の分類

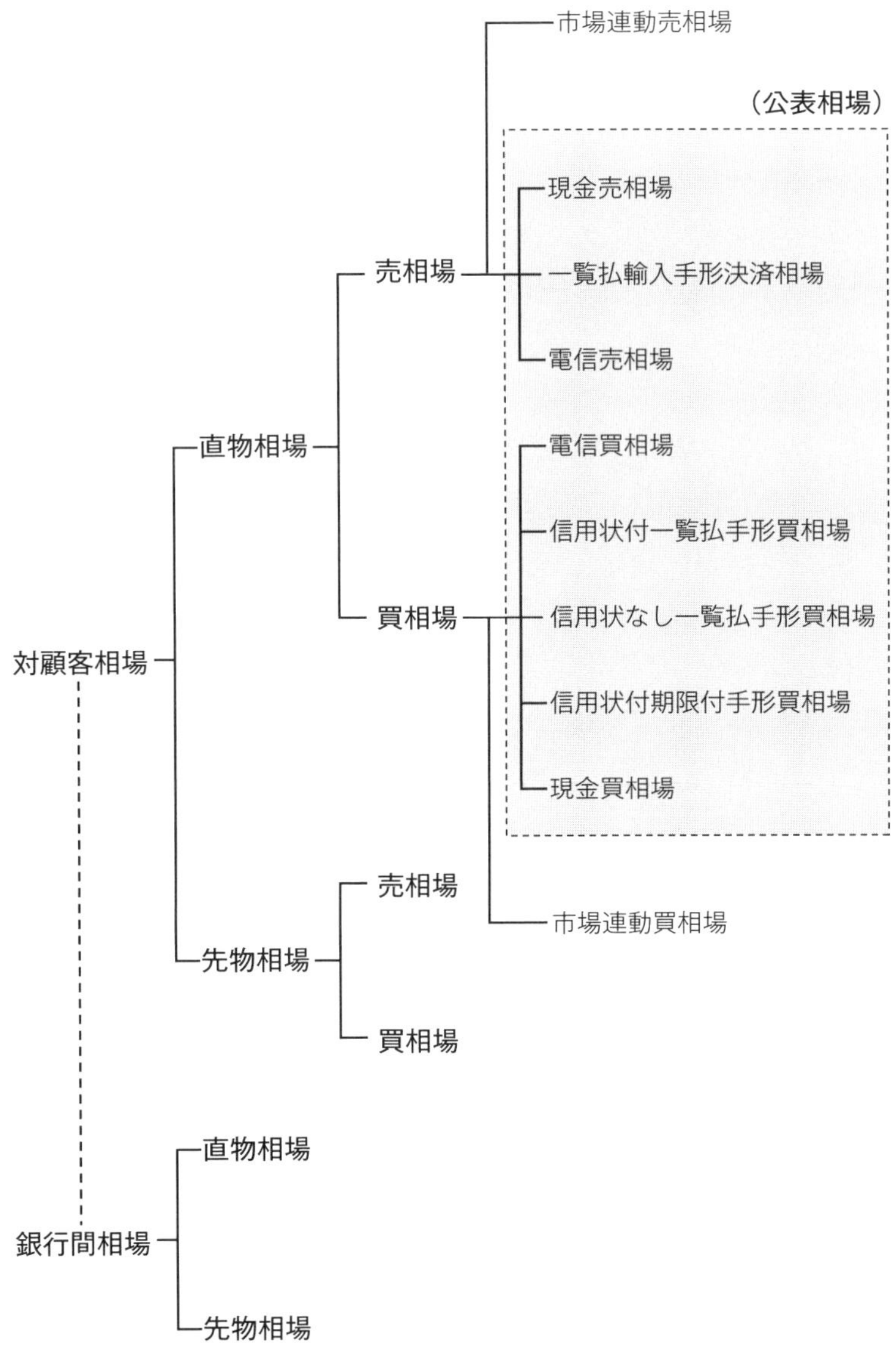

28 公表相場と市場連動相場

取引金額の大小で区分される、顧客との取引に適用される相場

●公表相場

東京外国為替市場では通貨の売買が活発に行われ、為替相場は絶えず変動していますが、銀行が顧客との取引に時々刻々変動する市場実勢相場を調べて適用するのは煩雑で事務コストもかかり、お互いに円滑な取引ができません。少額取引であれば為替相場変動の影響も小さいと考えられます。そこで、銀行は、当日朝の東京外国為替市場の市場実勢相場（銀行間取引中心相場）を参考に、当日の対顧客取引に適用する各種の対顧客相場を算出して、午前10時頃に公表相場を発表しています。公表相場はいったん決定すると、日中に銀行間相場に大きな変動がない限り、終日変更しません。

●公表相場の決定

小口の対顧客直物取引に適用される公表相場は、当日朝の市場実勢相場を参考に公表相場仲値を決定し、それに銀行の手数料、金利およびリスク料を加減して、両替・送金・輸出入などの外国為替取引に適用する相場を発表しています。米ドルだけでなく、ユーロ・英ポンド・オーストラリアドルなど他の通貨の対顧客相場も同様に発表しています。

公表相場には、銀行から見た売相場と買相場があり、全部で8種類の対顧客相場があります（次項の図「公表相場の体系」参照）。

●第2次公表相場と市場連動相場

米ドルを例にとれば、米ドルの市場実勢相場が変動して公表相場仲値から2円以上乖離した場合は、適用を停止（サスペンド）し、その時点の市場実勢相場を反映した新たな公表相場（第2次公表相場）を発表します。

なお、公表相場は1件10万ドル相当額以下の対顧客小口直物取引にのみ適用され、10万ドル相当額超の対顧客大口直物取引には、最初から市場実勢相場に一定の手数料を加味した市場連動相場を適用します。

対顧客直物取引に適用する相場（米ドルの場合）

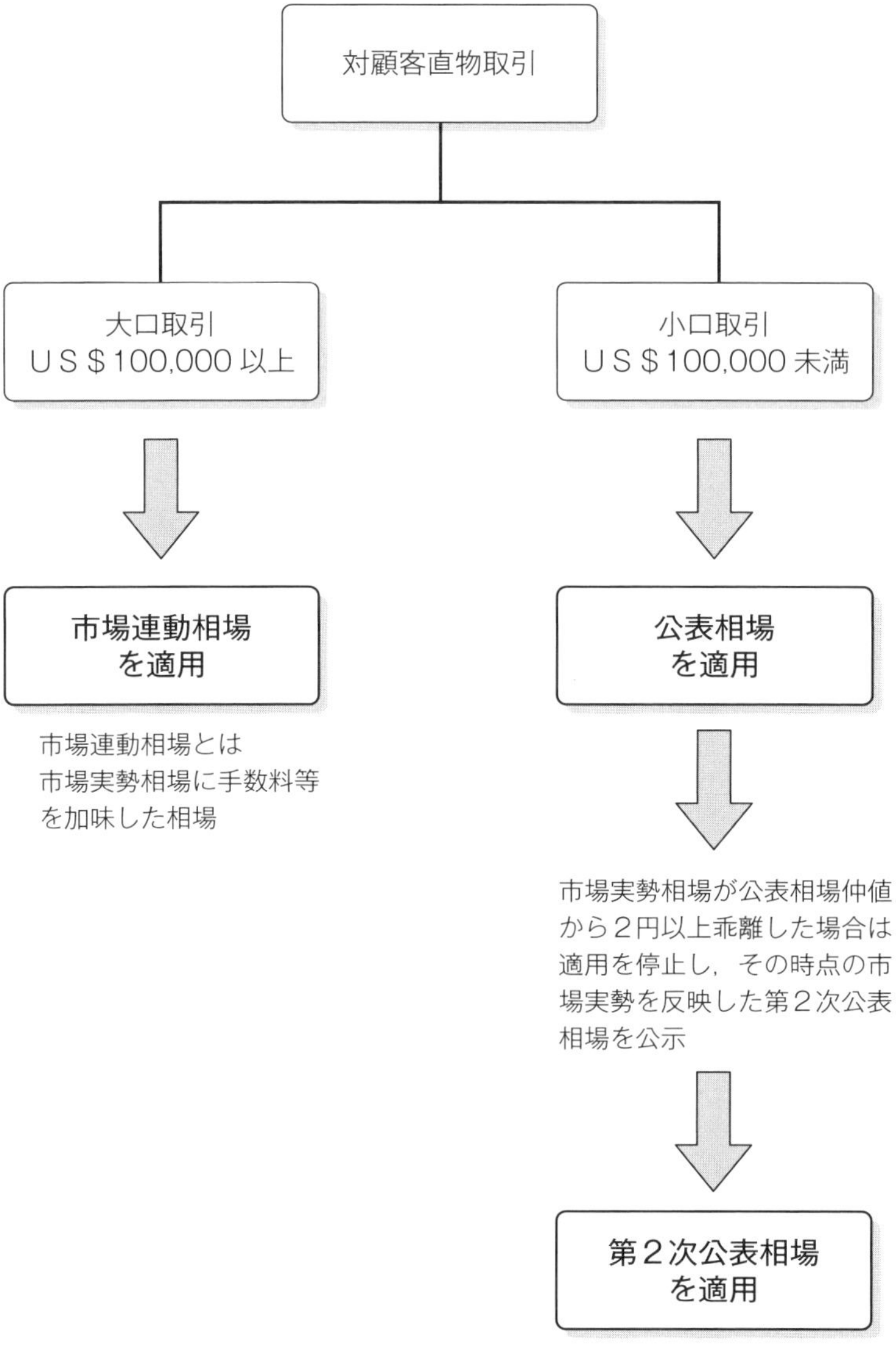

なお、公表する相場は対顧客取引用の直物相場だけです。先物相場については電信売買相場（㉙項参照）を参考指標（Nominal Indication）として開示しています

が、実際の先物予約では、締結時点の銀行間市場の実勢相場に基づいて算出した先物相場となっています。

29 対顧客相場

金利や手数料を含む、顧客との取引に適用される相場

●電信売相場・電信買相場

電信売買相場は、対顧客取引の基準となる相場であり、外貨と円貨の受払いがただちに実行される送金取引など、銀行の外貨資金立替えが発生しない取引に適用される相場です。銀行からみて売り側の相場を電信売相場、買い側の相場を電信買相場といいます。

●信用状付一覧払手形買相場

信用状付一覧払手形（57項に示す輸出手形で一覧払いのもの）は、輸出地の銀行で買い取られたあと、輸入地の発行銀行へ郵送されてから支払いを受けます。このとき、輸出地の銀行は手形代金を回収するまでのメール期間について外貨資金の立替えが生じています。この立替金利相当分を電信買相場から差し引いたのが信用状付一覧払手形買相場です。

●一覧払輸入手形決済相場

信用状付一覧払輸入手形（67項に示す輸入手形で一覧払いのもの）は、輸出地の銀行が手形を買い取ると、ただちに信用状に規定された決済銀行にある発行銀行の勘定から支払われるのが一般的です。この場合、手形が発行銀行に郵送されて輸入者から手形の決済を受けるまでの間、発行銀行は輸入者に外貨資金を立て替えていることになります。そこで、この立替金利相当分を電信売相場に加えたのが一覧払輸入手形決済相場です。

●信用状付期限付手形買相場

一覧後30日、60日、90日、120日、150日といった外貨建ての信用状付期限付手形（57項に示す輸出手形で期限付きのもの）を銀行が買い取り、輸出者に円貨を支払ったあと、手形期日に手形の支払いを受けるまでの間（メール期間＋手形期間）、外貨資金の立替えが生じています。この立替金利相当分を電信買相場から差し引いたのが信用状付期限付手形買相場です。

●信用状なし一覧払手形買相場

輸入地の銀行による支払確約がない信用状なし輸出手形を買い取ることによるリスク相当分を、信用状付一覧払手形買相場から差し引いた相場で、信用状なし輸出手形の買取りに適用されます。

●**現金売相場・現金買相場**

外貨現金の調達、保管、処分などに要するコストを加減した外貨現金の売買に適用される相場です。

公表相場の体系

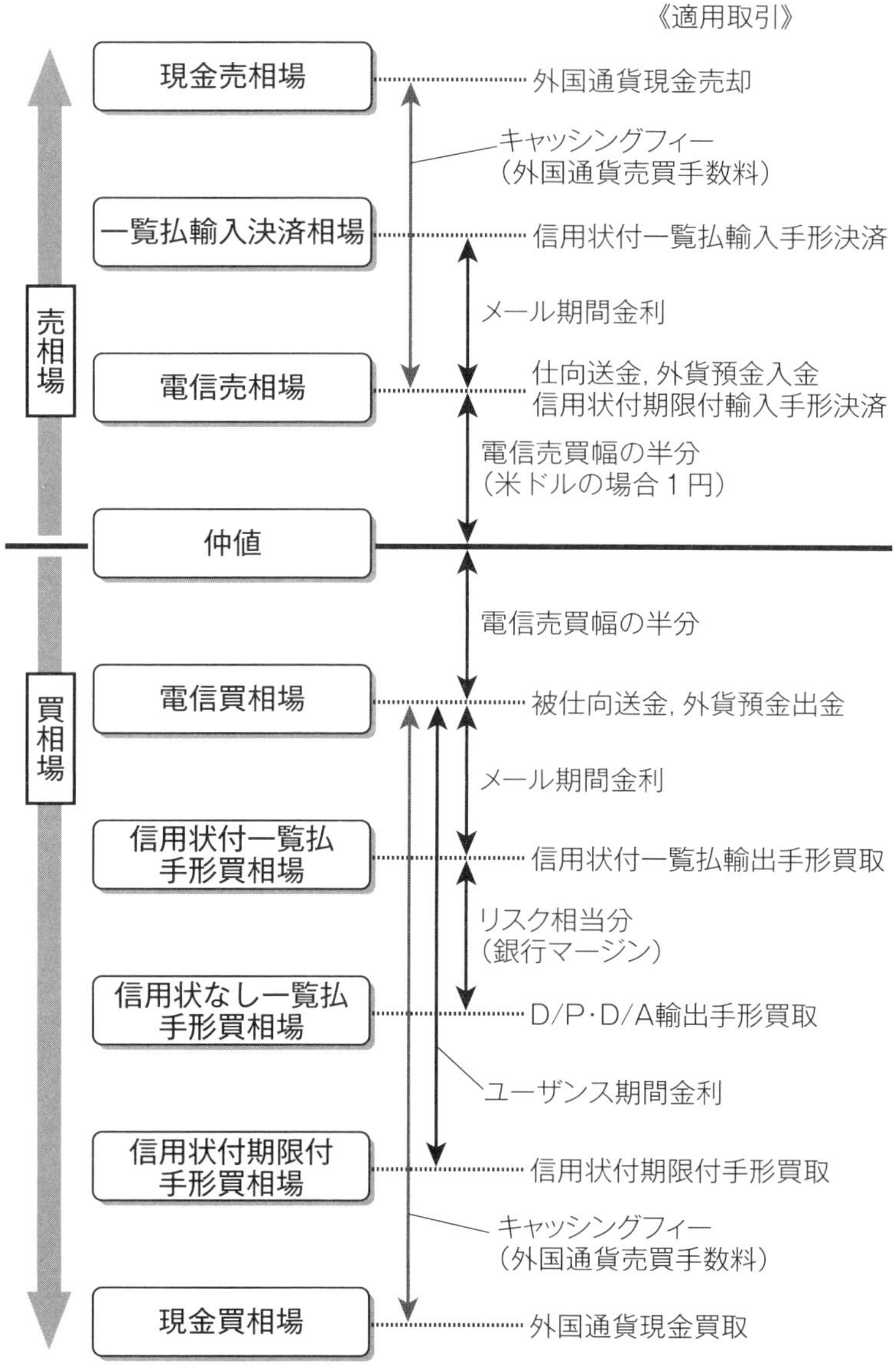

30

先物相場と為替予約

将来の特定の日または期間に外貨の受渡しを行う契約

●先物相場

将来のある時期に外貨で輸入代金を支払わねばならない輸入業者や、将来のある時期に外貨の受取りがある輸出業者にとって、将来の相場をあらかじめ決めておくことができれば、取引の採算を現時点で確定することができ、相場変動リスクを回避できます。この相場のことを先物相場といいます。

●為替予約の締結

顧客が銀行との間で、将来のある特定日または特定期間内に行う外貨と円貨（または外貨と他の外貨）を交換する契約のことを先物為替予約（あるいは単に為替予約）といい、あらかじめ現時点で取り決めて契約することを「為替予約を締結する」といいます。

●為替予約の種類

締結される為替予約は電信売買相場だけであり、受渡日により次のように区分されています。

① 売・買の区別

- 売予約：外貨の受渡期日に銀行が取引先へ外貨を売り、円貨を受け取る予約
- 買予約：外貨の受渡期日に銀行が取引先から外貨を買い、円貨を支払う予約

② 受渡期日による区別

〔確定日渡し〕

- 順月確定日渡し：予約日の2営業日後（銀行間直物為替の受渡日）から1か月目とか2か月目とかの応当日を外貨の受渡日とする予約
- その他の確定日渡し：将来の外貨受渡日を特定した予約

〔オプション渡し〕

- 暦月オプション渡し：外貨の受渡時点を暦月単位で区切り、受渡月のどの日に受渡しするかを顧客が選択できる予約

取引実態に応じた為替予約

- 為替予約
  - 個別為替予約
    - **確定日渡し**
      外貨預金，輸入期日決済，インパクトローン期日決済など，一定の期日に外貨と円の交換が行われる取引では，確定日渡し条件の為替予約を行う。オプション渡し条件の予約相場は，確定日渡し条件の予約相場より顧客にとって不利になるので利用しない。
    - **オプション渡し**
      輸出手形の買取りのように，おおよその買取時期は決まっているが，船積日などの変更で船積書類の入手に変更が出て買取日を変更することがある。このような取引では一定の幅を持って予約実行日を決めるのが便利である。
  - 包括為替予約
    - **包括予約**
      商社等のように輸出入など為替実行日の異なる外貨の売買が伴う取引が継続して大量に発生する場合は，個別取引ごとに予約を締結することは煩雑であり，予約管理などの観点から一定の期間ごとにまとめて為替予約を締結している。

・順月オプション渡し：外貨の受渡時点を予約日の2営業日後（銀行間直物為替の受渡日）から1か月、2か月、…6か月と月単位で区切り、受渡月のどの日に受渡しするか顧客が選択できる予約

・特定期間渡し：将来の一定期間の間、いつでも外貨の受渡しが可能な予約

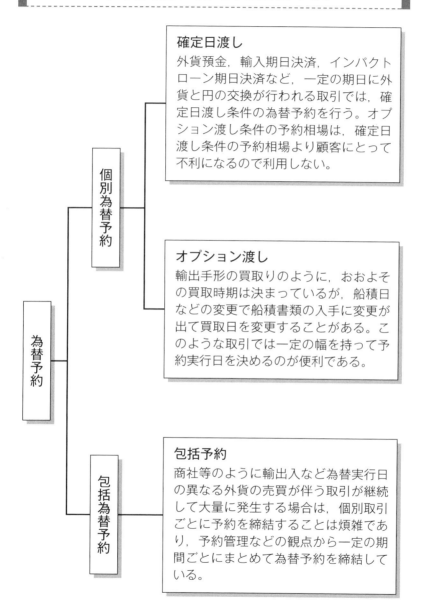

31 為替予約の解約・延長・繰上げ

予約期日に外貨の受渡しができない場合の取扱い

為替予約は受渡日または受渡期間内に実行しなければなりませんが、実際には、為替予約の原因となった物品の売買契約の取消しや条件変更、あるいは貨物の船積遅延や船舶の入港遅延、天災などの不可抗力により、受渡日または受渡期間内の実行が不可能となることがあります。このような場合でも、当該予約を実行するのが原則ですが、場合によっては、為替予約の解約、期日延長または繰上実行などの問題が生じます。

●為替予約の解約

銀行は顧客と為替予約を締結する際、市場との間でカバー取引（反対取引）を行っているため、予約を解約されると為替相場変動の危険を負うだけでなく、資金的な狂いも生じるため、顧客からの解約申し出には原則として応じません。ただし、顧客側に相当の理由があり、解約もやむを得ないと判断した場合には、顧客に反対取引をしてもらって、解約により発生するコストを顧客に負担してもらうことで解約に応じます。

●為替予約の期日延長・繰上実行

期日変更（期日延長または繰上実行）の申し出があった場合は、予約を解約し、市場実勢相場を基準に新たに予約の締結を行う更新方式が原則です。

更新方式によらない期日変更もあります。

① コスト別建て方式

為替予約の原取引相場のまま期日を変更し、直先スプレッド（直物相場と変更後の期日における先物相場の差）などのコストを変更時に別途徴収します。

② コスト織り込み方式

直先スプレッドなどのコストを原取引相場に織り込んだ新相場で期日変更を行います。この方式では、期日変更に伴うコストの支払いは予約実行まで繰り延べられます。

これらの2方式のいずれかで期日変更を行うことを

（参考）HRR（Historical Rates Rollover）の原則禁止

全銀協による外国為替取引に関する行内規定（要旨）

HRRによって顧客の含み損が累積して一挙に表面化すると大きな損失を計上しなければならず，顧客も銀行も，HRRの延長に以下の合理的な理由のある場合を除き，HRRを安易に取り扱ってはならない。

✓貿易関連の為替予約で，船積遅延・ドキュメント到着遅延の場合，プロジェクト関連等の為替予約で完工遅延の場合，もしくは取引先にとって営業上の理由が明らかであり，個別取引と延長為替予約とが関連を持つことが明らかである場合

✓商社等の包括ヘッジの場合で，個別取引と延長為替予約とを個々に対応させることは困難であるが，取引先の社内管理体制，規模，業績等に鑑み，申し出が正当であると判断される場合

✓生保等の機関投資家が長期の資金運用または長期の資金調達にあたり，長期のヘッジ手段が未成熟な現状においてやむを得ず短期のヘッジを行う場合。ただし，原則として取引先の決算期末を超えないこと。

HRR（Historical Rates Rollover）と呼びますが、将来に為替リスクを先送りすることになり、正常な取引秩序・慣行を乱すため、船積遅延など真にやむを得ないと認められる場合を除いて、行ってはならないことになっています。

32 通貨オプション等デリバティブズ

為替変動リスクを回避する手段の1つ

従来から先物為替予約という為替変動リスクの回避手段はありましたが、変動相場制が導入されたあと、外国との経済取引に伴う為替リスクが大きくなるなか、もっと効率的で使いやすい為替変動リスク回避へのニーズが高まり、通貨オプション等のデリバティブズが生まれてきました。

為替リスクヘッジ手段としてのデリバティブズには、通貨オプション、通貨スワップ、クーポン・スワップなど種々の手法がありますが、ここでは貿易取引等で最もポピュラーな通貨オプションを採り上げます。

●通貨オプション

通貨オプション取引とは、約定した価格（権利行使価格）で特定の期日または期間に外国通貨を「買う権利（コール・オプション）」または「売る権利（プット・オプション）」を売買する取引です。

それぞれの権利について売手と買手があり、通貨オプションの買手は、権利を取得する対価として将来義務を負う可能性のある売手にオプション料（権利の取得料）を支払います。

通貨オプションを締結するときには、金額、権利行使価格（相場）のほかに通知期日、オプション料等を取り決めます。通貨オプションは選択権付為替予約とも呼ばれています。

●通貨オプションの特徴

通貨オプションの権利行使をしない場合でも、オプション料のほかには追加費用はかかりません。オプション料は通常、約定日の2営業日後に買手が売手に支払います。

通貨オプションの買手は締結時点で売り手にオプション料を支払うことにより、約定した相場で為替の実行を選択する権利を取得し、売手は買手の権利行使に応じる義務を負います。

通貨オプションの買手は、実勢相場が不利に動いた場合でも、実行期間内であれば、約定した相場での為替実行が保証されており（相場変動による損失の回避）、買手には為替変動リスクに対する保険として機能します。実勢相場が有利に動いた場合には、権利を放棄して約定相場に関係なく為替差益を得ることができます。

米ドルの通貨オプション

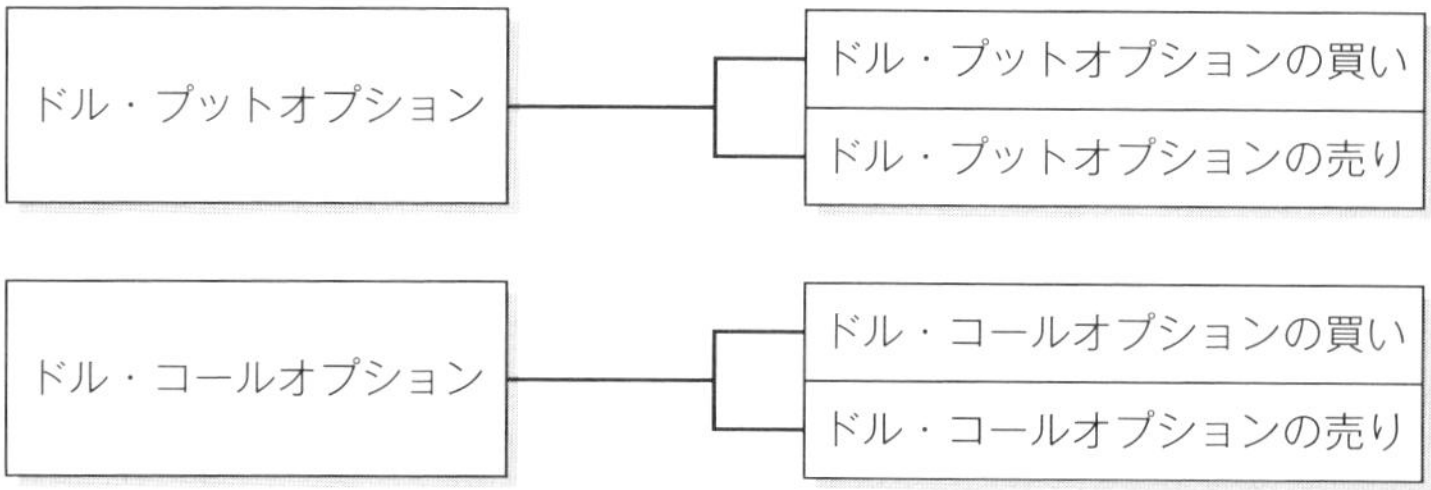

通貨オプションの売り手と買い手の行動

		実勢相場が買い手に不利になった場合	実勢相場が買い手に有利になった場合
通貨オプション（外貨を売買する権利）	売り手	権利行使を受ける	権利行使を受けない
	買い手	権利行使する（リスク回避）	権利を放棄（実勢相場で為替実行して売買差益を得る）

通貨オプションの輸出予約への利用例

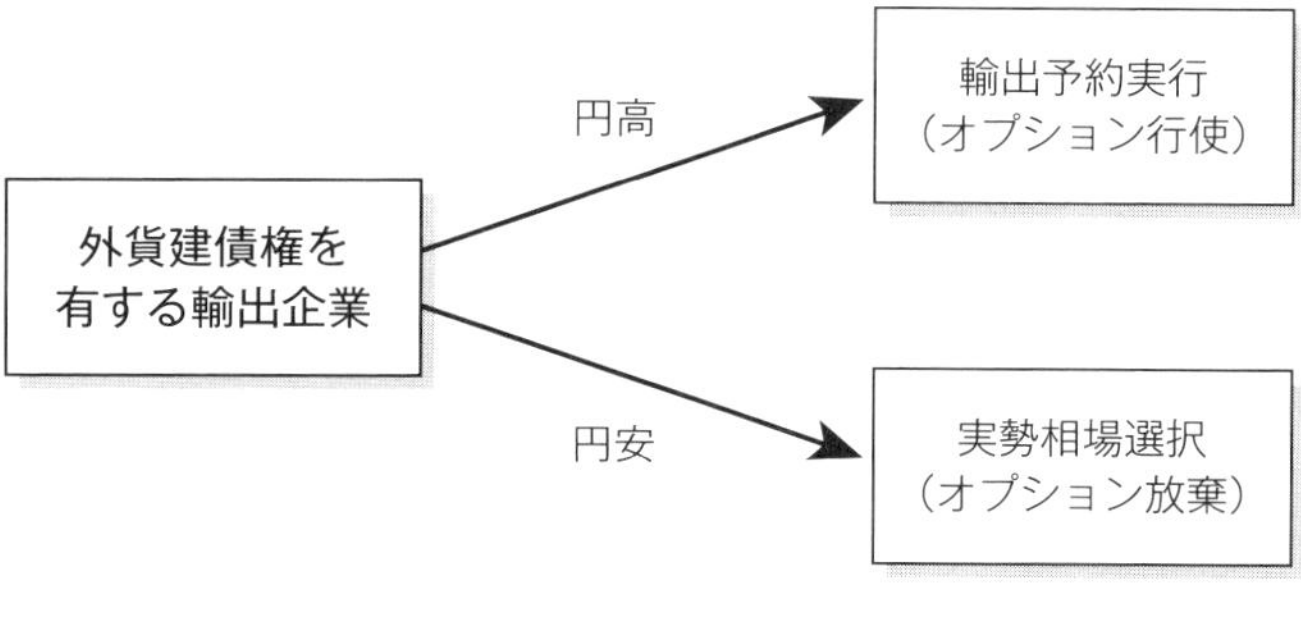

33 為替リスクヘッジ

為替変動リスクを回避する対策の数々

外貨建ての取引では為替変動リスクは避けられません。リスクを回避して経営の安定を図るには、対策が必要です。

●為替予約の利用

為替予約を締結すれば、将来受渡しする円貨額が確定でき、取引当初に予定していた利益を確保することができます。ただし、相場が有利な方向に変動した場合の利益を享受することはできません。すなわち、為替予約の締結により、相場変動による利益を期待できない代わりに、不測の損害を回避できることになります。

●通貨オプション等デリバティブズの利用

通貨オプションを買っておけば、相場が不利に動いたときオプションの権利を行使して不測の損害を回避することができます。相場が有利に動いたときには権利を放棄して有利な相場を享受することができます。為替リスク回避策としての通貨オプションには、このほかに多様な手法がありますし、通貨スワップ、クーポン・スワップは、長期の為替予約が難しい為替予約の代替手段として利用されます。

●外貨建債権・債務の保有（マリー）

同じ通貨の債権と債務を個別に決済しないで、双方を組み合わせて相殺することで為替リスクを回避する方法です。

米ドル建ての輸出債権がある場合、米ドル建ての債務（インパクトローン（75項参照）等）があれば、輸出債権と借入債務が相殺されて、相場が変動しても影響を受けません。同様に、米ドル建輸入債務がある場合、米ドル建ての債権（外貨預金等）があれば、相場変動の影響を回避できます。

●円建契約

契約を円建てにすれば、為替リスクがなく確実ですが、反対に海外の取引相手が為替リスクを負うことになります。取引相手の為替リスクが大きい場合、価格の値引きを要求されたり、相場変動を盛り込んだ契約になることがあります。

●リーズ・アンド・ラグズ

将来の為替相場の予測に基づいて、外貨受払いの時期を早めたり遅らせたりする操作のことです。将来ドル安が予想されるとき、ドル建輸出は代金回収時期を早め（リーズ）、反対にドル高が予想されれば遅らせる（ラグズ）方法です。多国籍企業など同一企業グループ間の取引で、この方法が利用されています。

為替リスクヘッジへの需要をもたらす円高・円安の影響

	円高	円安
外貨債権保有者（輸出業者，外貨預金保有者）	✓為替差損発生 ✓輸出伸び悩み ✓外貨預金は不利	✓為替差益発生 ✓輸出が伸びる ✓外貨預金は有利
外貨債務保有者（輸入業者，インパクトローン借入人）	✓為替差益発生 ✓輸入が伸びる ✓インパクトローンは有利	✓為替差損発生 ✓輸入は伸び悩む ✓インパクトローンは不利

為替リスクヘッジのための外貨債権と外貨債務の組み合わせ（事例）

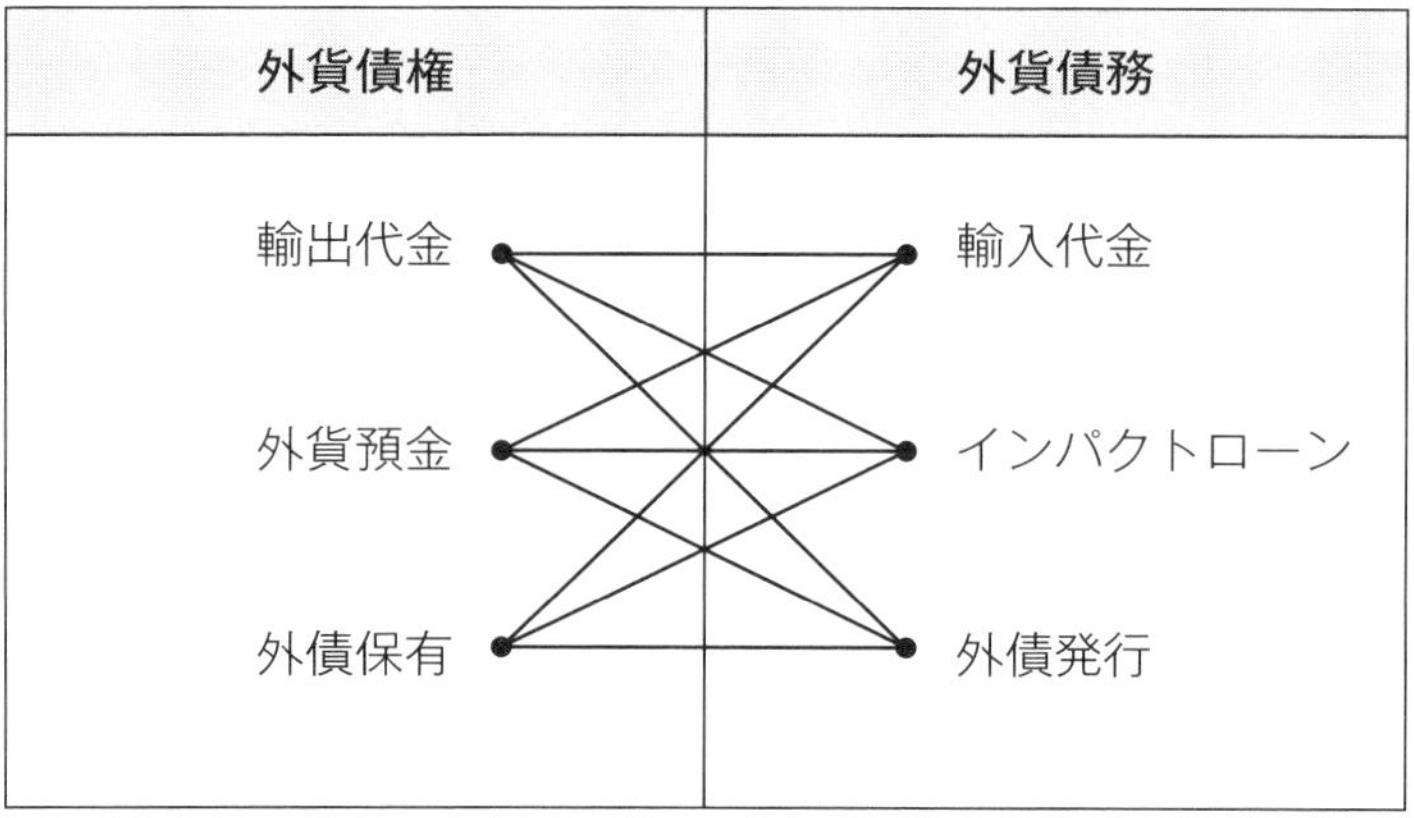

コラム

外国為替市場(銀行間市場)における相場表示

●銀行間市場での相場表示

外国為替市場では，米ドルと自国通貨との交換比率を，米ドル基準の相場表示とするか，または自国通貨基準の相場表示とするかについて，統一的な慣習が確立されています。日常生活では，パン１斤当たり200円などと価格表示されますが，通貨の場合も同じように，どの国でも自国内では外貨を基準にした相場表示が便利です（自国通貨建て）。

ところが，銀行間市場での相場表示は交換する２通貨のどちらを基準にするかあらかじめ決められています。銀行間市場が１つの世界市場に統合されるにつれて，利便性のため，世界中で統一的な表示方法が用いられるようになったのです。各国の銀行間市場が統合された現在では，米ドルを基準に相場表示するか，自国通貨を基準に相場表示するかについて統一性がなくまちまちであると，国際間の通貨売買で瞬時にドル安・ドル高の比較が難しく，不便であるためです。

●米ドル，ユーロまたは英ポンドの相場表示

米ドル，ユーロまたは英ポンドとその他通貨との売買では，米ドル，ユーロまたは英ポンドを基準とした相場表示に統一されています。その理由は次のような事情によります。

- ✓ 米ドルはクロスレート（㉖項参照）の計算単位として交換媒介の基準となる通貨であるので，米ドルを基準とした相場表示のほうが便利です。
- ✓ ユーロは，将来，ユーロが米ドルと並ぶあるいはそれに代わる国際通貨になることを目指す欧州各国の期待から，ユーロを基準とした相場表示が採用されました。
- ✓ 英ポンドは，かつての基軸通貨であり，また1971年まで10進法ではなく12進法の通貨システムであったため，１英ポンド当たりの外貨額とする相場表示のほうが，計算上便利であったためです。

なお，米ドル，ユーロ，英ポンド相互間の売買における相場表示は，ユーロ，ポンド，米ドルの順に基準となる通貨が決められています。

例：１ユーロ＝0.8050ポンド，１ユーロ＝1.4980米ドル，１ポンド＝1.8870米ドル

第5章

外国送金

34 外国送金のしくみ

電信送金、郵便送金、送金小切手の種類があるが、大部分は電信送金

●外国送金のしくみ

外国送金では、送金依頼人が銀行に支払資金を払い込んで外国向けの送金を依頼し、依頼を受けた銀行（仕向銀行）は外国にある銀行（支払銀行）に対して送金受取人へ支払いを委託します。この支払委託のことを支払指図といいます。

●外国送金の種類

支払指図を送る手段により、電信送金、郵便送金、送金小切手に区分されます。電信送金、郵便送金は、さらに支払銀行への支払指図の内容により、通知払い、口座振込み、請求払いに分けられますが、実際の利用はそのほとんどが電信送金による口座振込みです。

① 電信送金（Telegraphic Transfer; TT）

電信送金とは、スイフトなど電信で支払指図を送る送金であり、ほとんどの電信送金はスイフトで送られています。

・通知払い

支払銀行が支払指図を受け取ったあと、受取人に送金到着案内を行い、受取人の指示に従って支払う方法です。

・口座振込み

支払指図に指定された口座に入金して受取人に通知する方法ですが、外為法等の確認のため、最初に送金到着案内を行い、受取人の指示に従って支払います。

・請求払い

パスポートの提示等で受取人本人を確認して支払う方法ですが、今では取り扱わない銀行が増えています。

② 郵便送金（Mail Transfer; MT）

郵便送金とは、郵便で支払指図書を送る送金で、普通送金ともいいます。支払指図の送付手段を除き、しくみは電信送金と同じです。

郵便送金は、電信送金できない場合に利用されることがありますが、支払指図書の偽造・変造、郵送途上の支

払指図書の紛失や到着遅延のリスクがありますので、現在ほとんど利用されていません。

③ 送金小切手（Demand Draft; DD）

コルレス銀行等を支払銀行、送金依頼人が指定する者を受取人とする小切手を、銀行が振り出して送金依頼人に交付する方法で行う送金です。送金依頼人は、交付された小切手を受取人へ郵送し、それを受け取った受取人は取引銀行を通じて小切手を支払銀行に呈示して支払いを受けます。

電信送金・郵便送金

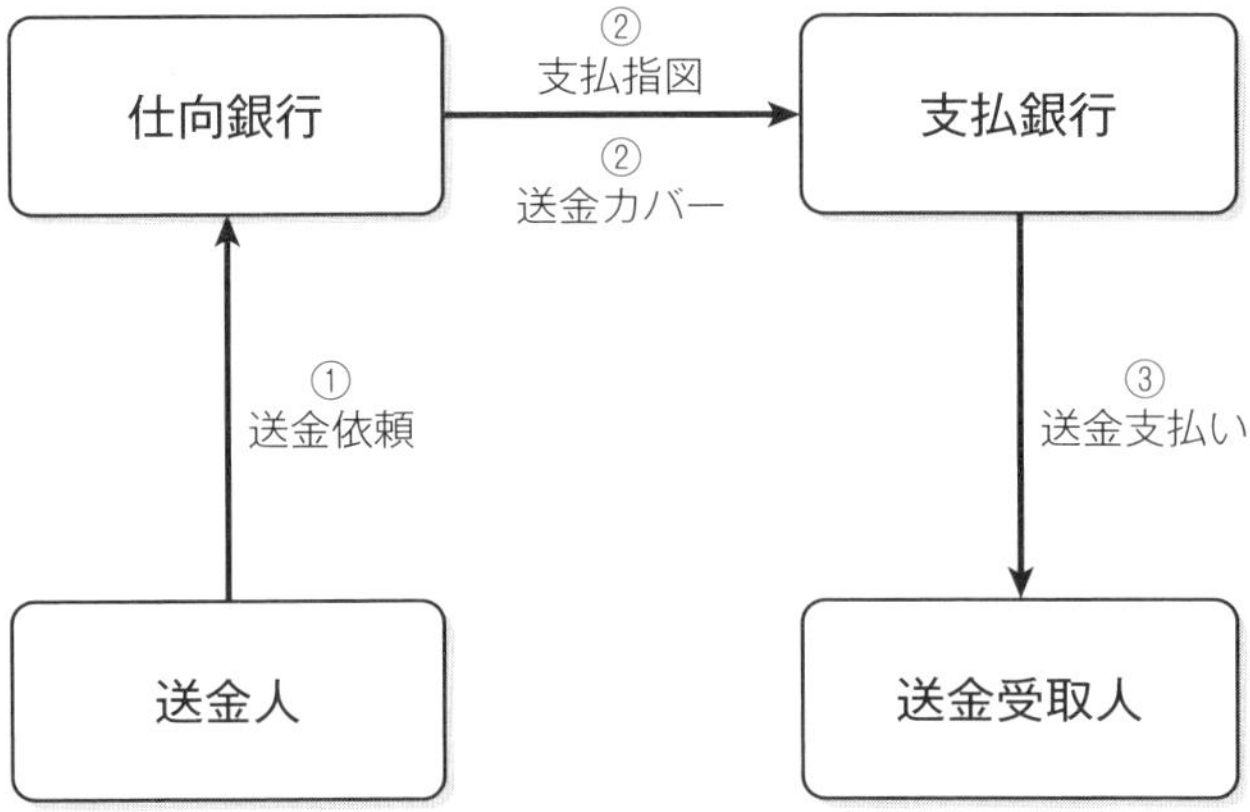

送金小切手

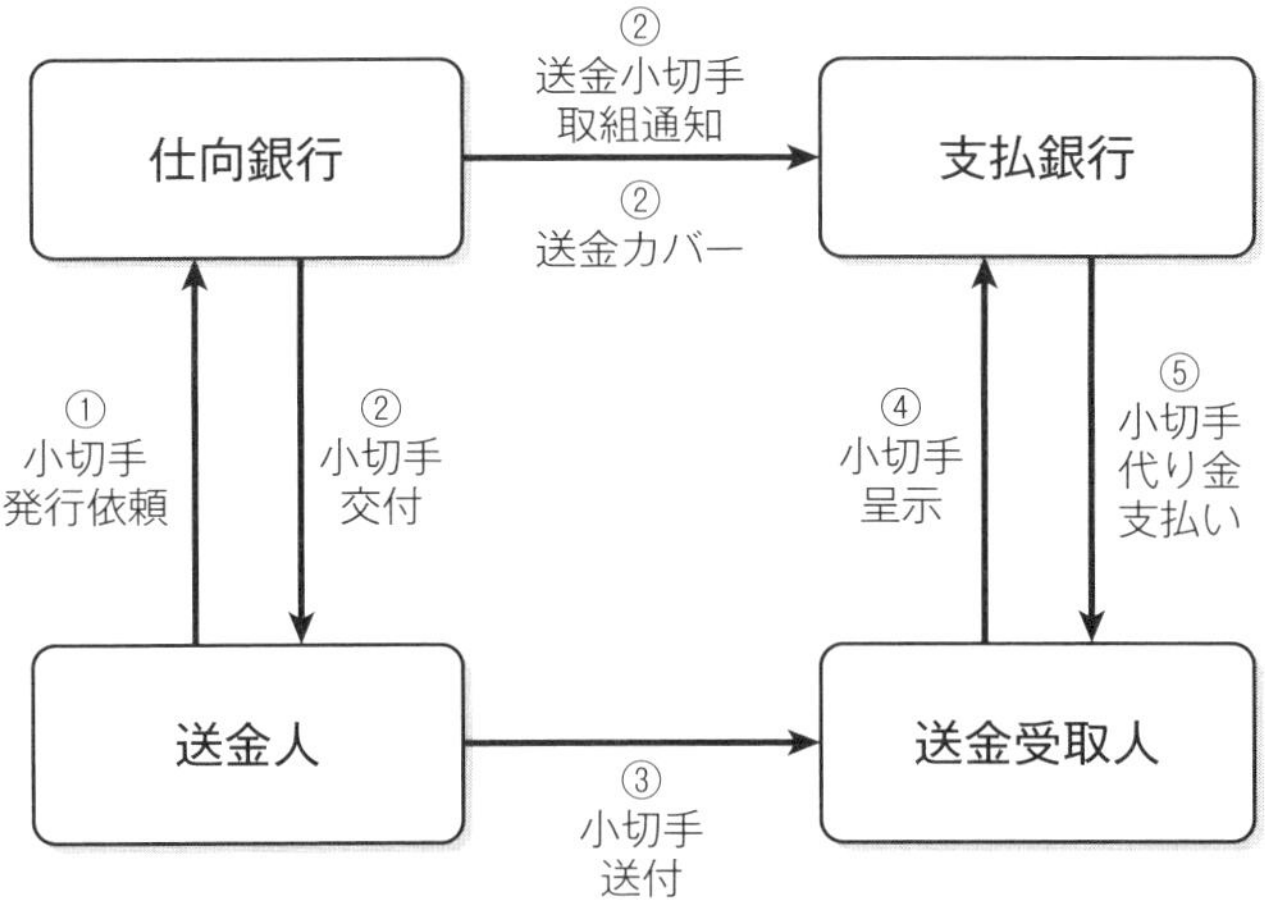

35 外国送金における規制

外為法、犯収法および調書提出法の確認義務と報告

外国送金、クリーン・ビル（41項参照）および外貨両替取引は、外為法、犯収法、調書提出法に基づき、銀行等に、以下の取扱いが義務付けられています。

●外国為替取引に係る通知義務

銀行等が顧客と外国為替取引すなわち電信送金を行うとき、送金人情報を電文発信の相手先銀行に通知します。また、通知した事項または通知を受けた事項（被仕向送金）の取引記録を作成して7年間保存します。

●適法性の確認義務

銀行等には外為法上の適法性の確認義務があり、外国送金依頼書の受付時には、経済制裁の対象取引でないこと、すなわち支払規制と支払い等が貿易に関する支払規制や資金使途規制に該当しないことを確認します。経済制裁の対象となる場合は、許可証、承認証または届出書の提出がない限り、送金等に応じられません。

●犯収法の取引時確認と外為法の本人確認義務

銀行等は、犯収法の取引時確認と外為法の本人確認を行います（外国送金は10万円相当額超、両替は２００万円相当額超）。特に外貨両替では、一見客が圧倒的に多く、不正に取得した資金を両替して外貨が海外に持ち出され、マネー・ローンダリングに利用される危険は少なくなく、犯収法の取引時確認と外為法上の本人確認等は極めて重要です。

●調書提出制度上の本人確認と国外送金等調書

国外送金等に関する調書提出制度（17項参照）に基づく本人確認を行い、送金額が１００万円相当額超の場合には、取引日の翌月末までに国外送金等調書を所轄の税務署に提出します。

●疑わしい取引の届出

顧客との取引が、犯罪等に係る疑いがあるとき、金融庁（外貨両替は財務省）に疑わしい取引の届出を行います。

●「支払又は支払の受領に関する報告書」

顧客から報告書の提出を受けたら、それが貿易外取引に係る送金で送金額が３、０００万円相当額超であることを確認し、顧客から提出を受けた日から10営業日以内に日銀経由で財務大臣に提出します。

●「外国通貨又は旅行小切手の売買に関する報告書」

外国通貨および旅行小切手の１か月の売買金額が１００万円を超えるとき、翌月の売買実績について「外国通貨又は旅行小切手の売買に関する報告書」を売買の翌月15日までに日銀経由で財務大臣に提出します。

外国送金を行うときなどの確認・報告と関係法令

確認・報告	関係法令
外国為替取引に係る通知義務	犯収法
適法性の確認義務	外為法
犯収法の取引時確認と外為法の本人確認義務	犯収法・外為法
調書提出制度上の本人確認と国外送金等調書	国外送金等調書提出法
疑わしい取引の届出	犯収法
「支払又は支払の受領に関する報告書」	外為法
「外国通貨又は旅行小切手の売買に関する報告書」	外為法

36 仕向外国送金

送金取組時に注意すべき主な事項

仕向送金では、仕向銀行は送金依頼受付時と送金取組時にどんなポイントに注意するべきかが重要であり、仕向送金のかなめです。

●一般的注意事項

✓ 送金小切手や郵便送金は紛失・盗難のリスクがあるので、必要やむを得ない場合を除き、回避します。また、電信送金であっても請求払いは受け付けない銀行が多いので避けるべきです。

✓ 指定した支払銀行がノンコルレス（8項参照）の場合は、コルレス銀行を経由して支払銀行へ送金することになるので、送金到着に時間がかかることがあります。

✓ 送金先のカントリーリスクによっては、支払遅延や不着などの発生が懸念されるので、注意が必要です。米国のOFAC規制やEUの経済制裁など国別の規制がある場合も同様です。

✓ 支払銀行は、締切時限（カットオフタイム）を定めています。支払日指定のある送金を時差の先行する豪州や時差の少ないアジア諸国などに送るとき、支払指図の到着時刻によっては、送金日当日に支払われないこともあります。

●送金取組内容に係る注意事項

① 送金日（送金指定日）

送金は、支払地の銀行営業日でないと支払われません。また、送金通貨の外為市場休業日や資金決済銀行の銀行休業日は、送金カバーの決済ができないため受取人に支払われないことになるので注意が必要です。

② 支払銀行手数料

通常は受取人負担とします。依頼人負担とした場合、後日、支払銀行から請求を受けることがあります。

③ 受取人の住所・国名

世界各地には、同名または類似の地名が多数あります。仕向国相違を回避するため、米国、カナダ、豪州向け送

外国送金依頼書兼告知書

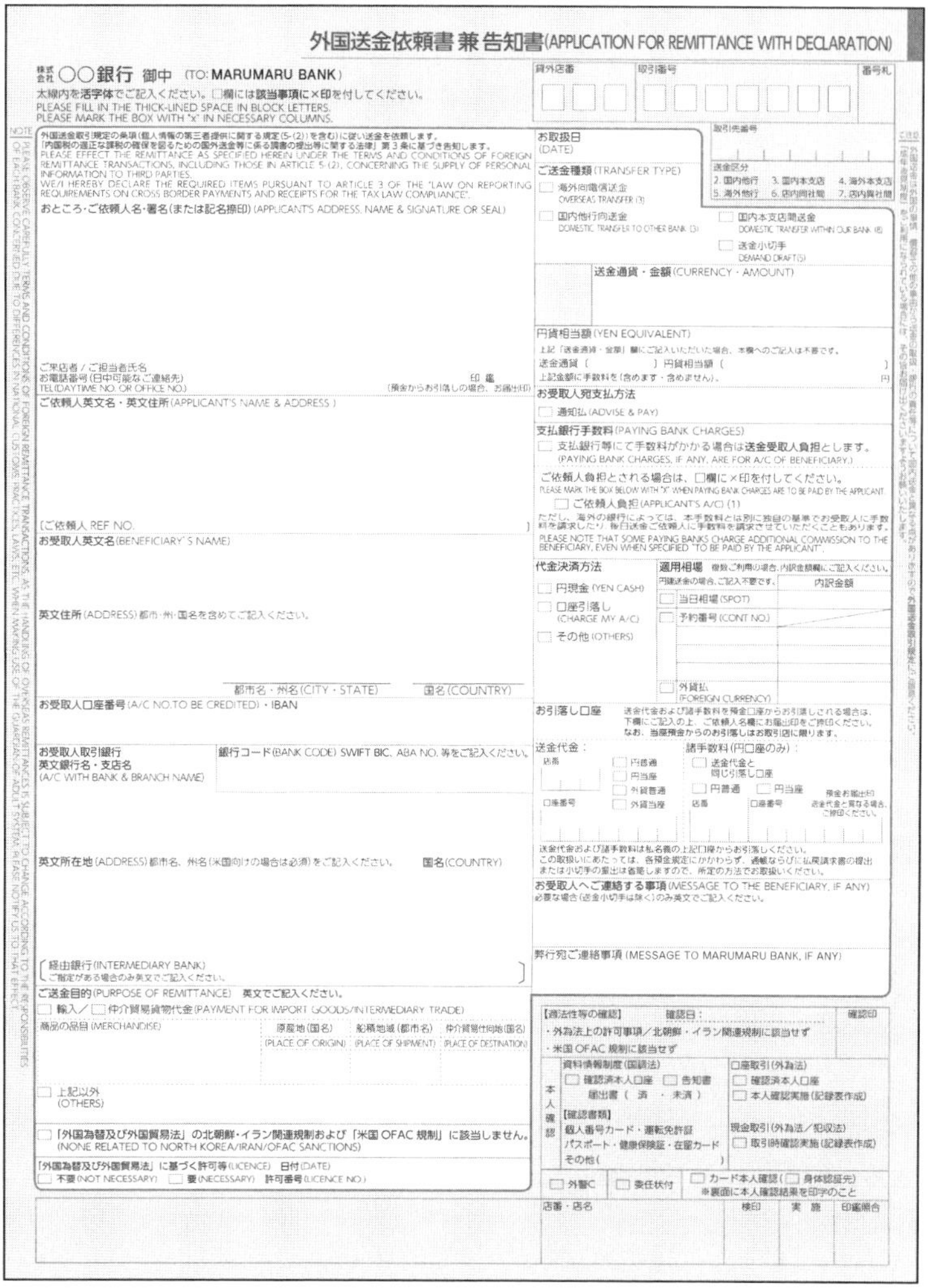

外国送金依頼書 兼 告知書（APPLICATION FOR REMITTANCE WITH DECLARATION）

株式会社 ○○銀行 御中 （TO: MARUMARU BANK）

太線内を活字体でご記入ください。□欄には該当事項に×印を付してください。
PLEASE FILL IN THE THICK-LINED SPACE IN BLOCK LETTERS.
PLEASE MARK THE BOX WITH "x" IN NECESSARY COLUMNS.

店外店番 / 取引番号 / 番号札

外国送金取引規定の条項（個人情報の第三者提供に関する規定(5-(2))を含む）に従い送金を依頼します。
「内国税の適正な課税の確保を図るための国外送金等に係る調書の提出等に関する法律」第3条に基づき告知します。
PLEASE EFFECT THE REMITTANCE AS SPECIFIED HEREIN UNDER THE TERMS AND CONDITIONS OF FOREIGN REMITTANCE TRANSACTIONS, INCLUDING THOSE IN ARTICLE 5 (2), CONCERNING THE SUPPLY OF PERSONAL INFORMATION TO THIRD PARTIES.
WE/I HEREBY DECLARE THE REQUIRED ITEMS PURSUANT TO ARTICLE 3 OF THE "LAW ON REPORTING REQUIREMENTS ON CROSS BORDER PAYMENTS AND RECEIPTS FOR THE TAX LAW COMPLIANCE".

おところ・ご依頼人名・署名（または記名捺印）(APPLICANT'S ADDRESS, NAME & SIGNATURE OR SEAL)

ご来店者／ご担当者氏名
お電話番号（日中可能なご連絡先）
TEL(DAYTIME NO. OR OFFICE NO.)
印鑑（預金からお引落しの場合、お届出印）

ご依頼人英文名・英文住所（APPLICANT'S NAME & ADDRESS）

〔ご依頼人 REF NO. 〕

お受取人英文名（BENEFICIARY'S NAME）

英文住所（ADDRESS）都市・州・国名を含めてご記入ください。

都市名・州名（CITY・STATE） 国名（COUNTRY）

お受取人口座番号（A/C NO.TO BE CREDITED）・IBAN

お受取人取引銀行
英文銀行名・支店名
(A/C WITH BANK & BRANCH NAME)

銀行コード（BANK CODE）SWIFT BIC、ABA NO. 等をご記入ください。

英文所在地（ADDRESS）都市名、州名（米国向けの場合は必須）をご記入ください。 国名（COUNTRY）

〔経由銀行（INTERMEDIARY BANK）
ご指定がある場合のみ英文でご記入ください。〕

ご送金目的（PURPOSE OF REMITTANCE） 英文でご記入ください。
□ 輸入／□ 仲介貿易貨物代金（PAYMENT FOR IMPORT GOODS/INTERMEDIARY TRADE）
商品の品目（MERCHANDISE） 原産地（国名）(PLACE OF ORIGIN) 船積地域（都市名）(PLACE OF SHIPMENT) 仲介貿易仕向地（国名）(PLACE OF DESTINATION)
□ 上記以外（OTHERS）

□「外国為替及び外国貿易法」の北朝鮮・イラン関連規制および「米国 OFAC 規制」に該当しません。(NONE RELATED TO NORTH KOREA/IRAN/OFAC SANCTIONS)

「外国為替及び外国貿易法」に基づく許可等（LICENCE） 日付（DATE）
□ 不要（NOT NECESSARY） □ 要（NECESSARY） 許可番号（LICENCE NO.）

お取扱日（DATE）

取引先番号

送金区分 1. 国内他行 3. 国内本支店 4. 海外本支店 5. 海外他行 6. 店内同社間 7. 店内異社間

ご送金種類（TRANSFER TYPE）
□ 海外向電信送金 OVERSEAS TRANSFER (3)
□ 国内他行向送金 DOMESTIC TRANSFER TO OTHER BANK (3)
□ 国内本支店間送金 DOMESTIC TRANSFER WITHIN OUR BANK (6)
□ 送金小切手 DEMAND DRAFT (5)

送金通貨・金額（CURRENCY・AMOUNT）

円貨相当額（YEN EQUIVALENT）
上記「送金通貨・金額」欄にご記入いただいた場合、本欄へのご記入は不要です。
送金通貨〔 〕円貨相当額（ ）
上記金額に手数料を（含めます・含めません）。 円

お受取人宛支払方法
□ 通知払（ADVISE & PAY）

支払銀行手数料（PAYING BANK CHARGES）
□ 支払銀行等にて手数料がかかる場合は送金受取人負担とします。(PAYING BANK CHARGES, IF ANY, ARE FOR A/C OF BENEFICIARY.)
ご依頼人負担とされる場合は、□欄に×印を付してください。
PLEASE MARK THE BOX BELOW WITH "X" WHEN PAYING BANK CHARGES ARE TO BE PAID BY THE APPLICANT.
□ ご依頼人負担（APPLICANT'S A/C）(1)
ただし、海外の銀行によっては、本手数料とは別に独自の基準でお受取人に手数料を請求したり、後日送金ご依頼人に手数料を請求させていただくこともあります。
PLEASE NOTE THAT SOME PAYING BANKS CHARGE ADDITIONAL COMMISSION TO THE BENEFICIARY, EVEN WHEN SPECIFIED "TO BE PAID BY THE APPLICANT".

代金決済方法
□ 円現金（YEN CASH）
□ 口座引落し（CHARGE MY A/C）
□ その他（OTHERS）

適用相場 複数ご利用の場合、内訳金額欄にご記入ください。
円建送金の場合、ご記入不要です。 内訳金額
□ 当日相場（SPOT）
□ 予約番号（CONT NO.）
□ 外貨払（FOREIGN CURRENCY）

お引落し口座 送金代金および諸手数料を預金口座からお引落しされる場合は、下欄にご記入の上、ご依頼人名欄にお届出印をご押印ください。なお、当座預金からのお引落しはお取引店に限ります。

送金代金： 店番 □円普通 □円当座 □外貨普通 □外貨当座 口座番号
諸手数料（円口座のみ）： □送金代金と同じ引落し口座 □円普通 □円当座 店番 口座番号 預金お届出印 送金代金と異なる場合、ご押印ください。
送金代金および諸手数料は私名義の上記口座からお引落しください。
この取扱いにあたっては、各預金規定にかかわらず、通帳ならびに払戻請求書の提出または小切手の振出は省略しますので、所定の方法でお取扱いください。

お受取人へご連絡する事項（MESSAGE TO THE BENEFICIARY, IF ANY）
必要な場合（送金小切手は除く）のみ英文でご記入ください。

弊行宛ご連絡事項（MESSAGE TO MARUMARU BANK, IF ANY）

【適法性等の確認】 確認日： 確認印
・外為法上の許可事項／北朝鮮・イラン関連規制に該当せず
・米国 OFAC 規制に該当せず

本人確認
資料情報制度（国調法） □確認済本人口座 □告知書 届出書（済・未済）
【確認書類】 個人番号カード・運転免許証 パスポート・健康保険証・在留カード その他（ ）
口座取引（外為法） □確認済本人口座 □本人確認実施（記録表作成）
現金取引（外為法／犯収法） □取引時確認実施（記録表作成）

□ 外警C □ 委任状付 □ カード本人確認（□身体認証元） ※裏面に本人確認結果を印字のこと

店番・店名 検印 実施 印鑑照合

NOTE PLEASE OBSERVE CAREFULLY TERMS AND CONDITIONS OF FOREIGN REMITTANCE TRANSACTIONS, AS THE HANDLING OF OVERSEAS REMITTANCES IS SUBJECT TO CHANGE ACCORDING TO THE RESPONSIBILITIES OF EACH BANK CONCERNED DUE TO DIFFERENCES IN NATIONAL CUSTOMS, PRACTICES, LAWS, ETC. WHEN MAKING USE OF THE GUARDIAN-OF-ADULT SYSTEM, PLEASE NOTIFY US TO THAT EFFECT.

金の受取人住所には、国名だけでなく州名まで、中国向けは省名まで指定する必要があります。

④ 支払銀行

支払銀行の銀行コードが判明している場合には、銀行コードを指定します。例えば米国は、ABA No.／ROUTING No.CHIPS UID、カナダは、TRANSIT No.、豪州はBSB No.などです。なお、EU諸国向けはIBANを指定します（38項参照）。

37 銀行間資金決済

外国送金に必要な銀行間での資金受渡しのしくみ

●銀行間資金決済

支払銀行が受取人へ送金を支払うには、仕向銀行から送金カバー（支払資金）を受け取る必要があり、銀行間での資金移動が必要になります。

国内の円送金では、送金の当事者銀行である仕向銀行と支払銀行は日本銀行に決済勘定を保有していますので、この勘定を通じて銀行間の資金移動を行います。しかし、外国送金では、日本銀行に相当する集中決済機関が存在していないので、海外のコルレス銀行または自行の海外支店に保有している決済勘定を通じて銀行間の資金移動を行います。

●資金移動の方法

仕向銀行と支払銀行の間の銀行間の資金移動は、使用する決済勘定により、主として3通りに大別されます。

① 仕向銀行が支払銀行に保有している決済勘定を使用する方法

（事例）米国向けの米ドル送金では、日本の仕向銀行が米国の支払銀行に保有している米ドル勘定から支払資金を引き落として資金移動を行います。

② 支払銀行が仕向銀行に保有している決済勘定を使用する方法

（事例）米国向けの円送金では、米国の支払銀行が日本の仕向銀行に保有している円勘定に支払資金を入金して資金移動を行います。

③ 第三の銀行（決済銀行）に仕向銀行と支払銀行が保有している勘定を使用する方法

（事例）タイ国向けの米ドル送金では、日本の仕向銀行とタイ国の支払銀行の双方が、米国の第三の銀行に保有している米ドル勘定の間の振替えにより資金移動を行います。

仕向銀行と支払銀行が同じ第三の銀行に決済勘定を保有していない場合には、支払銀行が勘定を保有している

主な資金移動の方法

銀行宛に、別の銀行から送金して資金移動を行います。

① 仕向銀行が支払銀行に保有している決済勘定を使用する方法

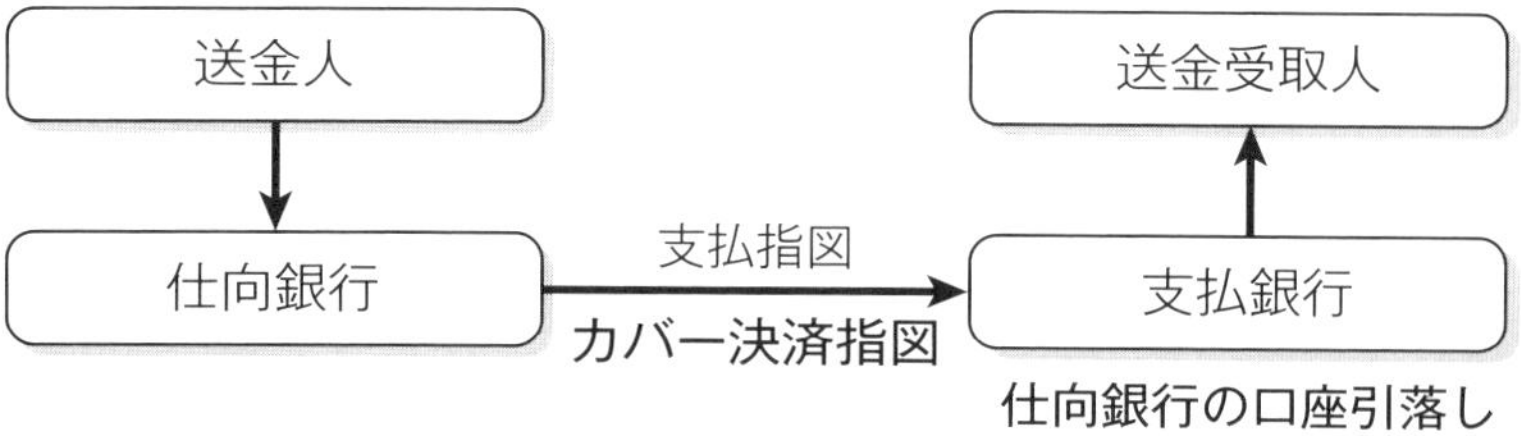

② 支払銀行が仕向銀行に保有している決済勘定を使用する方法

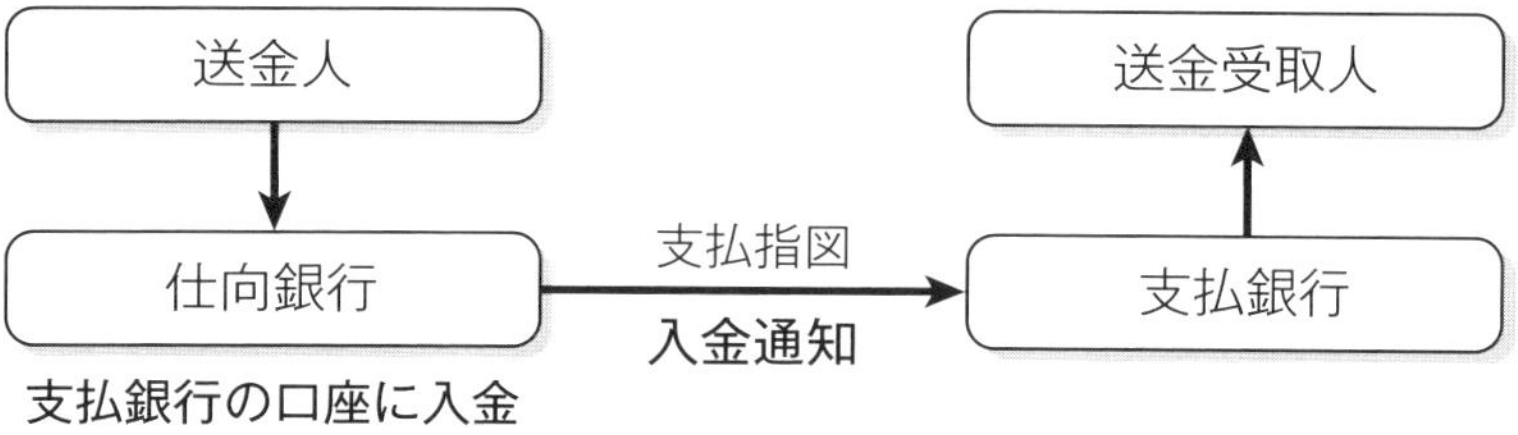

③ 第三の銀行（決済銀行）で資金決済する方法

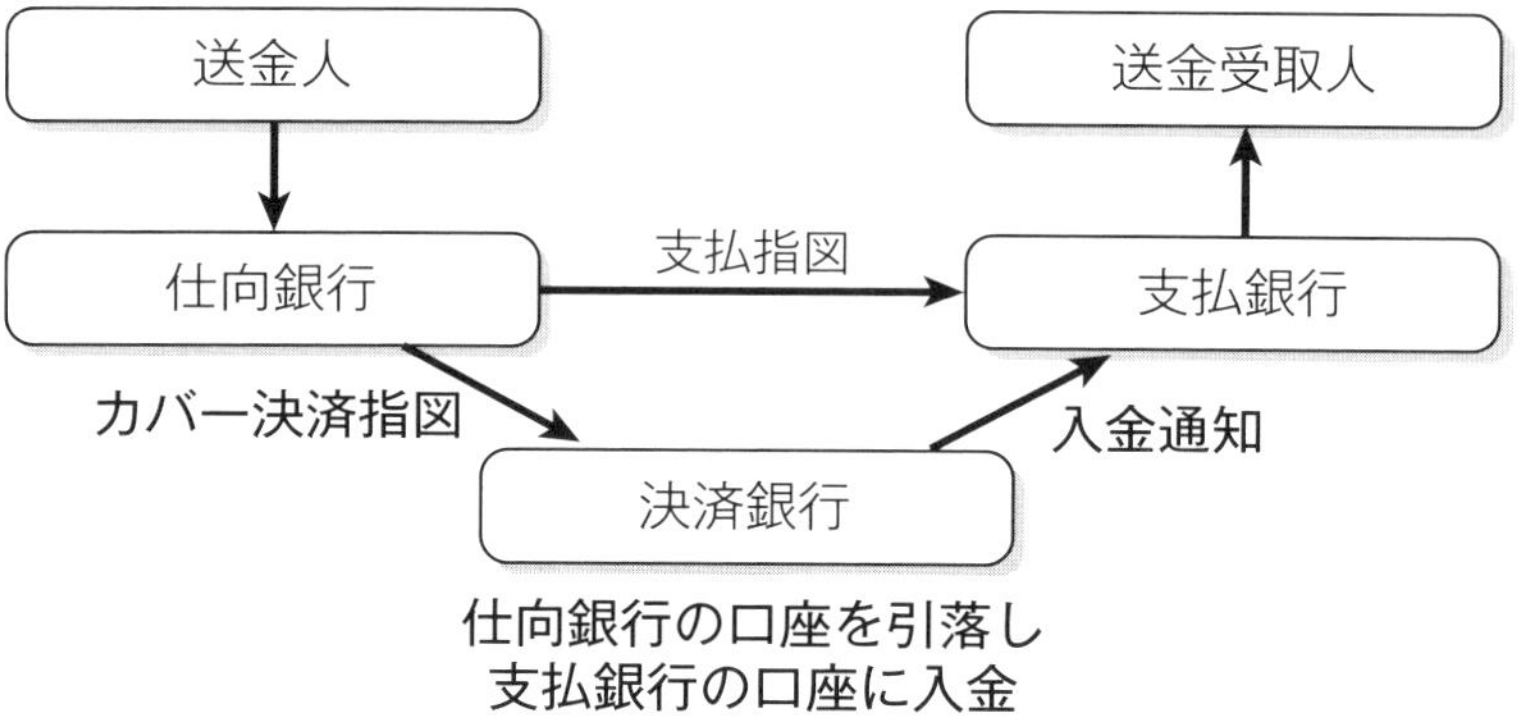

38

BICとIBAN

外国送金における銀行識別コードと国際銀行口座番号

今日では、国際間の銀行間取引の大部分にスイフトが使われ、その銀行間メッセージには銀行を認識するBICが使用されています。またEU諸国向けの送金では顧客を認識するIBANが使用されています。

●銀行識別コード（BIC）

BIC（Bank Identifier code）は、銀行等を識別する国際標準のコード（ISO9362）であり、スイフトメッセージなど金融メッセージの自動処理のために設けられました。IBANが個人や法人のためのコードであるのに対して、BICは銀行等のためのコードです。

●国際銀行口座番号（IBAN）

IBAN（International Bank Account Number）とは、EU域内で標準化された銀行取引用の個人または法人の識別番号です。国コード、銀行・支店コード、口座番号などで構成され、EU域内の銀行が口座保有者に発行しています。

EU域内のどの国にも既存の銀行・支店コードや口座番号がありますが、IBANはこれらの番号を変更するものではありません。EU域内で標準化されたフォーマットに従って既存の銀行・支店コードと口座番号を組み合わせた識別番号であり、域内のユーロ決済自動処理のため設けられたものです。

IBANは、EUの通貨統合を機に、域内クロスボーダー送金の電子化のために2003年から導入されました。これによって、EU域内送金は自動処理（STP：Straight Through Processing）され、導入前には高コストで時間がかかった域内送金は、あたかも国内送金のように安価で迅速に処理されるようになりました。もし、IBANの記入洩れや誤りがあると、支払銀行でSTP処理できないため、送金が遅延したり、マニュアル処理のための追加手数料（リペアチャージ）が発生し、請求を受けることになります。日本からEU諸国向け送金の場合も同様です。
なお、IBANはISO13616として国際標準となっており、2012年6月現在、EU諸国を中心に60か国がIBANの採用を決めています。

銀行識別コード（BIC：Bank Identifier code）の構造（日本の銀行の事例）

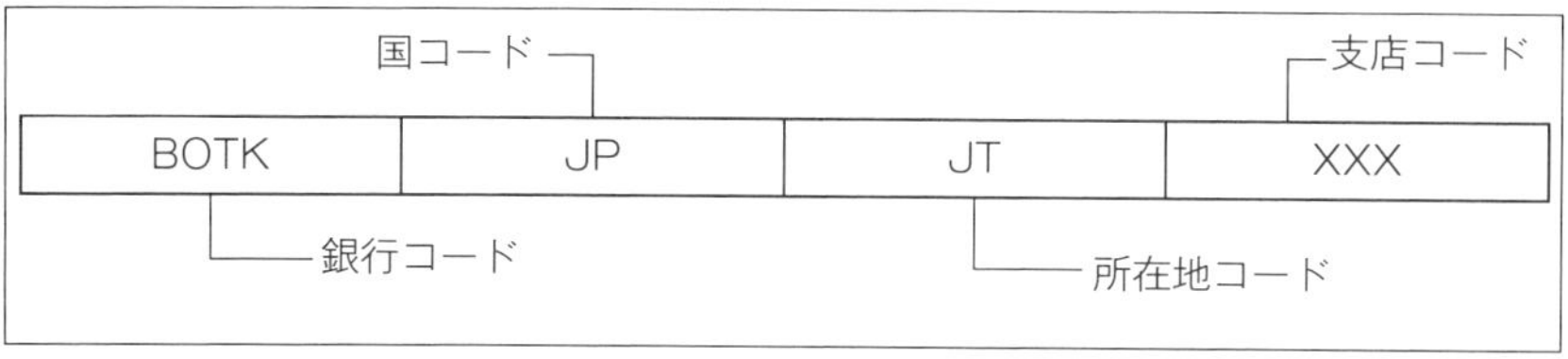

BIC は，８桁または11桁の文字と数字で表した４項目から構成されている。

【項目】

銀行コード（４桁文字）：事例の“BOTK”は，三菱東京 UFJ 銀行を示している。

国コード（２桁文字）：事例の“JP”は，日本を示している。

所在地コード（２桁文字または数字）：事例の“JT”は，東京を示している。

支店コード（３桁文字または数字。使用は任意）

国際銀行口座番号（IBAN：International Bank Account Number）の構造（英国の銀行の事例）

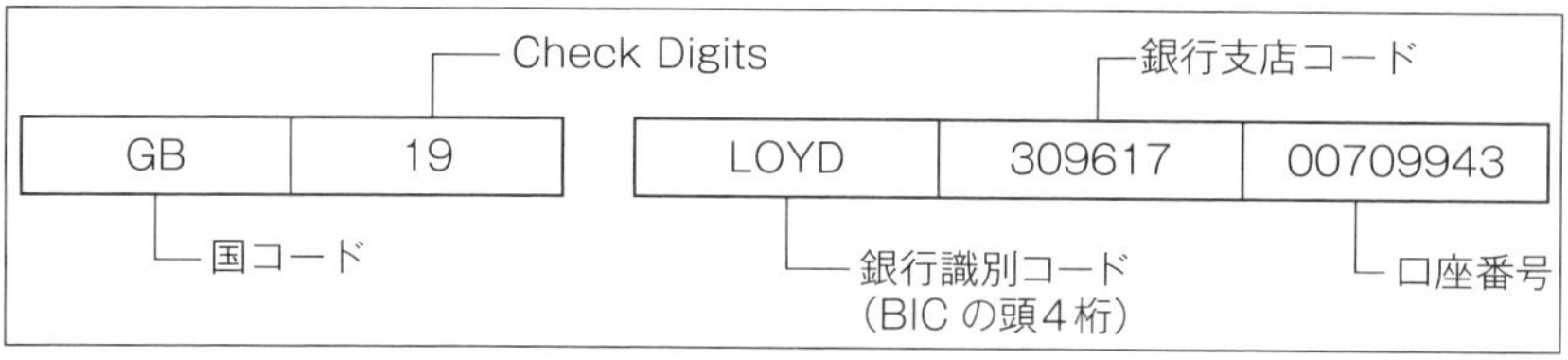

国コード：IBAN を発行した国を示す。事例「GB」は英国を示している。

Check Digits：IBAN の正否を数学的に検証するコード

銀行識別コード：BIC の頭４桁，事例は英銀のロイズ銀行を示している。

銀行支店コード：事例はロイズ銀行の銀行支店コード（Sort Code）

口座番号：ロイズ銀行における顧客の口座番号

39 被仕向外国送金

外国の銀行からの送金受信・点検と受取人への支払い

海外のコルレス銀行等から支払いの委託を受けた支払銀行が受取人に対して送金額を支払う取引を、被仕向送金といいます。

●被仕向送金の受信と点検

支払銀行は支払指図を受信したら、仕向銀行から取消指図（電信送金・郵便送金）あるいは支払停止指図（送金小切手）を受けていないことを確認します。取消指図または支払停止指図を受けている場合は、仕向銀行へ通知してその指示に従います。

① 電信送金

支払指図を受信したら、送られてきた電文の真正性を確認し、支払指図の内容を点検したうえで、受取人に送金到着案内を行います。

② 郵便送金

支払指図書を受け取ったあと、署名鑑等により、その真正性を確認するほかは電信送金の場合とほぼ同じですが、スイフトの普及により郵便送金の利用はほとんどありません。

③ 送金小切手

送金小切手取組通知を接受したら、その真正性を確認し、送金小切手の呈示に備えます。

●送金カバーの確認

支払指図を接受したら、必要に応じて送金カバー（37項参照）の決済を受けていることを確認します。仕向銀行の信用リスクやカントリーリスクに懸念がある場合には、送金カバーの受領済みを確認してから受取人へ支払います。

●被仕向送金の支払い

① 口座振込み

外為法上の確認等のため、受取人に送金到着案内を行ったあとで入金します。外貨建ての場合は、入金方法も受取人の指示に従います。

② 通知払い
受取人へ送金到着案内を行い、受取人の指示に従って支払います。

③ 送金小切手
送金小切手が呈示されたら、必要な場合は小切手取組通知の照合を行い、送金小切手の署名の真正性等を確認したうえで受取人へ支払います。

口座振込み

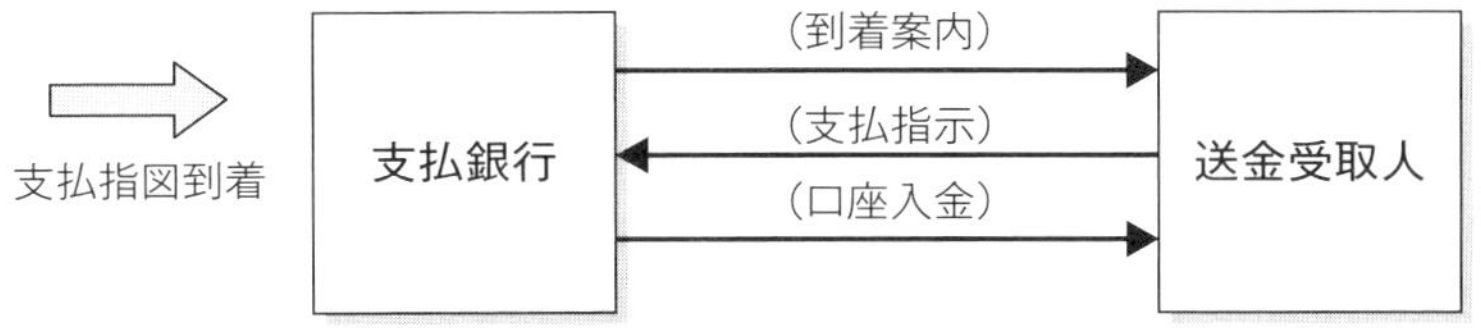

通知払い

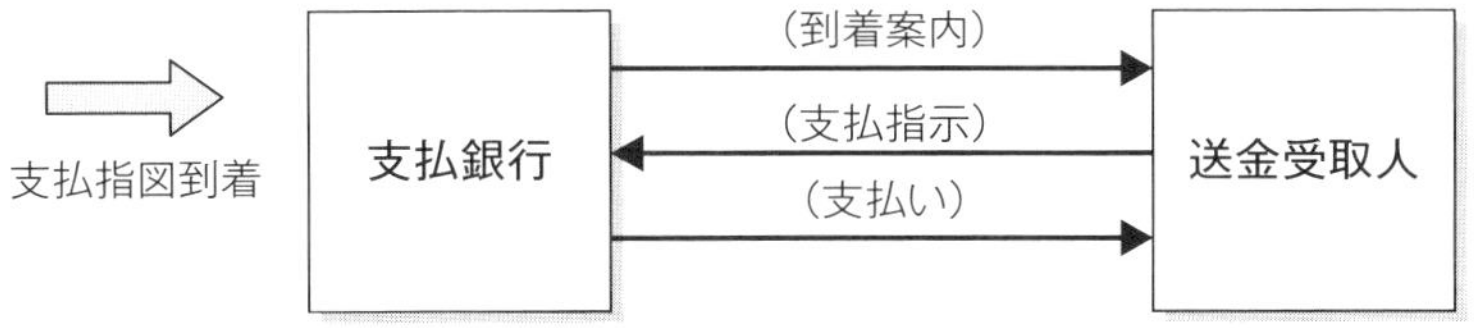

送金受取人の支払指示

✓支払銀行にある口座へ入金の場合は，指示を受けた口座へ入金する。

✓支払銀行以外の銀行口座へ入金の場合は，支払銀行以外の銀行（取引銀行）へ外国送金受領証を提示して，交換請求の方法により支払銀行から代り金を取立て取引銀行口座へ入金してもらう。

✓現金払いの場合は，支払銀行に外国送金領収証を提示して取引時確認等，所要の手続きを行い，現金支払いをしてもらう。

送金小切手

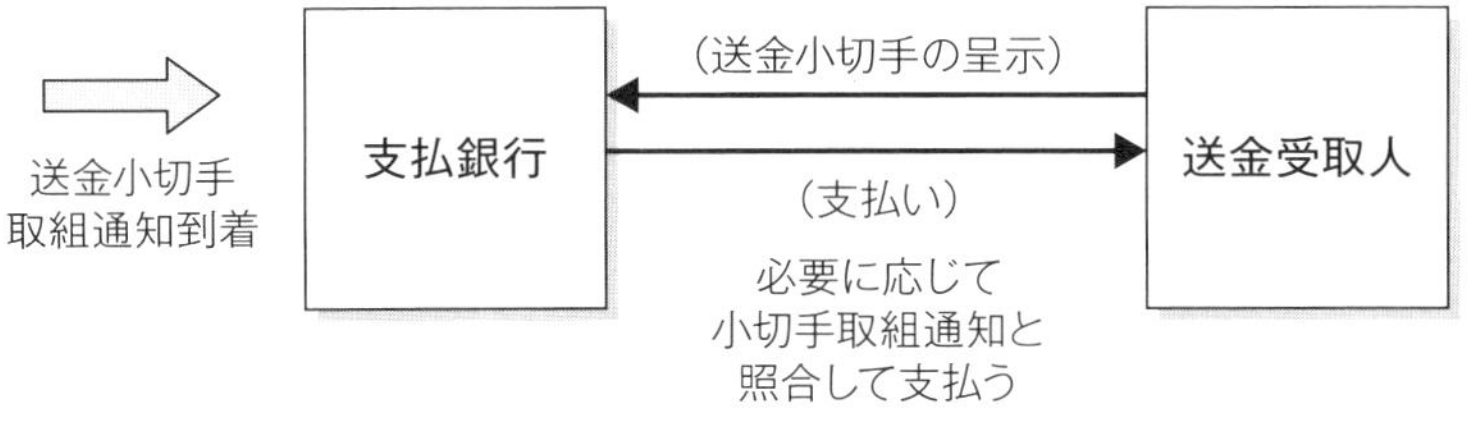

40 被仕向送金の注意点

送金種類の別や送金手数料の取扱いは慎重に

●被仕向送金の注意点

① 電信送金

電信送金では、支払指図偽造の心配がなく、安全で迅速かつ低廉なスイフトが利用されています。テレックスは一般公衆回線を利用するため、潜在的に支払指図が偽造される危険があります。もし、テレックスを受信した場合は、慎重にテストキーの真正性を確認してから支払います。

② 郵便送金

郵便送金は、支払指図書の偽造・変造のリスクや郵送途上での紛失リスクがあり、また、スイフトによる電信送金に比べて事務処理負担も大です。電信の利用が不可能な送金で利用されるに過ぎず、ほとんど利用されていません。もし、金額の大きい郵便送金を接受した場合は、偽造・変造が疑われますので、仕向銀行に送金取組を確認してから支払います。

③ 送金小切手

送金小切手も郵便送金と同様のリスクがあります。郵便送金ほどではありませんが、今では利用は少なく、授業料の支払いなど少額送金の一部で利用されているに過ぎません。金額の大きい場合は、郵便送金と同様の注意が必要です。

●被仕向送金と送金カバー

信用不安のある銀行からの送金あるいはカントリーリスクの懸念のある国から送金を接受した場合、あるいは通常の取引からかけ離れた高額の送金の場合は、受取人に支払う前にカバーの受領を確認します。

●送金手数料

スイフトのルールでは、仕向送金と支払銀行の手数料の負担者を、①BEN（両方の手数料を受取人が負担）、②SHA（仕向銀行手数料は送金人負担、支払銀行手数料は受取人負担）、③OUR（両方の手数料を送金人が負担）の3つに区分しています。本邦のルールと異なりますが、海外からの送金では、時折、そのような送金を接受することがあるので注意を要します。

支払銀行が送金カバーを受領できなくなるリスク

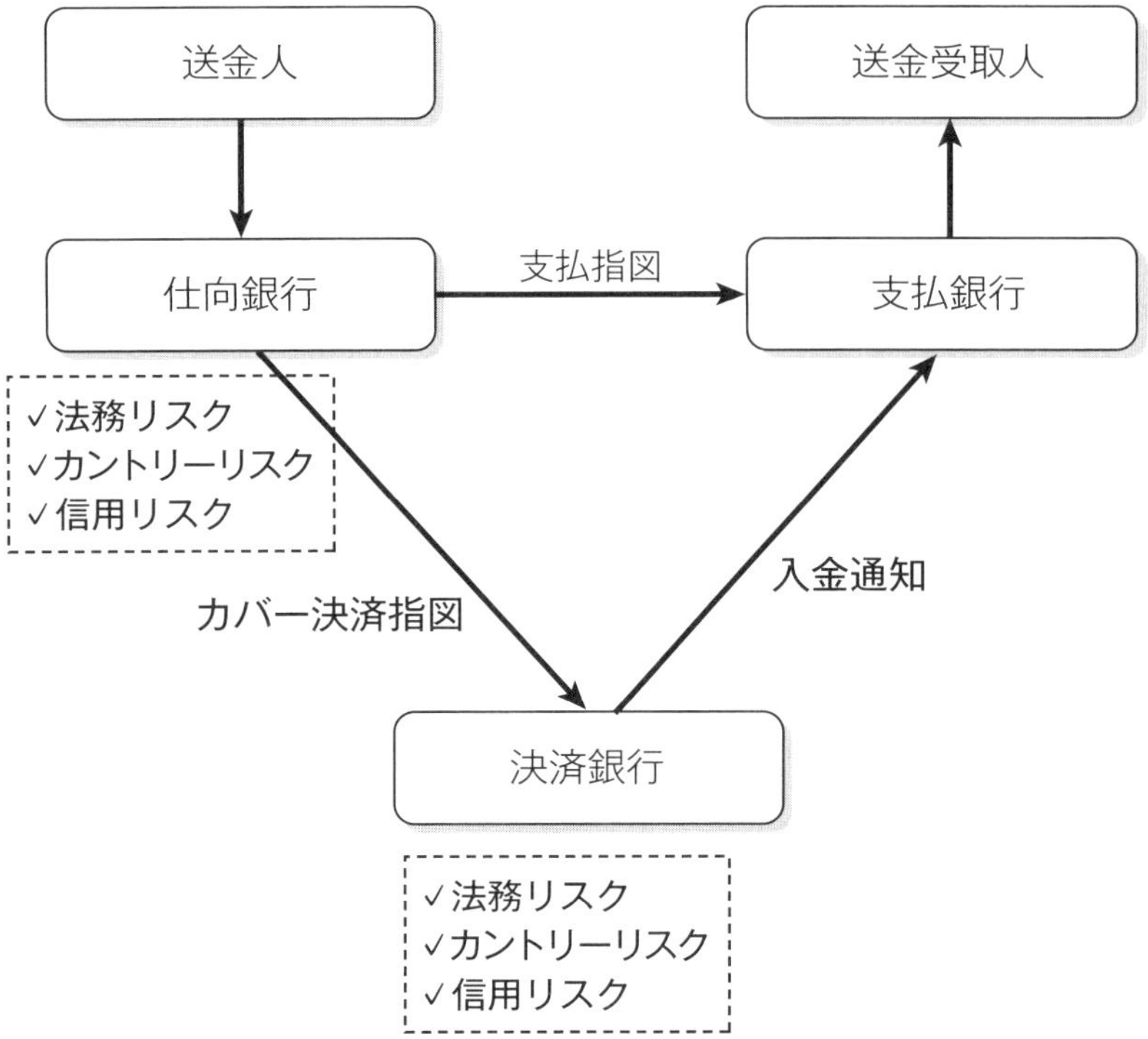

支払銀行が送金のカバーを受領できなくなるリスクには，仕向銀行と決済銀行の法務リスク，カントリーリスク，信用リスクがある。

- ✓法務リスク……当該国の為替規制や経済制裁などの規制変更
- ✓カントリーリスク……当該国の信用度悪化
- ✓信用リスク……当該銀行の信用度悪化

41 クリーン・ビル

買取り時と取立て時の注意事項

●クリーン・ビルとは

貿易取引で利用される為替手形は、船積書類を伴うのでドキュメンタリー・ビルと呼ばれるのに対し、銀行小切手（バンクチェック）、個人小切手（パーソナルチェック）、外国政府関係小切手（トレジャリーチェック）などは、書類を伴わないのでクリーン・ビルと呼ばれます。

クリーン・ビルを海外宛に取り立てる場合には、国際商業会議所（ICC）制定の取立統一規則（URC522）に従うことになっています。

クリーン・ビルの取扱い上の注意点としては、次のようなものがあります。

✓ 企業や個人の振り出した小切手は、支払人の信用が不明なことが多いといえます。
✓ 小切手は真偽の確認が困難な場合があります。
✓ 支払場所が外国になっている小切手の支払いは、支払地法である外国法が適用されます。米国、カナダなどが支払地の場合は、いったん支払われたあと、偽造・変造・裏書偽造を理由に、支払いが取り消されることがあります。

●クリーン・ビルの買取り

クリーン・ビルの支払場所は海外ですから、早く資金化したいときや為替相場変動による為替リスクを回避するため、所持人が銀行に買取りを依頼してくることがあります。

このような買取りでは、クリーン・ビルを海外に送付し、支払呈示して代金回収まで、買取人に立替払いをすることになるので、銀行にとって与信行為です。

クリーン・ビルの買取りは、荷為替手形の買取りと異なり、担保となる付属書類（船荷証券等）がないので、買取依頼人の信用に依存せざるを得ません。クリーン・ビルの決済に懸念がある場合には、取立て扱いとする等、慎重に取り扱います。

●クリーン・ビルの取立て

クリーン・ビルの取立ては、代金回収後に顧客へ支払いを行います。買取りと異なり与信は発生しませんが、米国等への取立ては、いったん取立代金が支払われたあとでも、後日、長期間経過後に支払銀行から小切手の偽造・変造、偽造裏書を理由に資金の返還を請求されることがあります。クリーン・ビルの取立ての場合も、万一に備えて、資金の返還に応じられる顧客かどうかの判断が必要です。

クリーン・ビル取立ての流れ

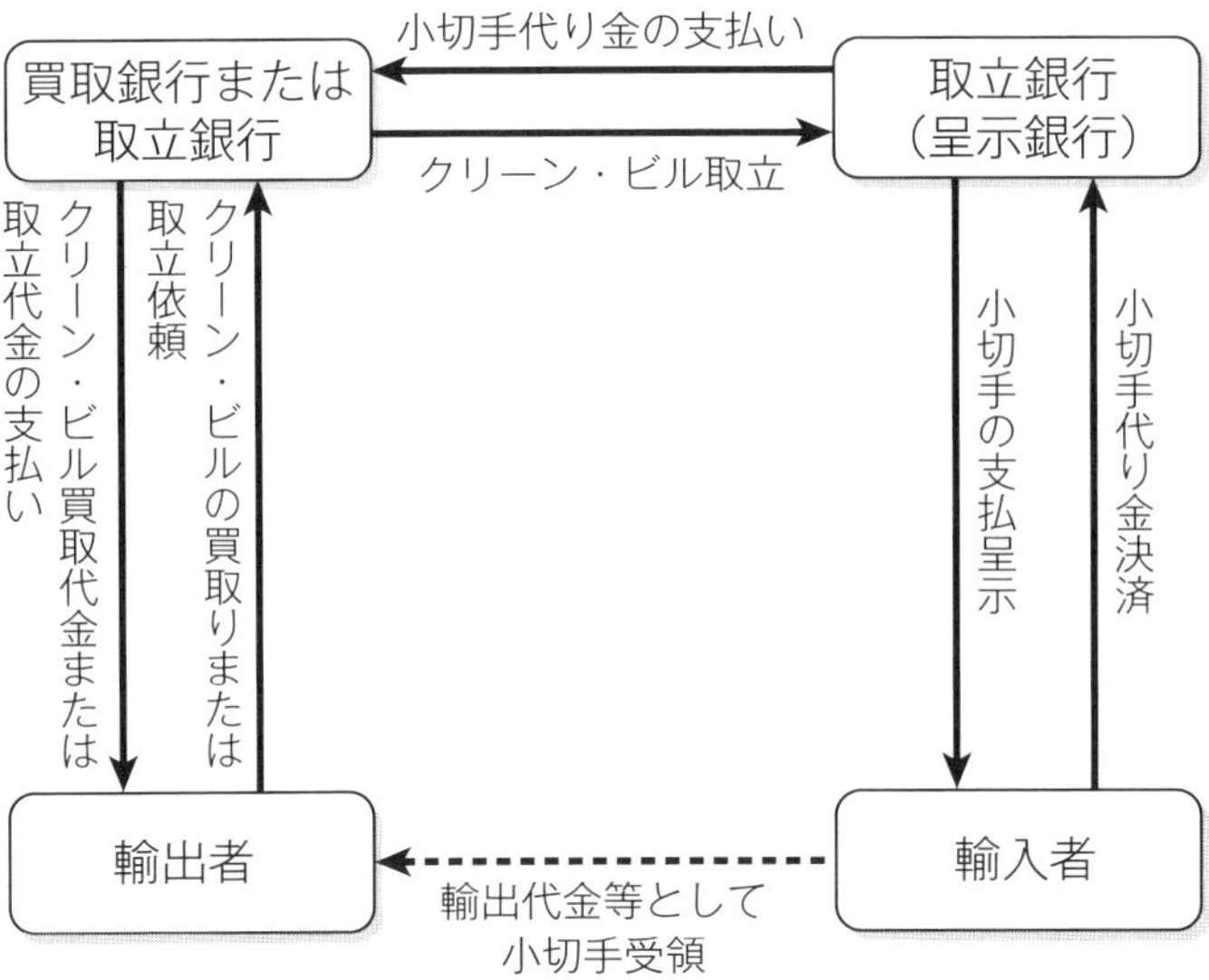

米国統一商法典では，小切手代金の返還請求可能な期間は長期間に及び，取立代り金が支払われたあと，長期間経ってから資金返還請求を受ける可能性があり，取立依頼人の償還能力には十分留意する必要がある。
下図は米国払いの小切手に係る代金の返還請求可能期間である。

小切手代金の返還請求可能期間／米国

	一般の小切手	財務省小切手
振出署名の偽造	振出後１年	振出後１年半
重要な変造	振出後１年	振出後１年半
裏書署名の偽造	振出後３年	振出後３年半

42 外貨両替

外貨買取り時と売渡し時の注意事項と偽造券の取扱い

海外への旅行や出張時の支払いには、外貨現金、旅行小切手、クレジットカードなどが利用されますが、近年は外貨現金の利用が増えています。

●外貨現金の買取り

近年、海外からの旅行者の急増もあり、偽造紙幣、とりわけ米ドル、ユーロや人民元の偽造紙幣が急増しています。各行は偽造券対策の1つとして紙幣鑑定機を導入していますが、偽造券と判別できない精巧なものも登場しています。

国際通用力のある通貨ならばまず問題ありませんが、ローカルな通貨は日頃見慣れていないので、偽造・変造の鑑別が困難、また需要が少なく売却の可能性も小さいので現送して代金取立てを行わざるを得ず、採算上も不利ですから買取りを行わないこともあります。

一般に買取依頼人は、一時滞在者や旅行者等その場限りの顧客が多いので、万一事故が発生した場合、その求償手段が十分でなく、不測の損害を被る危険性があります。そのため、一見の顧客であっても事後のトレースをできる限り可能にするよう、住所、宿泊先を記録しておきます。

紙幣鑑定機を使用しない場合、あるいは鑑定不能な紙幣の両替の場合には、買取りを行わず紙幣番号を控えたり、コピーを取っておきます。

●外貨現金の売渡し

顧客に外貨現金を売るには、銀行は外貨現金を調達して保有しておく必要がありますが、海外の銀行や在日外銀から運送費と保険料を支払って調達しなければなりません。また、調達した外貨はしばらくの間保有しなければならず、保有コストがかかるうえ、外貨を保有することで為替変動リスクにも晒されます。

このような事情から銀行は、顧客から両替依頼のある外貨をすべて取り揃えておくことは採算上無理があり、通常は米ドルやユーロなど主要通貨のみを保有しています。また、米ドルやユーロであっても、保有額を絞っています。

●偽造券の処理

顧客の提示した外国通貨が偽造券と判明した場合は、警察に届け出ます。なお、偽造券はもちろん、偽造券かどうか真偽の判定が困難で買取りできない紙幣であっても、再使用防止の観点から偽造券等をそのまま顧客に返却することはせず、警察に届け出ます。

外国通貨（以下，外貨現金）と売買相場

外貨現金の特徴

日本国内では日銀券のような強制通用力はなく，商品・サービスの広範な支払いには使えない。外貨現金は，海外旅行や出張用の購入，海外旅行者の日本国内での買い物やホテル代の支払いなどの利用に限られる。日本国内では，いわば使用場所が限られたデパートの商品券のような存在。

⇩

銀行における外貨現金の取扱い

顧客から外貨現金の売買に応じる銀行は，できるだけ在庫を圧縮している。

理由：運送コスト，在庫コストなどの節減のため。

- ✓海外または在日外銀から調達するための輸送費，保険料
- ✓在庫中は利益を生まないうえ，為替変動リスクもある。

⇩

外貨現金売買相場

外貨現金売買相場には諸コストと手数料が含まれている。

外貨現金売りの適用相場 ⇒ 現金売相場
（米ドルは電信売相場＋２円）

外貨現金買いの適用相場 ⇒ 現金買相場
（米ドルは電信買相場－２円）

コラム

小口外国送金に変化の兆し

小口の外国送金について，ウェスタンユニオンなどの資金移動業者による送金に注目が集まっていますが，欧米では銀行業界でも安価な手数料を実現した新しいしくみの小口の外国送金サービスの導入が始められています。安価な小口外国送金サービスを提供している資金移動業者に対抗して，銀行業界でも，各国の小口決済システム（日本でいえば全銀システム）同士をリンクして外国送金を安価で効率的に行おうとする動きです。これは，国内の小口決済システムを外国送金に拡張するものであり，コルレスバンキングによる外国送金を，国内の送金システムを利用して小口の外国送金も可能にしようとするものです。

こうした動きを進めているのが，国際決済フレームワーク（IPFA）という国際組織です。2010年に，小口決済システムを運営するFed（米国）とイークエンス（ドイツの小口決済システム）の間でリンクが構築され，米国と欧州間でドル，ユーロ等の小口送金が行われています。

IPFAは，小口決済システム間の送金メッセージ（支払指図）にISO20022という国際標準を用いるのが特徴です。

これまでは各国の国内送金メッセージのフォーマットは，国ごとに異なり，相互リンクを行ううえで障害となっていましたが，ISO20022という国際標準を用いることで，各国の小口決済システムは自国の送金メッセージとISO20022の間の変換を行うだけで国際間のリンクが可能になったものです。なお，送金カバーの決済は，決済エージェント（米国側はニューヨーク・メロン銀行，欧州側はDZ銀行）を通じて行われます。

IPFAは日本円も送金通貨に加えるべく働きかけているとされており，もし，全銀システムがFedおよびイークエンスとリンスすると，米ドル，ユーロ，日本円の小口外国送金の手数料が割安になる可能性があります。地銀，信金などの中小金融機関は，自らのコルレス網を保有していないか，保有していても限定的であるため，メガバンクや外銀に送金を委託していることが少なくありません。全銀システムが間に入り，海外の決済システムとリンクし直接海外送金が可能になれば，こうした委託関係とその手数料が不要になり，割高と批判の多い送金手数料の引下げも視野に入ってきます。

第6章

輸出入契約と貨物の流れ

43 輸出入取引の開拓・信用調査

貿易取引のスタートはどこから手を付けるか

●輸出入取引先の開拓

商品の輸出入は、売り手・買い手を見つけることから始まります。取引相手の発掘では、輸出入企業が自ら現地に赴き市場調査を行う場合もありますが、以下のような方法も活用されています。

- 海外の相手側からの取引オファー
- ジェトロや各国貿易促進機関などからの情報
- 自社ホームページ、インターネットの活用
- 商社や取引先からの紹介
- 海外の業界紙などへの広告
- 国際見本市、展示会、商談会への出展

また、海外取引では国内販売とは異なるいくつかのハードルがあります。取引する相手は、日本企業とは違う価値観、習慣で行動しており、使用言語も異なります。日本人同士のあうんの呼吸は通用しません。海外取引開拓ではいずれの方法によるときも、「相手に自社製品や取引条件を正確に伝える」ところからスタートします。

●取引先の信用調査

輸出入取引でも、国内取引と同様、信用調査が必要です。とりわけ、海外取引の場合は慎重に行う必要があります。言語、適用する法律、国、時差、商慣習等の違いから、いったんトラブルが発生すると解決に手間と時間、膨大なコストがかかります。国によっては裁判を起こすこと自体大変ですが、たとえ勝訴しても権利を執行し、損害を回収するのは容易ではありません。そういった事態を回避するために、あらかじめ信用調査はしっかりとやっておく必要があります。

国際見本市・展示会・商談会出展の留意点

見本市や展示会への出展は販路を開拓するうえで有効な手段の１つです。見本市や展示会場には当該商品に興味のある潜在顧客がたくさん集まるため，一度に多くのバイヤーに自社製品を紹介することが可能です。ただ，出展には費用もかかり，限られた期間で効果的な演出を行う必要があるため，事前に周到な準備を行わないと成果は期待できません。

（1）事前準備

- 具体的な商談ができるよう，自社製品のセールスポイントと何をいくらで売りたいかを明確にしておく。
  海外販売では輸送コスト，保険料，通関費用等の負担に加え，為替相場変動の影響も受ける。
- ホームページ等での案内掲載や販売希望先への招待状送付
- ブースは（人が流れてくる）よい場所を確保する。
- 総花的紹介ではなく，重点商品をアピールするほうが効果的。

（2）展示会場では

- 効果的な商品，紹介の工夫（デモ，見本，試食）が必要。
- 会社と製品の英文（できれば当該国の言語）の説明資料，英語の名刺，アンケートの準備
- 展示会場は情報収集の場であり，競合企業とも積極的に面談し，情報交換を行う。

（3）終了後

- ブース訪問顧客へのフォローアップ
- １回の商談会で成約できるケースは稀，継続的な出展が効果的。

主な信用調査の方法

信用調査は取引を開始する前はもとより，その後，継続的に行う必要があります。

（1）インターネットの活用

海外でも自社のホームページを掲載している企業が多く，商品や会社業務がわかり，簡単に会社のイメージをつかむことが可能。上場企業なら決算書を見ることもできる。

（2）自社での情報収集

相手側を訪問し，経営陣との面談，工場見学等を行い，自分の眼で見極める。また，日本の取引先や海外拠点のある商社，業界団体等から情報を入手する方法もある。

（3）信用調査会社

有料になるが，調査会社を利用して企業の信用情報を取得することが可能。一般的なのが，ダンレポートとして知られるD&Bレポート（Business Information Report）。また，コンサルタント会社を通じて現地調査を行い，より詳細な情報を入手する方法もある。

44 売買契約の締結

売買契約書に織り込まれる一般的な条項と交渉のポイント

日本および相手国の規制の確認と信用調査の結果、問題がなければ、売り手・買い手双方が条件を提示し、交渉に入ります。合意が成立すると、合意内容を文書にして契約書を取り交わします。契約書は、相手とのトラブル発生の予防になるとともに、クレームなど問題発生時の解決のよりどころになる非常に重要なものです。

輸出入契約書に盛り込まれる主な項目には、次のようなものがあります。

① 契約品（Products）
- 商品名、規格、数量、品質規格の詳細など

② 価格（Price）
- 製造原価、マージン、広告費、輸送費、梱包費、倉庫料
- 保険料、諸税等を含め検討
- インコタームズ（22項参照）の利用
- 通貨、単価、総額、建値の決定
- 為替リスクなど価格の構成要素の変動によるリスク負担を契約に盛り込む

③ 支払条件（Terms of Payment）
- 信用状決済、D/P・D/A（60項参照）、送金など
- 信用状期限、船積期限など

④ 引渡し（Delivery）
- 船積時期・輸送手段、仕向地

⑤ 梱包等（Packing, etc.）
- 原産地の表示等梱包の方法を決めておく

⑥ 検査（Inspection）
- 商品の検品方法をあらかじめ取り決めておく

⑦ 所有権（Title）
- 引渡地点（船積地点とは違う場合がある）
- 引渡しにより所有権が移転する。

⑧ 保証およびクレーム（Guarantee and Claim）
- 売り手の保証期間、クレームの請求要件、免責事項

などの取り決め

⑨ 特許（Patent）、商標（Trademark）等の使用条件

⑩ トラブル発生時に関連する条項

• 仲裁（Arbitration）、準拠法（Governing Law）、不可抗力（Force Majeure）等

契約書作成の担当者の心構えと注意点

交渉前

- 国際契約に関する解説書などで基本的なことを習得する。
- 契約作成に必要な情報を集める。日本および相手国の貿易や為替の規制，信用状統一規則など
- 相談できる国際取引に強い，英語が堪能な専門家を選ぶ。

交渉中

- 契約書の起案をできればこちらで行い，相手側に提示する（相手側の提示案は相手に都合がよい内容になっているのが一般的）。
- こちらの意見は明確に主張する。重要な部分の交渉は粘り強く行う。
- 相手との交渉で不明な点はレター等文書で確認し，双方確認の署名をする。
- 英語の文言の意味が不明であったり，判断に迷う場合は，専門家の意見を必ず聞く。
- 慣れていないことで不安があっても，臆することなく積極的に取り組む。相手の担当者もまた慣れていないと思ってよい（ただし，外国の場合，法務担当者あるいは弁護士が窓口になるケースも多い）。

契約内容に瑕疵がないか注意

- 相手側署名者が正式な権限保有者であること
- 発効日が明確であること（準拠法に照らして）
- 売買当事者（関係）を明確にする。

その他留意点

交渉でこちらの意見を主張する必要はあるが，交渉は取引を円滑に進めるのが目的である。喧嘩をすることなく，友好的な態度で交渉に臨む。こちらの主張だけを通しても契約は成立しない。

- お互いにメリットのある公平な契約を心がける。
- 法律用語を使用しなければならない場合を除いて，できるだけ簡潔でわかりやすい文章とする。

45 輸出貨物の流れ

契約締結から船積みまでの流れと通関、船積みの手順

●船積み前準備

売買契約締結後、輸出業者は、船積期限に間に合うように商品を製造あるいは調達します。次に、船会社や航空会社に予約を入れ、船積みの手配をします。

海外への輸送手段には、海上輸送、航空輸送がありますす。重量ベースでは海上輸送が最も利用されていますが、生鮮食料品、半導体製造装置等では航空輸送がよく利用され、金額ベースの割合では増加しています。

●通関

船積み前に、必要に応じて諸官庁の輸出許認可の取得、貨物の検査等を受け、輸出準備が完了すると、輸出港や空港での通関手続きに入ります。海上輸送での船積みまでの手続きは、通常、海貨業者（通関業者、乙仲、フォワーダーともいいます）が代行します。海貨業者は貨物を保税地域に搬入したところで、輸出申告を行います。保税地域とは、税関での輸出入申告を行う際に貨物を搬入する場所のことです。コンテナを利用する場合はコンテナヤード（CY）、あるいはコンテナ1本分に満たない少量貨物の場合は、他の貨物と混載するため、船会社指定のコンテナフレートステーション（CFS）に搬入します。

なお、現在では輸出申告手続きの大部分は電子化されており、NACCS（ナックス：Nippon Automated Cargo and Port Consolidated System）を利用して海貨業者がオンラインで輸出申告を行い、税関の輸出許可や通知もオンラインで送られてきます。

●船積み

輸出申告を行い、税関の輸出許可を取得後、船積みの手続きに入ります。海貨業者は船積指図書を船会社へ提出し、船積みを行います。船積完了を確認後、船積条件に従って海上運賃等を支払い、船会社から船荷証券（B／L）（⑥項参照）を発行してもらいます。

契約から船積みまでの流れ

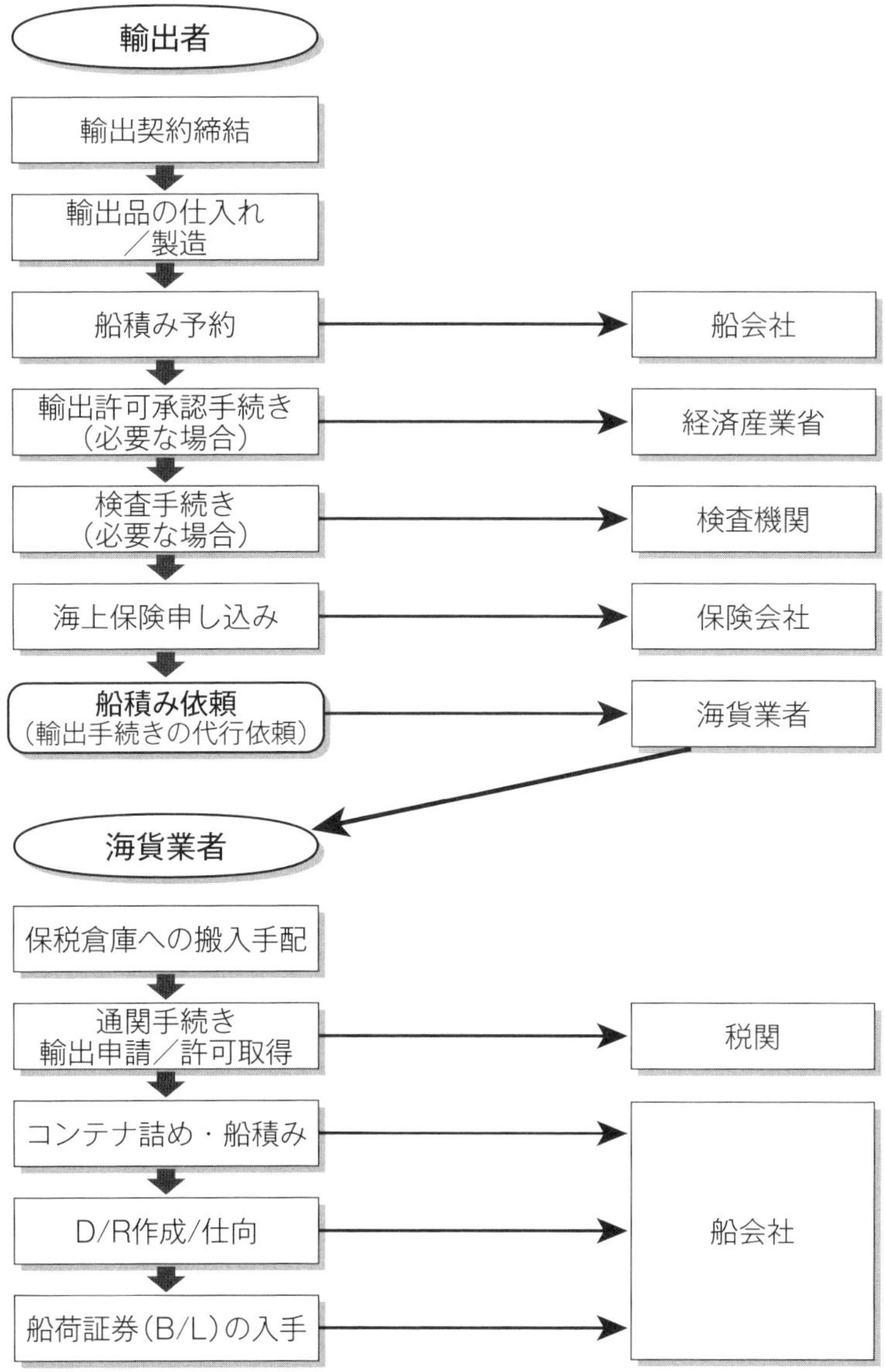

＊D/R　Dock Receiptの略，貨物受取証

輸出者が保険の手配を行う場合は、保険会社に申込みをして保険証券を発行してもらいます。貨物の船積み後、輸出者は輸入者宛に（信用状決済条件の場合は自社の取引銀行から発行銀行宛に）B／L、インボイス（Commercial Invoice）等の船積書類を送ります。併せて、輸入者へは船積通知を送付します。

46 海上保険

輸送中・保管中のリスクをカバー。保険期間は輸送区間で決まる

輸出貨物の輸送中のリスクは船舶の沈没・衝突・座礁、航空機の墜落や火災、トラック等の衝突のような大事故から、航海中における船倉内への海水・雨水の浸入、荷崩れ、貨物の破損や盗難等のさまざまなものがあります。

このような輸送中・保管中のリスクによる損害をカバーするのが貨物海上保険です。

●貨物海上保険の特色

貨物海上保険は、輸出入、三国間貿易を対象とし、海上貨物だけでなく航空貨物も含まれ、特に取り決めがない場合、保険金額はCIF（㉒項参照）価格の110％とします。

貨物海上保険では、一般の火災保険のように「○年○月○日から1年間」といった期間建てではなく、「A地点からB地点まで」のように輸送区間によって保険期間（責任の始終）を定めています。ただし、戦争危険については これと異なり、原則として貨物が陸上にある間は補償されず、貨物を本船に積み込んだ時から荷卸しされる時（または、本船最終荷卸港到着後15日経過した時点のいずれか早い時）までが保険期間となります。

●保険の手配

貨物海上保険を輸出者・輸入者のどちらが手配するかについては、両者の間で締結される売買契約の取引条件によって決まります。主な取引条件（インコタームズ2010）では以下のようになります。

FOB、CFR、FCA、CPT条件等の場合は輸入者が保険を付保します。CIF、CIP条件などでは輸出者が付保します。また、DAT、DAP、DDP条件の輸出の場合は、揚げ地で輸入者にリスクが移転するまでの間、輸出者は、輸出地から取引条件で定められた輸入地の受渡場所までの保険を付保します（㉒項参照）。

FOBやCFR条件の輸出では、貨物が積載船舶の船

貨物海上保険

✓貨物海上保険は，マリンリスク（船舶の沈没・座礁・大火災等の自然災害リスクと盗難等の人為的リスク）および戦争リスク・ストライキ暴動リスクを対象とし，輸送中の貨物に生じる偶然，外来的な損害に対して保険金が支払われる。

✓新旧２つの協会貨物約款（I.C.C.）に基づく貨物海上保険があるが，大半は新協会貨物約款に基づくもので，I.C.C.(A)，I.C.C.(B)，I.C.C.(C)の３種類に分かれている。

種類	特徴
I.C.C.(A) 損害てん補範囲は，旧協会貨物約款のI.C.C.（All Risks）とほぼ同じ	✓すべてのマリンリスクから生じた損害に対して保険金が支払われる。 • 戦争危険やストライキ危険（War & Strikes, Riots, Civil Commotions Risks）は，別途特約となる。 ✓消費財など完成品の輸送で利用される。
I.C.C.(B) 損害てん補範囲は，旧協会貨物約款のI.C.C.（W/A）とほぼ同じ	I.C.C.(C)で支払われる損害に加えて，航行中の船舶の荒天遭遇による貨物の海水漏れ損害などに対して保険金が支払われる。
I.C.C.(C) 損害てん補範囲は，旧協会貨物約款のI.C.C.（FPA）とほぼ同じ	✓以下のマリンリスクから生じた損害に対して保険金が支払われる。 • 火災，爆発，船舶等の座礁・沈没，水以外の他物との衝突による損害など • 積込み・荷卸しの際の１梱包ごとの全損 • 共同海損犠牲 ✓穀物や石炭などバラ積貨物の輸送で利用される。

なお，航空運送用の協会貨物約款は，I.C.C.(A)のようなオールリスクタイプの内容になっている。航空運送では，船舶の座礁，沈没，大火災などのマリンリスクは起こりえないので，I.C.C.(B)，I.C.C.(C)のような保険は存在しない。

上に置かれるまで、FCAやCPT条件での輸出ではコンテナヤードなどへの搬入まで、輸入者にリスクが移転しませんので、輸出者は輸出FOB保険を付保しておく必要があります。

47 輸入貨物の流れ

船積書類到着後から荷物受取りまでの手順

外国から、船舶または航空機での貨物到着から引取りまでの手続きは、一般的に以下のようになります。

●海上輸送貨物

輸出者から事前に船積通知（Shipping Advice）や船会社から貨物到着通知（Arrival Notice）を受け取ると、輸入者は海貨業者に荷受け・通関手続きの代行を依頼します。荷為替手形決済（信用状、D／P・D／A）の場合には、手形の引受け・支払いと引き換えに、銀行から船荷証券（B／L）を含む船積書類を入手し、必要な場合はB／Lに裏書きをして、海貨業者に引き渡します。送金決済の場合は、輸出者から直接送られてくる船積書類を点検し、B／Lに裏書きして海貨業者に引き渡します。海貨業者はB／Lを船会社に提出し、それと引き換えに荷渡指図書を入手したあと、本船から貨物を引き取り、保税地域に搬入します。

海貨業者は保税地域を管轄する税関に輸入（納税）申告書とインボイスなどの通関必要書類を提出して輸入申告を行い、税関審査・検査を受けて関税と消費税を納付します。税関長から取得した輸入許可書を保税地域の担当者に提示し、貨物を引き取ります。

●航空輸送貨物

航空輸送貨物の場合も手続きは海上輸送貨物とほぼ同じですが、航空輸送貨物では納期を急ぐものが多いため、手続き全体が迅速に運ばれるしくみになっています。まず、航空機が到着すると貨物はコンテナのまま、貨物ターミナル（保税蔵置場）に搬入され、仕分け点検の後、輸入者に到着通知（Arrival Notice）が行われます。通知を受けた輸入者は、航空貨物取扱業者に通関手続きを委託します。

L／Cによる取引で、航空貨物運送状の荷受人に銀行が指定されている場合は、その銀行に担保や輸入担保荷物保管証（Trust Receipt）などを提出し、航空貨物引渡指図書（R／O：Release Order）に銀行のサインを受け、航空貨物取扱業者に引き渡します。航空貨物取扱業者はR／Oを航空会社に提出し、貨物を引き取り、輸入申告をします。税関審査・検査を受けて関税・消費税を支払い、輸入許可を受け貨物を輸入者に引き渡します。

貨物受取りの基本的流れ

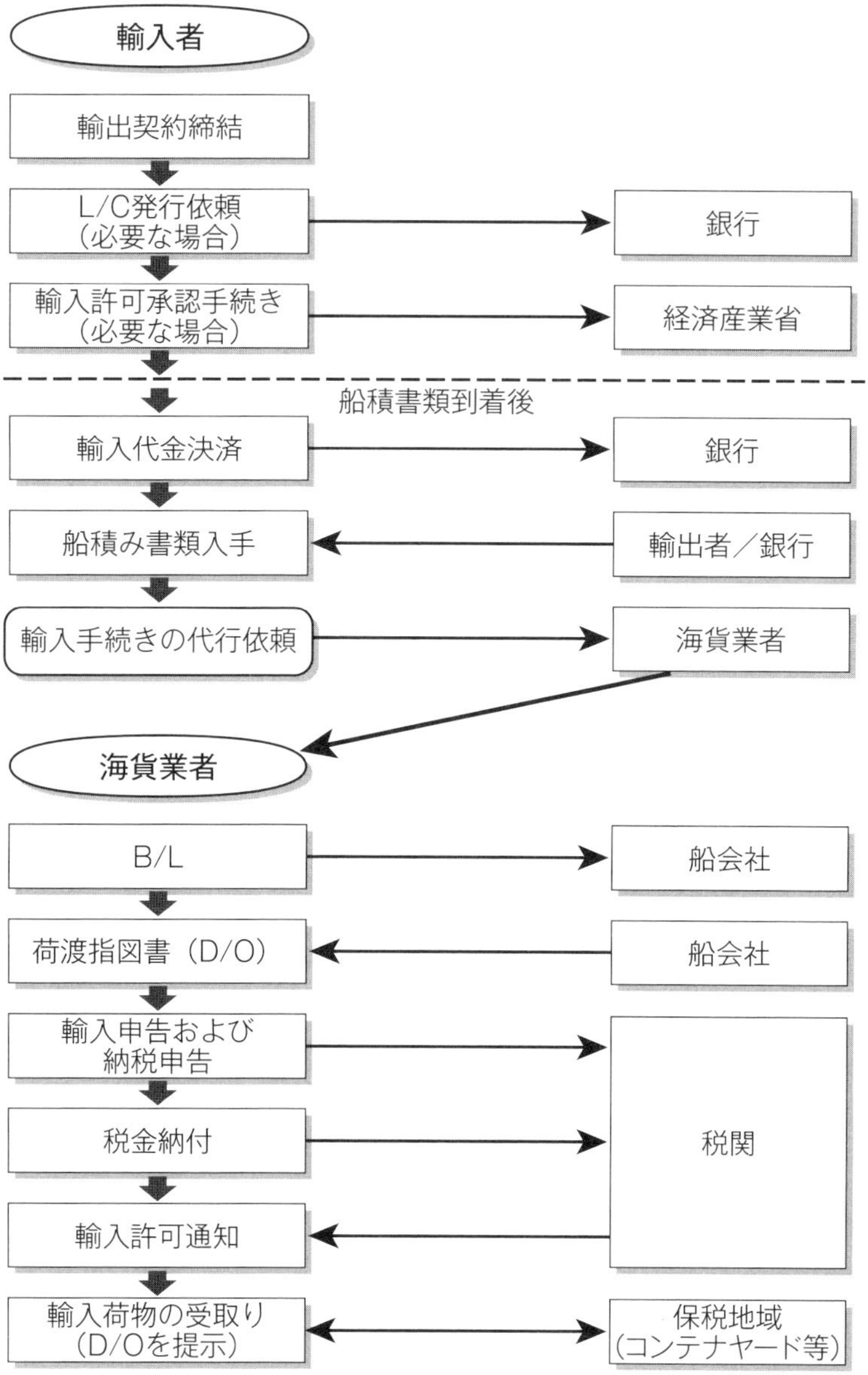

48

通関手続き・保税制度・関税

輸出入者または海貨業者は税関に申告する。輸入の場合は納税申告も行う

●輸出申告

貨物の輸出では、税関に輸出申告を行い、必要な審査・検査を経て輸出許可を受けます。輸出申告は貨物を保税地域に搬入前でも可能ですが、輸出の許可は、原則として貨物を保税地域に搬入した後に行われます。

輸出申告は、輸出者が輸出許可を受けるために、その申告に係る貨物を搬入する保税地域等の所在地を所轄する税関に対して行い、通常は輸出者から委任を受けた海貨業者が代理申告しています。

申告手続きは、所定の様式の輸出申告書に、輸出貨物の品名、数量、価格等必要事項を記載した仕入書（インボイス）、その他必要な書類（事前の許可、承認書等）を添付して税関に提出することにより行います。

税関は申告内容を提出された書類と照合して審査し、必要に応じて貨物を検査します。

●輸入申告

外国貨物が保税地域に搬入された後、輸入者は海貨業者に依頼して必要書類を添付した輸入（納税）申告書を税関に提出し、輸入申告を行います。輸入貨物には関税および消費税が課されるため、輸入申告と同時に納税申告を行うことが原則です。

現在は、輸出入・港湾関連情報処理システム（NACCS）を利用した電子申告手続きが広く利用されています。電子申告は、海貨業者の専用システム端末からNACCSへアクセスして行います。

提出された申告書類は税関の審査と必要に応じて貨物の検査を受け、これらが終了して輸入者が関税および消費税の税額を納付すると、輸入（納税）申告書に輸入許可印が押印され、輸入許可書として税関から交付されます。NACCSによる申告の場合には、輸入許可書が通関業者の端末に送信されますので海貨業者はこれを印刷し、貨物を引き取ります。

●保税地域

保税とは関税の徴収を一時留保することで、保税地域は主に港湾や空港の近くに設けられ、船舶や飛行機から荷卸しされた貨物が関税・消費税納入、輸入許可・通関完了までの間、あるいは輸出される貨物の税関手続きが終了するまでの間、蔵置される場所のことです。

通関の流れ

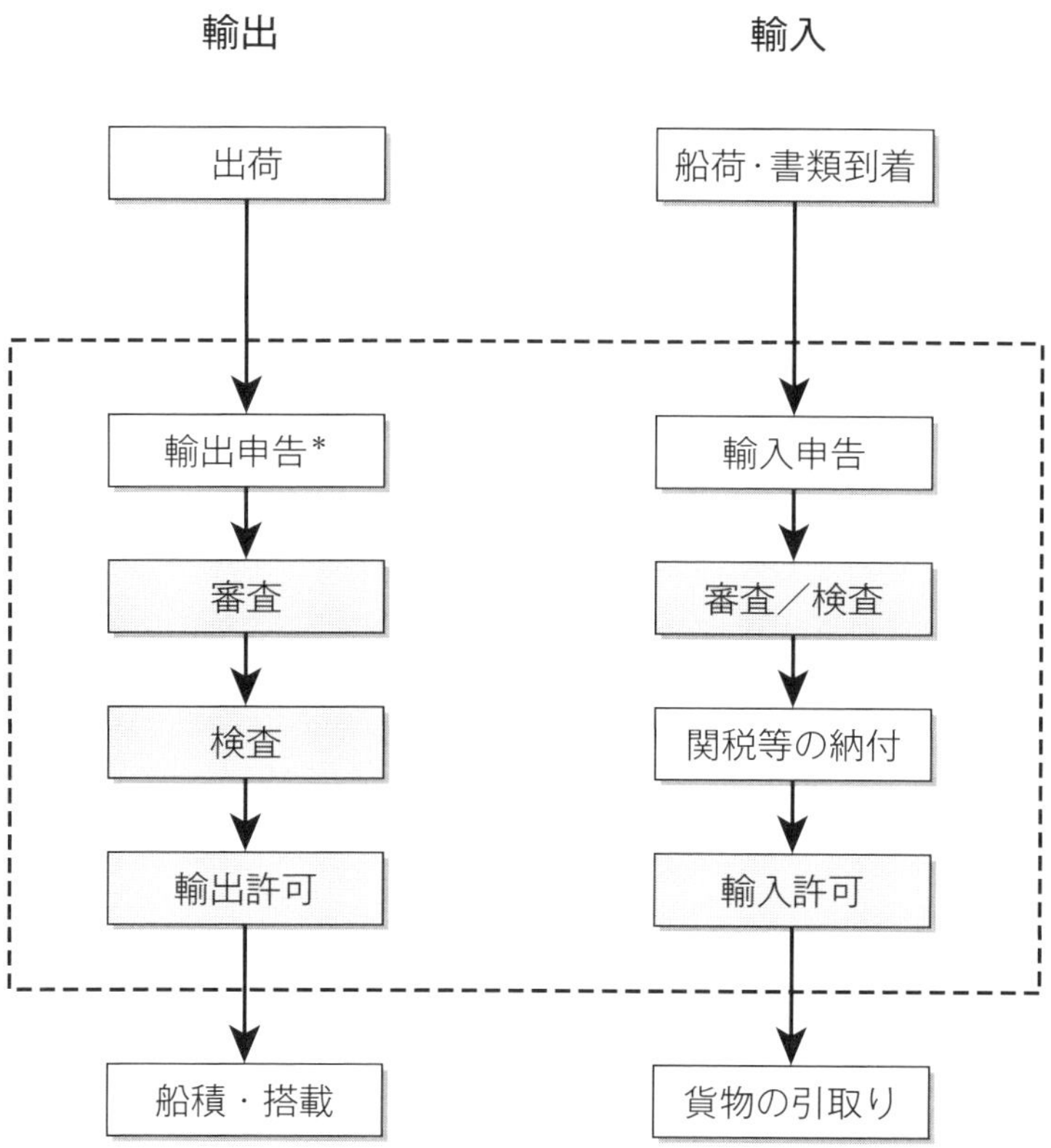

*輸出申告は，貨物を保税地域に搬入前でも可能だが，輸出許可は，原則として貨物を保税地域に搬入した後に行われる。

49 貿易クレームと輸出代金回収

売買契約書にクレーム対応の規定を盛り込んでおくのが近道

輸出取引では常に代金回収リスクが伴います。トラブル対応では、まず原因と現状の把握が重要です。クレームへの対応は以下のようになります。

●クレーム

不払いの理由が商品クレームであれば、原因と発生場所により対応方法は変わります。クレームには品質に瑕疵がある場合の商品クレーム、納期遅れなどのクレーム、市場価格が変動したための値引きやキャンセルを要求するマーケットクレームなどがあります。

品質の瑕疵で、その原因が輸出者側にある場合は、商品の交換や値引きなどやむを得ない場合もあります。しかし、品質上の問題が輸入者や船会社、相手国での輸送、保管、使用方法などが原因で発生する場合もあります。

またマーケットクレームは、基本的には応じる必要はなく、毅然とした対応が必要ですが、後々の取引関係も考慮した解決方法を取る場合もあります。

原因が不明だったり、当事者の認識が相違する場合、売り手と買い手の間で紛争になるケースもあります。当事者同士で解決できなければ、仲裁機関による調停・仲裁や訴訟になりますが、時間と費用がかかり、負担が大きくなります。

●クレームへの対応

こうした事態を軽減するためには、契約書（44項参照）に品質に関する規定などを盛り込み、検査機関による品質証明書の発行、検品方法、クレームの有効期限などをあらかじめ決めておく必要があります。また、市況悪化を口実にしたマーケットクレームを防ぐには、為替相場や商品市況の変動の影響を売買価格に反映させる条件付きの価格設定にする方法もあります。

さらに、貨物海上保険を付保する際は損害てん補の範囲を把握しておく必要があります。

なお、信用状（L／C）取引は売買契約とは関係のな

輸出債権の回収トラブル発生時の対応と留意点

輸出代金の回収懸念については，事前に取引を代金前受けやL/C付きにしたり，輸出手形保険などを活用するなどの対策がありますが，発生した場合の一般的な輸出代金の回収トラブル対応は以下のようになります。

対応（1）　回収できない原因の特定

- 商品クレームによる支払拒絶。
- 債務者に支払意思はあるが資金がない。その状態が一時的なものなのか？あるいは目処が立たないのか？
- 倒産して連絡がとれない。
- 詐欺など初めから支払う意思のない犯罪。

対応（2）　交渉

- 相手側を訪問，あるいは面談の実施。
財務状況を把握のうえ返済可能な計画を書面で作成し，遅延した場合のペナルティ金利，仲裁条項等トラブル発生時の解決手段を明確にする。
- 交渉は粘り強く，支払いの要求は継続して行う。
- 分割支払い等による解決方法が決まっても実際に支払われるかどうかフォローアップも重要。

対応（3）　取立業者への依頼

- 金額が高額で独自の回収が難しいと思われる場合に取立業者を利用する。
- 国際的な取立業者に債権を売却するケースもある。
- 初期固定料金と高率の報酬手数料（30～50%）を要求されるのが普通。

対応（4）　訴訟

- 言葉の問題があり，英語で対応できる弁護士はどこの国でも高額な報酬が必要になる。
- 書類を日本語に訳す必要があれば専門の翻訳業者に依頼することになり，さらに費用がかさむ。
- 相手国の司法制度が未整備な場合，勝訴しても権利の執行が難しい。
- 国によっては賄賂がまかり通り，公正な裁判がなされない。
- 訴訟に踏みきるかは，取引額，回収可能性，費用，裁判をする自社の体力を勘案して決定。
- 通常の裁判よりも仲裁機関を利用するほうが費用が安く，解決が早い。そのためには売買契約締結時に仲裁機関活用の合意をしておく必要がある。

い独立した取引ですから（信用状独立の原則）、銀行は書類のみを取り扱います（書類取引の原則）。したがって、信用状条件を充足した書類の呈示があれば、買主は、発行銀行に輸入代金を支払う義務があります。売買契約違反は、輸入決済とは別に売買当事者間で協議して決着を図ることになります。

50 輸出入取引に伴う各種リスク

信用リスク、為替変動リスク、カントリーリスクへの対策

国際取引にはさまざまなリスクが伴います。ここでは代表的な信用リスク、為替変動リスク、カントリーリスクについて述べてみます。

●信用リスク

輸入貨物代金を前払いする場合、輸入者は約定商品を受け取れるか、輸出では船積み後の代金が回収できるか、という不安があります。最近では、新興国での販売を目的とした輸出や海外進出が増加しており、代金回収のリスク回避が重要な課題となっています。

輸出取引では、取引相手の破綻など支払不能に陥った場合、回収手続きの時間とコスト、手間は日本国内での比ではありません。また、法的手続きを済ませても確実に回収できるとは限らず、あらかじめ信用リスクへの対策を講じておく必要があります。

●為替変動リスク

外国の企業と取引する場合、外貨で取引が発生します。日本円で取引をする場合も、相手側にとって円は外貨であり、輸出者、輸入者のどちらかは常に為替変動のリスクに晒されます。

1米ドル＝100円の時に輸出契約をし、実際に輸出代金100米ドルを受け取った時の為替レートが円高になり1米ドル＝90円になると、1米ドル当たりの受取りは90円に減り、10円の為替差損が発生します。逆に1米ドル＝110円の円安になれば10円の為替差益が発生します。このように為替相場の変動は企業の業績に大きな影響を与えます。

●カントリーリスク

カントリーリスクとはその言葉どおり、国のリスクのことで、対象国の政治・経済・災害などに伴うリスクが個々の取引に及ぶことであり、相手国の政治・社会・経済環境の変化で債権や投融資の回収が遅延したり回収不能となることです。例えば、国家の債務不履行、テロ、

リスク対策

信用リスク対策

- リスク回避の基本は信用調査としっかりした取引契約書の作成
- 決済方法による回避策（輸出企業の場合）
  ① 可能な限り代金を出荷前に受け取る（前受け）。
  ② 信用状（L/C）の活用
  ③ 保険の活用…独立行政法人日本貿易保険（NEXI）の輸出手形保険等の貿易保険
  ④ 海外業務のファクタリングを扱っているファクタリング会社の活用

基本的な為替リスク対策

- 先物為替予約
  期日に予約レートで為替実行して為替変動リスクを回避できる。ただし，実行時の市場レート水準が予約レートより有利になっても，予約を実行しなければならない。
- 通貨オプションの利用
  通貨オプションは通貨の「買う権利」や「売る権利」を売買する取引。為替予約と同様に為替変動リスクを回避できるうえ，市場動向によっては権利を行使しないことによるメリットの享受も可能。
- リーズ・アンド・ラグズ （leads and lags）
  為替相場の先行きの見込みにより，輸出入業者などが外国為替取引の決済を意図的に早めたり（リーズ），遅らせたり（ラグズ）する。
- 為替マリー（marry）
  自社内で受取外貨と支払外貨を保有して，為替変動リスクを回避
- 円建契約
  日本側には為替リスクはないが，海外の相手側が円の為替変動リスクを負う。

カントリーリスク対策

- 対象国の調査
  分析は政治経済，エネルギー資源，地理的要因，自然災害，宗教等広汎な分野で必要なため格付け調査を行っている専門機関を利用して情報を入手する方法もある。
- 保険
  NEXIの貿易保険では信用リスクのほか戦争・テロ・自然災害・経済制裁などの非常リスクもカバーすることが可能。
- 確認信用状
  大手銀行はL/Cを確認（confirm）することでカントリーリスクなどを引き受けるサービスを提供している。
- リスクの分散
  カントリーリスクへの対策として一国に集中する生産や取引を他国に分散しリスクの軽減を図る方法もある。

内乱、革命、外資規制などです。輸出取引でバイヤーの信用に問題がなくても、当該輸入国が信用不安、戦争・内乱などで外貨が払底し、銀行が決済用外貨（米ドルや日本円等）を調達できなければ輸出代金は受け取れません。２００８年の世界金融危機やタイの洪水では多くの日本企業が影響を受けました。

51

製造物責任・知的財産権

輸出入品をめぐる重要な法務対応

●製造物責任

　輸出入品で製品に欠陥があれば、製造業者等は賠償責任を問われます。製造物責任法はＰＬ法といわれ（ＰＬとは、Product Liability＝製造物責任）、日本でも１９９５年から法律が施行され、消費者などが身体および財産上の損害を被った場合に製造者などに課される損害賠償責任をいいます。輸出の場合は製造したメーカーの責任ですが、輸入品の場合、日本のＰＬ法では、輸入者が製造物の賠償責任を負います。

　日本、米国、ＥＵ加盟国などでは無過失責任制度が導入され、製品の欠陥が原因で第三者が損害を受けた場合に、製造業者に過失がなくても、被害者に対して損害賠償責任を負います。

　国により賠償責任の範囲が異なりますので、相手国の関連法規を調査することはもちろんですが、日頃から製造、製品には十分に注意を払うとともに、万一の場合に備えて多くの企業はＰＬ保険に加入しています。

●知的財産権の保護

　知的財産権には特許権、実用新案権、意匠権、著作権、商標権、商号などがあり、販売先国での法的および経済的意義を正確に理解して対応しなければなりません。知的財産の保護対応は複雑でややこしく、また、調査や登録の費用が高額となるため、どうしても対応が遅れがちですが、輸入や輸出をする際には、必ず知的財産権について考慮しなければなりません。輸入しようとしている商品にすでに登録された他人の特許権や商標権などの知的財産権があれば、輸入することができません。

　また輸出の場合には、相手国の知的財産権を侵害しないか調べる必要があります。さらに輸出品の商標などが、第三者に侵害されることを防ぐことも必要です。

　国ごとに知的財産に関連する法律が異なるので、輸出先国の知的財産関係法を調査し、必要な手続きを行う必要があります。また、知的財産権は出願登録や契約書の作成、侵害者への警告など自ら行動することも必要です。登録したにもかかわらず模倣品や類似品が売られ、取り締まりの不十分な国もあり、それらの問題の対応に追われることもあるので注意が必要です。

PL法への対応

PL とは，Product Liability＝製造物責任のことで，日本では1995年から施行されている。
一般的には以下のような対応が必要と思われる。

① 安全な製品を製造する。
② 進出する国の安全基準を遵守する。
③ 製品の特性から危険性のあるものは取扱いの注意点などの対策をユーザーに啓蒙しながら販売する。
④ 被害が発生したときは被害の拡大を防ぐ迅速な措置を取る。
⑤ 裁判となった場合に，的確な対策を行っていることを立証できるようにしておく。
⑥ 万一の場合に備え，PL 保険に加入する。

知的財産権の保護条約

工業所有権等の国際保護について1883年に締結され，日本が1899年に加盟したパリ条約には以下の３つの原則が述べられている。

（1）内国民待遇原則

加盟国は，他の加盟国民（外国人）に対し，自国の国民と同じように，工業所有権についての保護を与えなければならない。

（2）優先権

いずれかの同盟国において正規の特許，実用新案，意匠，商標の出願をした者は，特許および実用新案は１年，意匠および商標については６か月以内に他の加盟国に出願すれば，出願日を最初の加盟国への出願日と同等に扱う。

（3）各国工業所有権

各国の特許独立・商標保護独立の原則を定めている。

- 特許権の発生や無効・消滅については，各国が他の国に影響されず各国の自由である。
- 商標はいずれかの同盟国において正規に登録された場合，本国を含む他の同盟国において登録された商標から独立したものである。
- 実用新案権，意匠権等の他の工業所有権については各国独立を義務づける規定はない。

コラム

AEO（Authorized Economic Operator）制度

2001年，米国同時多発テロを契機に，民間企業と税関が協調して国際物流の安全と通関の効率化・円滑化を両立させるAEO制度が国際的に合意されました。わが国も，法令遵守に優れた輸出入者等が税関の承認を受けて輸出入手続きを迅速に行うAEO制度が輸出入申告の主流になっています。また，原則的な申告方法のもとでも，早期通関を可能にする諸制度が導入されています。

●特定輸出申告制度

あらかじめ税関長の承認を受けた輸出者等が，法令遵守を確実に履行し，貨物管理を厳格にすることを前提に，国際物流の迅速化の要求に応えて通関手続きの簡素化を図る制度です。輸出者または通関手続きを認定通関業者に委託した特定委託輸出者は，保税地域に貨物を搬入することなく，保税地域以外の輸出者等の施設で輸出申告を行い，輸出許可を受けることができ，迅速な輸出手続きを行うことができます。なお，輸出貨物が安全保障貿易管理の規制対象の場合は，保税地域に搬入後でなければ輸出申告はできません。

●簡易申告制度

貨物の安全管理と法令遵守体制が整っていると税関長が認めた特例輸入者と認定通関業者に委託した特定委託輸入者が利用できる制度で，迅速な輸入通関が可能です。輸入通関は輸入申告だけでなく，関税・消費税の納税申告が必要であり，輸入貨物を保税地域に搬入して納税後に貨物を引き取るのが原則ですが，簡易申告制度は，輸入申告と納税申告を分離して納税前に貨物を引き取ることができるものです。

●原則的な申告方法のもとでの早期通関の取扱い

① コンテナ扱い

税関長の承認を受けて保税地域以外の荷主の施設等で貨物をコンテナに詰め込み，保税地域であるコンテナヤードにコンテナを搬入した後で輸出申告を行い，輸出許可を受けることができる制度です。

② 輸入許可前貨物引取承認制度

あらかじめ税関長の承認を受けて輸入許可前に貨物を引き取ることができる制度です。税金納付を保証するため，関連貨物の関税額と消費税額に相当する担保を税関に差し入れることになっています。

第7章

輸　出

52 外為法上の輸出規制

経済産業大臣の許可や承認が必要な貨物等がある

外為法は、対外取引の正常な発展、国際収支の均衡と通貨の安定、わが国経済の発展に寄与することを目的としています。

輸出規制には、経済産業大臣の許可を必要とするものと承認を必要とするものがありますが、貨物の輸出は法の目的に反しない限り自由であり、規制は最小限であることが原則となっています。

●経済産業大臣の許可が必要な輸出

国際的な平和および安全の維持を妨げるような貨物を輸出する場合は、経済産業大臣の許可を受けなければなりません。対象となる貨物は輸出貿易管理令（輸出令）で定められています。輸出しようとする貨物が、輸出令別表第1の項目1～15にリストアップされている貨物（武器・大量破壊兵器・通常兵器関連貨物）の輸出やその貨物に関する技術の非居住者への提供に該当する場合、相手国がどこかにかかわらず（全地域）、経済産業大臣に許可申請が必要です（「リスト規制」）。

また、リスト規制に該当しない場合でも、輸出令別表第1の項目16にあるすべての貨物について、ホワイト国（別表）以外への輸出で大量破壊兵器や通常兵器の開発等のために利用されるおそれがあるものについては、経済産業大臣に許可申請する必要があります（「キャッチオール規制」）。

キャッチオール規制は、一定の要件のもとでホワイト国（別表）以外に輸出する場合すべての貨物に適用する「大量破壊兵器キャッチオール規制」と、一定の要件のもとで国連武器禁輸国・地域に輸出する場合に適用する「通常兵器キャッチオール規制」に分かれます。

●経済産業大臣の承認が必要な輸出

国際収支の均衡とわが国経済の健全な発展、国際約束の履行、国際平和への寄与、わが国独自の経済制裁の観点から、特定貨物の輸出、特定地域への特定貨物の輸出、指定加工に該当する指定原材料の輸出については、経済産業大臣の承認を取得する必要があります。

●輸出者等遵守基準

経済産業大臣は、国際的な平和および安全の維持のため、貨物の輸出や技術輸出を継続的に行うすべての輸出者等が守るべき輸出管理上の基準を定めています。

外為法の輸出規制

●経済産業大臣の許可を要する安全保障貿易管理関連の貨物

許可対象の貨物	内容
武器，大量破壊兵器，通常兵器関連の貨物（リスト規制）	武器，原子力，化学兵器，生物兵器，ミサイル関連貨物，兵器開発に応用できる先端技術等を全地域に輸出しようとする場合
大量破壊兵器，通常兵器の開発のおそれがある貨物（キャッチオール規制）	食料および木材を除くすべての貨物が対象 **●大量破壊兵器キャッチオール規制** 「ホワイト国」（注１）以外の国に輸出する場合で，客観要件（注２）のいずれかに該当する場合。または，インフォーム要件（注３）に該当する場合 **●通常兵器キャッチオール規制** 「国連武器禁輸国」に向けて輸出する場合で，客観要件（注２）のうち用途要件またはインフォーム要件（注３）のいずれかに該当する場合。または，「ホワイト国」以外に輸出する場合で，インフォーム要件（注３）に該当する場合

（注１）ホワイト国　大量破壊兵器等の不拡散政策をとり，適正な輸出管理が行われている国
（注２）客観要件には次の２つの要件がある。
①用途要件：貨物が大量破壊兵器の開発等に利用されることを輸出者が知っていること。
②需要者要件：貨物の需要者によって大量破壊兵器の開発等を行うことについて輸出者が連絡を受けていること。
（注３）インフォーム要件：経済産業大臣から許可申請すべき旨通知を受けていること。

●経済産業大臣の承認を要する貨物　⇒　国際収支の均衡，外国貿易・国民経済の健全な発展，国連安保理決議・有志連合・わが国独自の経済制裁

（1）輸出貿易管理令別表第２の中欄に掲げる貨物の特定地域への輸出

	主な規制対象貨物	規制対象地域
国内需給上，調整を要する物資	血液製剤，核原料物資・核燃料物資，うなぎの稚魚	全地域
過当競争防止，仕向国の輸入制限の防止のための物資	漁ろう設備等を有する船舶	全地域
国際協定（ワシントン条約，バーゼル条約）等の輸出規制物資	冷凍のあさり，はまぐり，いがい，ワシントン条約対象の動植物，オゾン層を破壊する物質，ダイヤモンド原石	全地域（一部の物資を除く）
輸出禁止物資	偽造・変造・模造の通貨，国宝・重要文化財・特別天然記念物	全地域

（2）輸出貿易管理令別表第２の２に掲げる貨物の北朝鮮への輸出
（3）逆委託加工貿易による原材料（革，毛皮，皮革製品）の輸出

53 輸出取引の約定書

銀行と「外国向為替手形取引約定書」を締結しておく

●外国向為替手形取引約定書

輸出手形の買取りでは、あらかじめ銀行と顧客の間で銀行所定の取引約定書により輸出取引に関する約定を締結します。銀行取引では、「銀行取引約定書」で基本契約を締結していますが、輸出取引を行うには、それに加えて「外国向為替手形取引約定書」による付属約定を締結します。

「外国向為替手形取引約定書」には、担保の条項、輸出者が書類の正確性・真正性を保証する条項、銀行等の各種免責条項、買戻債務条項などの重要な規定が盛り込まれています。なお、各銀行とも外為取引全般に対応するため、外国向為替手形取引など各種外為取引の付属約定書を1つにまとめた「外国為替取引約定書」を制定しています。

●「外国向為替手形取引約定書」のポイント

① 適用範囲

信用状付きと信用状なしの外国向荷為替手形の買取り、クリーン・ビルの買取り、その他これらに準ずる取引を対象としています。

② 担保

外国向為替手形の買取りによって銀行が負担する手形上・手形外の債務、付属する利息、手数料・費用等の支払いの担保として、付帯荷物と付属書類は買取銀行に譲渡します（譲渡担保）。

③ 外国向為替手形・付属書類の真正等

買取依頼人（輸出者）は、銀行に提出する為替手形・付属書類は正確・真正・有効であること、信用状付輸出手形の買取りでは、信用状条件と一致していることを保証しています。万一、損害が発生した場合には買取依頼人が負担することになっており、ディスクレ（58項参照）により信用状発行銀行から補償を受けられない場合、買取依頼人は買取銀行に対して買戻債務を負担します。

④　銀行等の免責

銀行等の各種免責が規定されています。

⑤　買戻債務

買取依頼人に破産、手形交換所の取引停止処分等が発生した場合や外国向為替手形の支払いが支払義務者によって拒絶された場合、買取依頼人は、銀行の請求がなくても買取代り金を弁済しなければなりません。

取引銀行と与信を伴う外為取引を開始するときに必要な約定書

銀行取引約定書	＋	外国為替取引約定書　（＊1） ✓信用状取引約定 ✓外国向為替手形取引約定 ✓輸入担保荷物に関する約定 ✓先物外国為替取引約定 ✓輸出手形保険付保に係る証	＋	支払承諾取引約定書（＊2）

（＊1）外為与信取引に関する５つの付属約定を一葉にまとめたもの

（＊2）銀行保証状　いわゆる対外取引の BOND 発行依頼の際に必要な約定書

外国向為替手形取引約定のポイント

項目	内容	参照条文
適用範囲	信用状付き，信用状なしの外国向為替手形の買取り，クリーン・ビルの買取り，その他準ずる取引。	第２条
担保	付帯荷物・付属書類は手形上，手形外の債務および付随する利息・手数料等の担保として銀行に譲渡。	第３条
外国向為替手形・付属書類の真正性等	買取依頼人（輸出者）は手形と付属書類の真正性，信用状付買取りの場合は信用状条件との一致を銀行に保証。	第５条
銀行等の免責	為替取引先（コルレス銀行）・船積書類等の輸出方法の選定は銀行に委ねられている。	第９条
買戻債務	✓依頼人に当然に買戻債務が発生する事項 破産，手形交換所の取引停止処分，銀行取引約定書第５条１項，支払義務者の引受・支払拒絶等 ✓銀行の請求により買戻債務が発生する事項 取立てや再買取りが拒絶された場合，買取銀行がコルレス銀行から償還請求を受けた場合等	第15条

54 信用状付輸出手形取引の流れ

船積書類一式と為替手形を取引銀行に持ち込み、輸出代金を回収する

●信用状付輸出手形取引とは

信用状付輸出手形取引とは、輸出者が信用状条件に従って取り揃えた船積書類一式と為替手形を取引銀行に持ち込み、買取りや取立てを依頼して輸出代金を回収する取引のことです。

信用状は、その条件を充足した呈示に対して、オナー（支払い、後日払約束、または引受け）することの発行銀行（輸入者側銀行）の確約であり、取消不能の約束ですから、輸入者の信用状態に不安があっても、書類が信用状条件を充足している限り、発行銀行から代金を回収できます。輸出者は安心して取引を進められますし、取引銀行も買取依頼に応じやすくなります。

●取引の流れ（一覧払輸出手形買取りのケース）

① （輸出者・輸入者の間で）売買契約の締結
② （輸入者）売買契約に基づき取引銀行に信用状発行依頼
③ （取引銀行の）信用状発行と通知銀行への輸出者宛通知依頼
④ （輸出地の通知銀行）信用状の輸出者宛通知
⑤ （輸出者）信用状と売買契約の内容とを照合し、問題がなければ貨物の集荷と船会社への船積の手配
⑥ （船会社）貨物と引き換えに船荷証券（B／L）を輸出者に交付
⑦ （輸出者）取引銀行に買取依頼書・為替手形・船積書類・信用状を提出して買取を依頼
⑧ （取引銀行）提出を受けた船積書類等と信用状を照合したあと、輸出者に買取代り金の支払い
⑨ （買取銀行）信用状発行銀行に船積書類を送付
⑩ （発行銀行）送付を受けた船積書類等が信用状条件と一致しているかを確認し、買取銀行に支払い
⑪ （発行銀行）船積書類の到着通知と輸入代金の請求
⑫ （輸入者）信用状発行銀行に輸入代金支払い

信用状付輸出手形取引の流れ
（一覧払輸出手形買取りのケース）

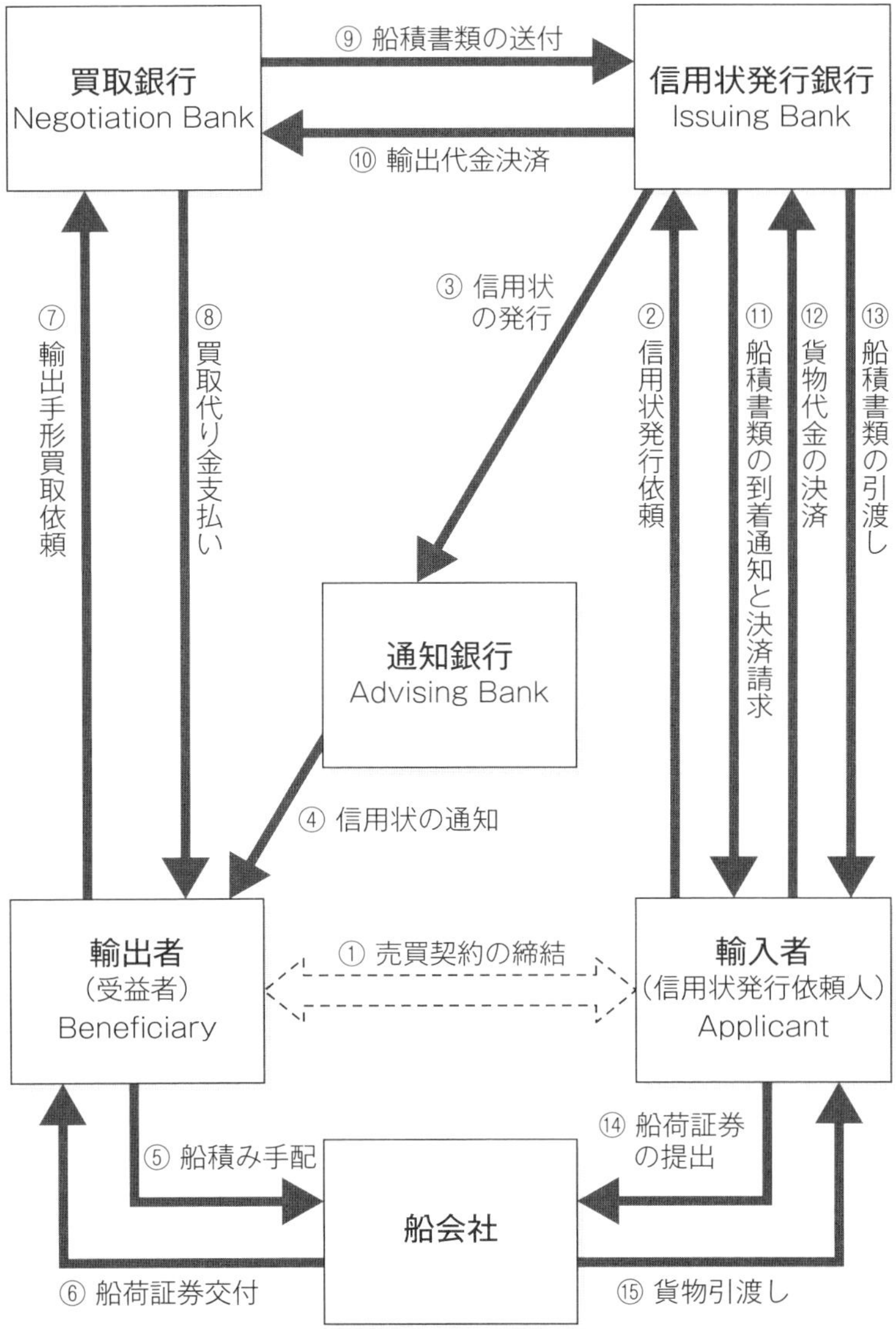

⑬（発行銀行）輸入代金決済と引き換えに輸入者に船積書類の引渡し
⑭（輸入者）発行銀行から受け取った船積書類のなかの船荷証券を船会社あるいはその代理店に提出
⑮（船会社）輸入者へ貨物の引渡し

55

信用状と条件変更の通知

信用状が受益者に通知されるしくみ

輸入地の銀行が発行した信用状を輸出地の銀行を経由して受益者（輸出者）に引き渡すことを信用状の通知といい、信用状の通知を行う銀行のことを通知銀行といいます。

輸出地の通知銀行を経由して信用状を引き渡すのは、輸入地の発行銀行からみて受益者は遠隔地（輸出地）に所在しているので、信用状を直接受益者に送付した場合、確実に受益者に信用状を通知できるか不安があるためです。通知銀行を利用することで確実な通知ができますし、そのうえ通知銀行に信用状に基づく買取りや確認の依頼をすることもできます。

受益者にとっても、発行銀行から直接信用状の通知を受けても真正性を確認する方法がないという事情があります。

●発行銀行と通知銀行の関係

発行銀行は通知銀行へ信用状の通知を依頼することで、両者の間には委託者と受託者の関係が成立し、通知銀行は、受益者へ正確・迅速に信用状を通知する善管注意義務を負います。もし、通知銀行が信用状の通知に応じない場合は、遅滞なく発行銀行に通報します。さらに通知銀行は、以下の信用状統一規則上の義務も課せられています。

① 信用状または条件変更には手を加えることなく、受け取った内容を正確に通知する。

② 通知に応じられない場合、あるいは、信用状または条件変更の外見上の真正性を確認できない場合は、その旨を遅滞なく発行銀行に通報しなければならない。

③ 発行銀行の指図が不完全または不明瞭な場合、受益者に対して単なる予告を行うことができ、発行銀行から不明瞭な点等の回答を得たのちに正式に通知を行う。

信用状の通知

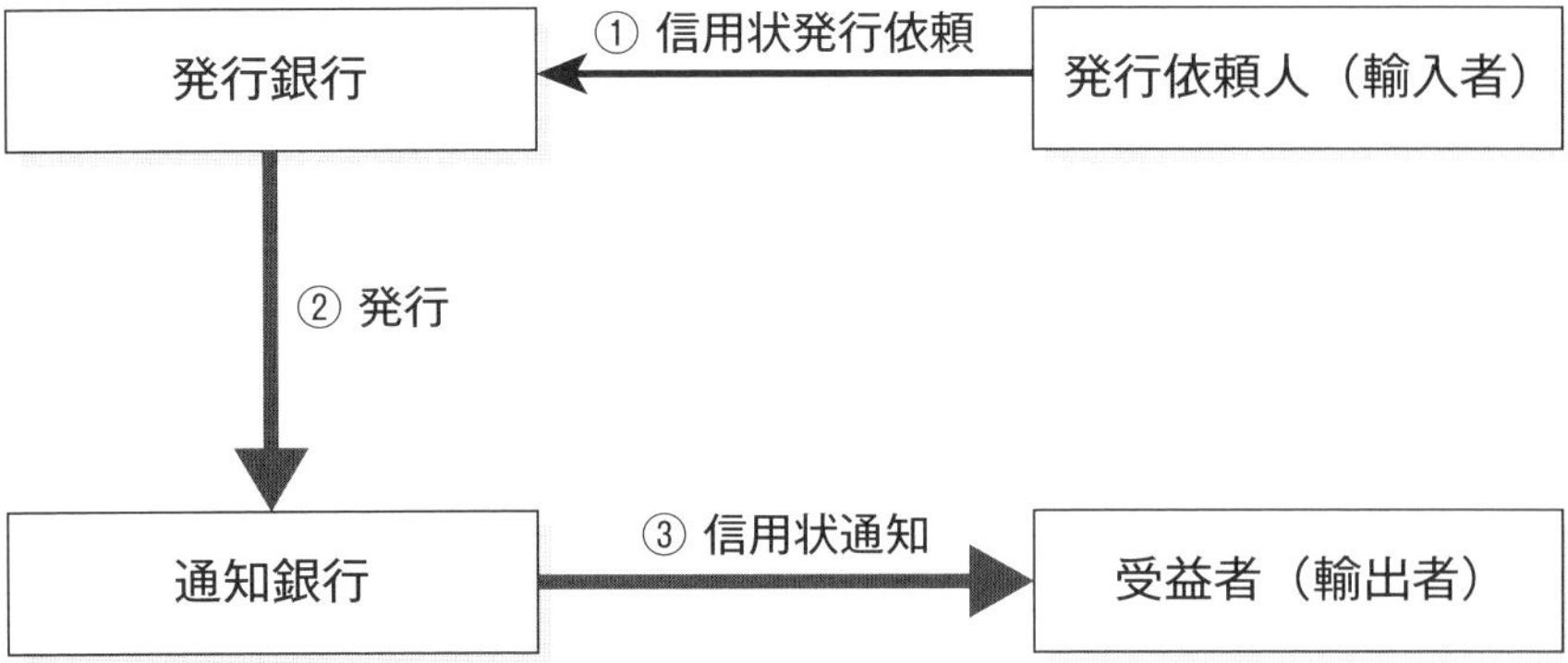

通知銀行は信用状の真正性を確認するとともに，信用状条件を正確に反映していることを確認して信用状を通知する。

●信用状または条件変更についての留意点

① 受益者は、集荷・生産と船積みの準備のため信用状の到着を待っていますので、通知銀行は迅速かつ正確に通知するよう努めなければなりません。

② 信用状の有効期限や船積期限が迫っている場合、通知が遅延することのないよう十分な配慮が必要です。

③ 信用状の条件変更や取消しは、発行銀行、もしあれば確認銀行、および受益者の同意がなければなりません。

④ 条件変更を受け取った受益者は、条件変更の承諾または拒絶を通知銀行に通報することになっています。

⑤ 受益者から条件変更に同意しないと回答を受けた通知銀行は、ただちに発行銀行に通報します。受益者が承諾の意思を表明しないまま、条件変更の内容を充足した書類を買い取った場合は、その時点で受益者の承諾があったものとみなされます。

56 信用状の確認・譲渡

信用状には信用度を補強する確認、利便性を高めるための譲渡がある

●信用状の確認

発行銀行の信用に懸念があったり、発行銀行所在地のカントリーリスクが高い場合、発行銀行の支払確約に加えて、信用力のある第三の銀行（通常は輸出地の銀行）に依頼して信用状の支払確約を付加（追加）してもらうことがあります。この支払確約のことを信用状の確認といい、支払確約を付加した銀行を確認銀行、支払確約が付加された信用状を確認信用状といいます。

なお、確認銀行は次の点に留意が必要です。

① 確認後は、輸出手形にディスクレがない限り、受益者の買取依頼を拒絶できません。

② 確認を加えて輸出手形を買い取ったあと発行銀行が支払不能に陥り、発行銀行から補償を受けられない場合でも、買取依頼人に対して買戻請求はできません。ただし、買取依頼人と買取銀行との間に特段の取り決めがある場合、買取依頼人は買戻義務があります。

●信用状の譲渡

信用状の原受益者が、信用状の使用権を第三者（第2受益者）に譲渡することを信用状の譲渡といい、その全部を譲渡することを全部譲渡、一部だけ譲渡することを一部譲渡といいます。

信用状の譲渡は、受益者が買付代理店として輸出地のサプライヤーから商品を買い付ける場合に、買付契約成約のつど、信用状の一部をサプライヤーに譲渡する場合などに利用されます。譲渡が認められるのは、譲渡可能信用状に限られ、信用状には「Transferable」の表示がなければなりません。

譲受人は単数でも複数でもかまいませんが、譲渡は1回限りで、原受益者以外の第三者への再譲渡は認められません。

譲渡手続きについては、買取り等を授権された指定銀行があるときはその指定銀行に対して、原受益者が譲渡

信用状の確認（通知銀行が確認銀行の例）

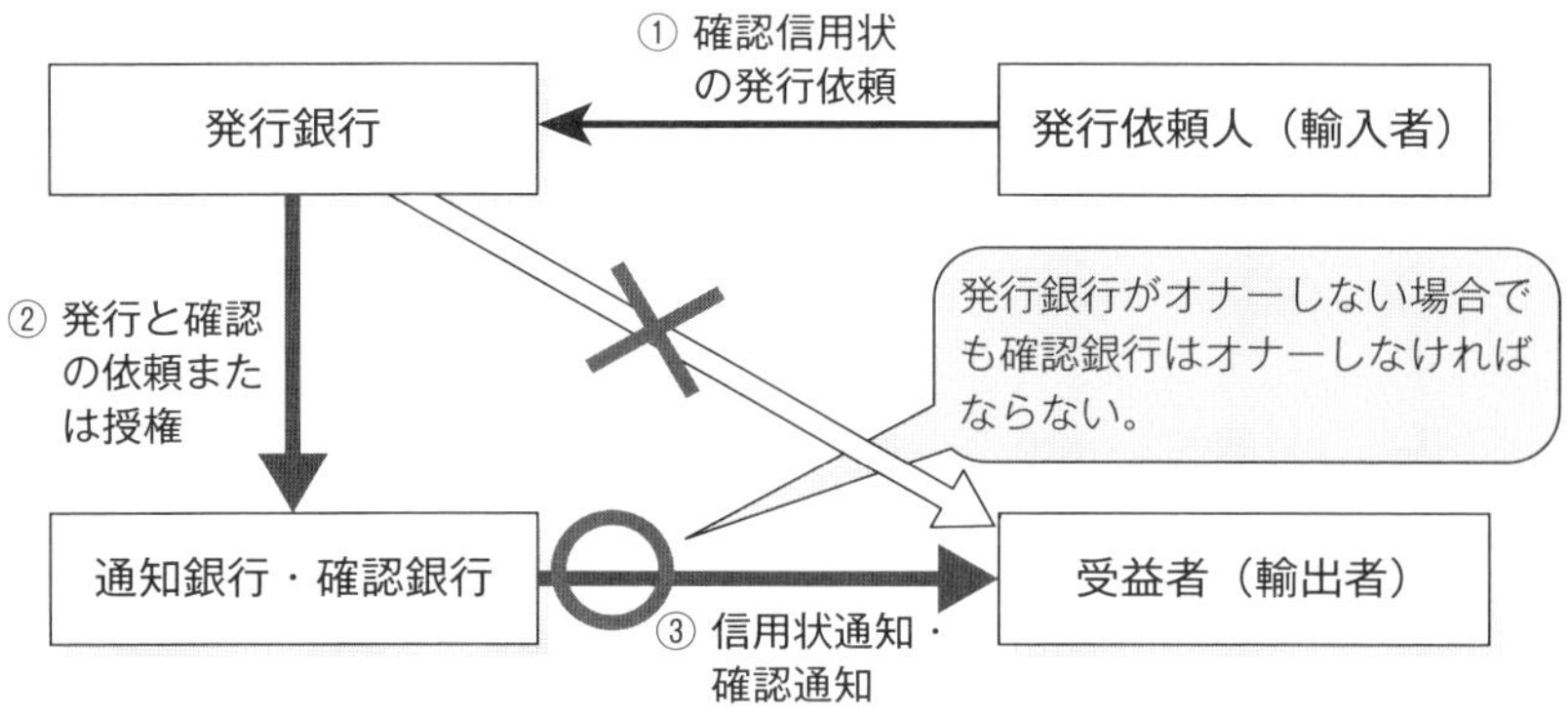

確認銀行は，発行銀行とは別個に充足した呈示に対してオナー（54項参照）する義務がある。
信用状で発行銀行から確認を依頼または授権された場合，確認は発行銀行に対する与信となるので確認を加えるかどうか与信判断のうえ決定。

信用状の譲渡

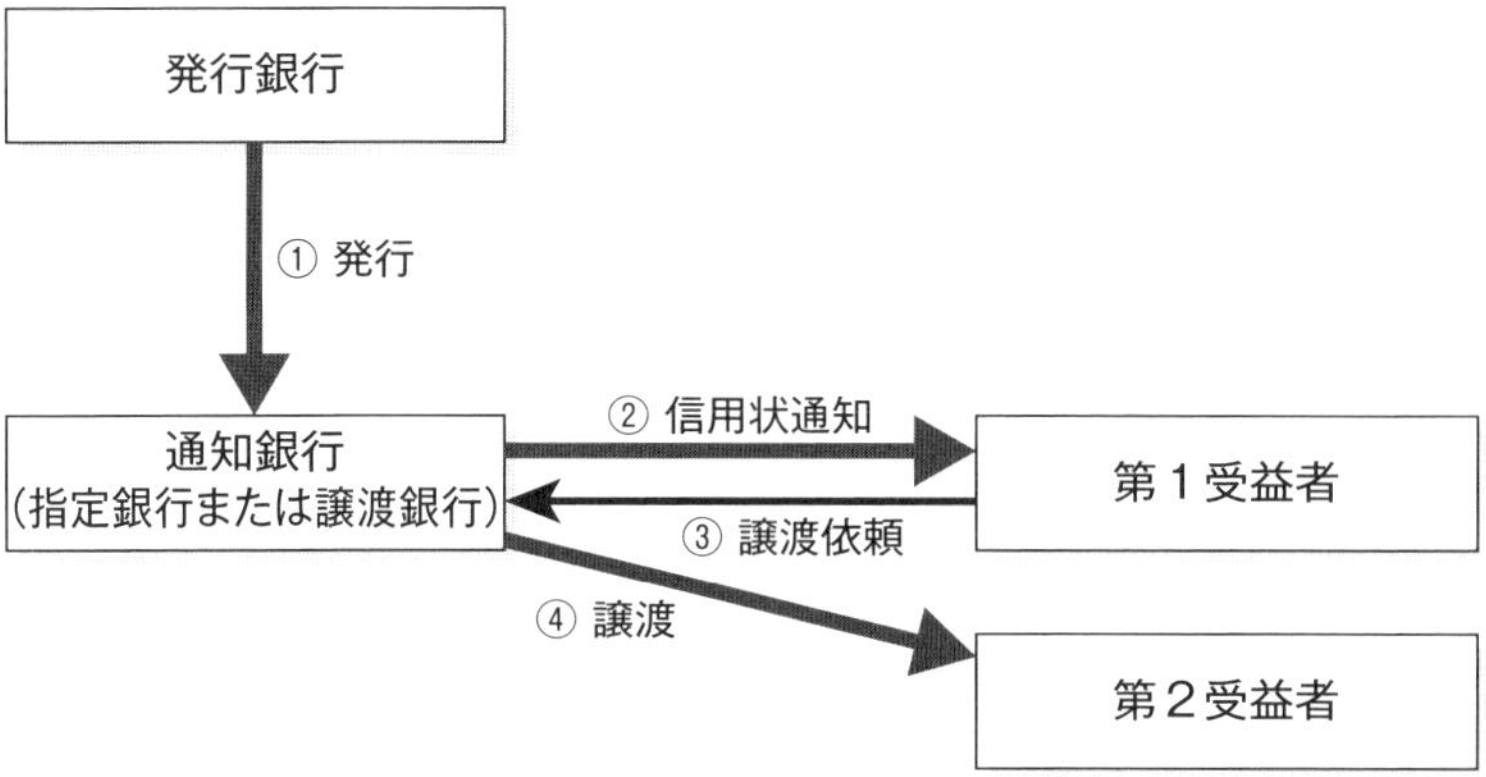

（譲渡可能信用状の特徴）
✓信用状に「Transferable」（譲渡可能）と記載あり
✓譲渡は第１受益者の依頼により１回限り（第３受益者はない）
✓一部船積許容の信用状の場合，第１受益者は複数の第２受益者に譲渡可能

依頼することになっています。任意の銀行で利用可能な信用状のときは，発行銀行から授権を受けた譲渡銀行に対して原受益者から譲渡を依頼します。

57 信用状付輸出手形の買取り

買取銀行にとって、輸出者への信用供与となる

●輸出手形の買取りと銀行の与信

輸出者は輸出代金の回収のため、船積み後に為替手形を振り出し、船荷証券等の船積書類を取引銀行に持ち込みます。取引銀行では輸出者から呈示を受けたこれらの書類が信用状条件を充足しているかどうか点検し、問題がなければ、ただちにその代り金を支払います。これを輸出手形の買取りといいます。

買い取られた輸出手形は輸入地の発行銀行へ送られ、発行銀行から買取銀行へ手形代り金が支払われますが、買取銀行は輸出手形を買い取ったあと発行銀行から支払いを受けるまでの間、輸出者に対する資金の立替えをしています。これは、買取銀行の輸出者に対する与信ですので、買取依頼を行った輸出者の買戻能力は極めて重要です。買取銀行は債権保全上、取引開始時に輸出者の信用状態を十分調査し、必要に応じて担保の差入れを求めます。

●船積書類の点検

輸出者から輸出手形の買取依頼を受けた銀行は、呈示された為替手形と船積書類が信用状条件を充足しているか点検します。点検事項としては、輸出手形と船積書類が信用状条件に合致しているかどうか、信用状統一規則の該当条文と矛盾しないか、呈示された船積書類相互間に矛盾はないかについて点検するとともに、必要に応じて国際標準銀行実務（ＩＳＢＰ）を参照して国際的な標準実務に沿った取扱いであることを確認します。信用状統一規則（ＵＣＰ６００）に基づく発行銀行の支払確約を受けるには、書類が信用状条件などを充足していることが条件となるからです。

信用状条件を充足していないなど呈示された書類に不備があることをディスクレパンシー（Discrepancy：不一致、通称ディスクレ）があるといい、そのままでは発行銀行の支払確約を受けられません。

支払確約

輸出者が呈示した為替手形と船積書類は

発行銀行の支払確約を受けるための条件とは

- 信用状に記載された条件を充足していること
- 船積書類相互間に矛盾がないこと
- 信用状統一規則の該当条文を充足し，矛盾がないこと
- 国際標準銀行実務（ISBP）に沿った取扱いであること

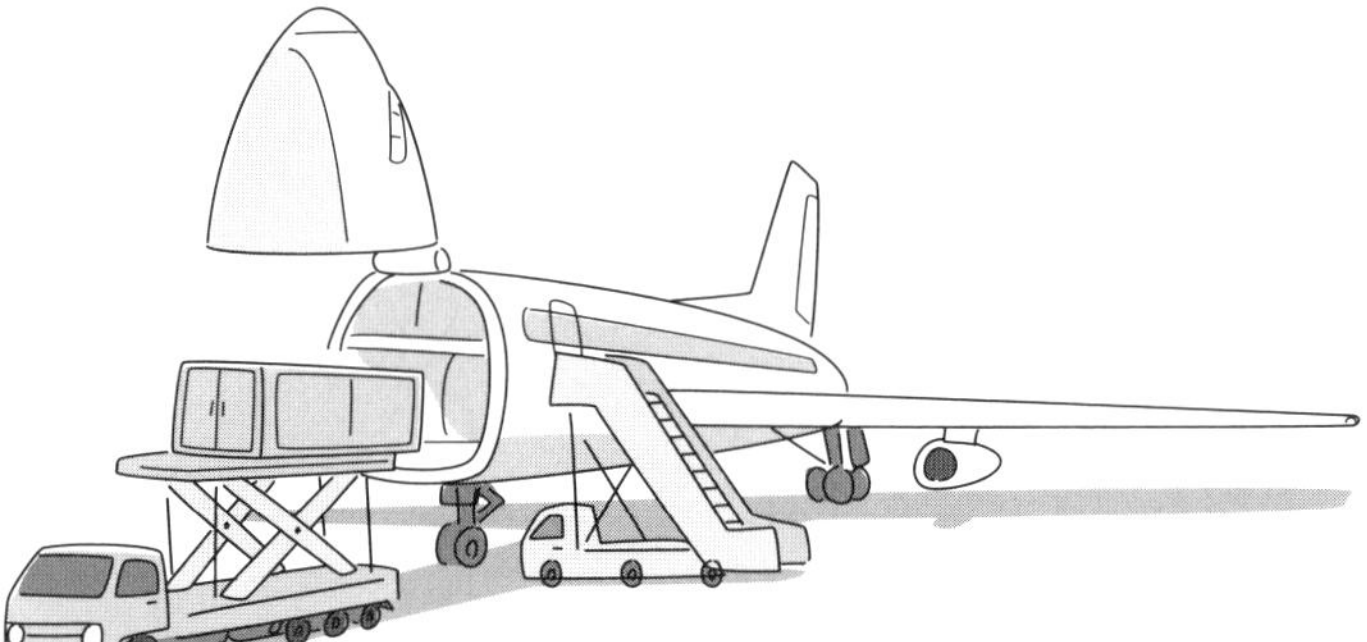

そこで、ディスクレがある場合は、次項に示す「ディスクレのある場合の対処」に従って、ディスクレの解消など内容に応じて、最もふさわしい対処をすることになります。

58 ディスクレのある場合の対処

主に5つの方法があるが、それぞれ一長一短あり

輸出者が買取りのため銀行に呈示した船積書類などに、信用状条件または信用状統一規則と不一致もしくは船積書類相互間に矛盾があると、信用状に基づく発行銀行の支払確約は得られません。そこで、呈示を受けた買取銀行は、以下に述べるさまざまな方法を駆使してディスクレの解消を図ります。

●為替手形・船積書類の訂正・差替え

書類のタイプミス等輸出地で修正が可能な場合に書類の訂正・差替えで対処する確実な方法です。

●信用状の条件変更

信用状の有効期限切れ、船積期限・書類呈示期限経過など書類の訂正・差替えでは対応できないディスクレは、信用状条件自体を変更する必要があります。ただし、条件変更には相当日数を要するため、条件変更の到着を待っている間に、他のディスクレが発生することがあり、注意が必要です。

●ケーブル・ネゴ

買取銀行から信用状発行銀行にすべてのディスクレの内容を電信で連絡して、買取りの可否を問い合わせる方法であり、発行銀行は輸入者の意向を確認し回答してきます。買取銀行は発行銀行から応諾の回答を受けてから買取りを行います。この方法は、信用状統一規則に定める信用状の条件変更ではなく、関係者間で慣習として行われている方法です。

●L／G付買取り

信用状発行銀行からディスクレを理由に支払拒絶を受けた場合には、ただちに手形を買い戻すとの内容の補償状（LETTER OF GUARANTEEまたはLETTER OF INDEMNITY：通称L／G）を買取銀行に提出し、買取りを依頼する方法です。これは、買取銀行と買取依頼人との間の特約に過ぎず、信用状条件を充足した買取りにはならない点に注意が必要です。

●取立て（Approval：アプルーバル・ベース）

ディスクレの内容が重大で、他に対応方法がない場合、買取りではなく取立て扱いで発行銀行に対して書類を受理するよう依頼する方法です。

ディスクレの内容に応じた対処方法

対処方法	長所	短所	留意点
① 船積書類の訂正・差替え	書類の訂正または差替えにより書類上のディスクレ解消を図る最も確実な方法。	信用状の有効期限切れ，船積期限経過等には適用できない。	検査証明書のように輸出者以外の第三者の発行・証明した書類は輸出者による訂正等は認められないので，訂正・差替えには時間がかかる。
② 信用状の条件変更	信用状条件自体を変更する確実な方法。書類の訂正・差替えで対応できないディスクレに対応できる。	条件変更は，買取銀行が発行銀行へ依頼する必要から，条件変更入手に日数がかかる。	確実な方法ではあるが，対応に日数がかかるため，その間に貨物が輸入地に到着しないか，信用状の有効期限切れにならないか十分注意が必要。
③ ケーブル・ネゴ（Cable Negotiation）	発行銀行に電信でディスクレの諾否を確認するもので，比較的短時間で回答を入手できる。	１回限りの発行銀行の了解取付けであり，同一信用状の後続の買取りには適用できない。	発行銀行はケーブル・ネゴに応諾したディスクレにのみ責任を負う。
④ L/G 付買取り	買取依頼人が銀行に補償状を差し入れる方法で，簡単かつ迅速に対応できる。	L/G は買取銀行と買取依頼人との特約に過ぎず，発行銀行の支払拒絶に対抗できない。	ディスクレが解消されるのではないため，買取銀行は買取依頼人の買戻能力，ディスクレの程度（軽微かどうか）を勘案し，買い取るかどうか判断する。
⑤ 取立て（アプルーバル・ベース）	信用状付きの取立て扱いのことで，ディスクレが重大な場合に利用する。	買取りでないので資金回収に時間がかかる。	発行銀行の早期回答を得るため５銀行営業日ルールの適用を受けられる信用状統一規則に基づく取立てとする。

ディスクレ対処方法の一般的な適用順序

① 書類の訂正または差替えによりディスクレ解消可能 ⇒ 船積書類の訂正・差替え
② 発行銀行・輸入者の協力が必要 ⇒ 信用状の条件変更
③ 買取りを急ぐため信用状の条件変更では間に合わない ⇒ ケーブル・ネゴ
④ ディスクレの程度が軽微で輸出者の信用度に問題がない ⇒ L/G 付買取り
⑤ 重大なディスクレなどで買取りが難しい ⇒ 取立て（アプルーバル・ベース）

59

信用状に基づく銀行間補償

買取銀行が輸出者に立て替えた資金の回収

買取銀行は荷為替手形を買い取ったあと、信用状に記載された補償方法に従って、補償請求（Reimbursement Claim）を行って輸出者に立て替えた資金の回収を図ります。補償請求の方法は、求償方式（リンバース方式）と回金方式（レミッタンス方式）に大別でき、その他に借記方式・貸記方式があります。

●補償請求の種類

① 求償方式（リンバース方式）

信用状で補償銀行を指定して、手形代金は同行へ請求するよう記載しているものです。発行銀行は信用状の発行時に補償銀行に対して補償授権書（Reimbursement Authorization）を発行し、買取銀行の補償請求に応じることを授権しています。「荷為替信用状に基づく銀行間補償に関する統一規則」（ＵＲＲ７２５）に従って銀行間補償が行われます。

② 回金方式（レミッタンス方式）

信用状に、買取銀行の指図する方法で補償すると記載されているもので、買取銀行は船積書類を送付する際の荷為替手形送付状に決済代金の送金先を指定して、発行銀行から送金により輸出代金を回収する方法です。

③ 借記方式（Debit方式）

買取銀行が発行銀行のコルレス口座を預かっている場合に、決済代金をその口座から引き落として輸出代金を回収する方法です。買取銀行はただちに代金を受け取るため、資金の立替えは発生しません。

④ 貸記方式（Credit方式）

買取銀行が発行銀行に自行名義の口座を預けている場合、買取銀行の補償請求に基づき、その口座に輸出代金を入金するよう発行銀行に指図する方法です。

●TTリンバース（ＴＴＲ）

リンバース方式の補償請求には、郵便によるメールリンバースと電信によるＴＴリンバースがあります。ＴＴリンバースとは、買取りと同時に電信で補償請求することです。信用状にＴＴリンバースを禁止する記載がない限り、ＴＴリンバースが可能です。電信を利用するため短時間で輸出代金の決済を受けられ、買取相場には銀行の立替金利を含まないＴＴＢ（電信買相場）が適用されます。

信用状取引に伴う銀行間補償の流れ（点線部分）

●求償方式（リンバース方式）

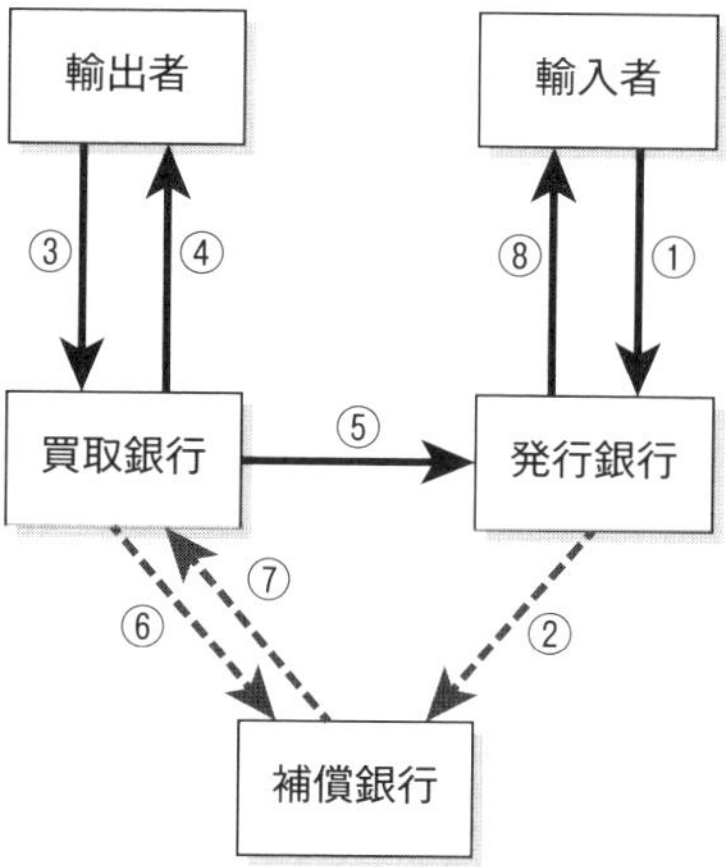

① 信用状の発行依頼
② 発行銀行は信用状発行と同時に補償銀行に補償授権書を発行
③ 輸出手形の買取依頼
④ 買取代り金を輸出者に支払い
⑤ 船積書類を発行銀行へ送付
⑥ 買取銀行の補償銀行に対する補償請求（Reimbursement Claim）
⑦ 買取銀行の補償請求に対する補償銀行の支払い
⑧ 輸入者の輸入代金決済と船積書類の引渡し

●回金方式（レミッタンス方式）

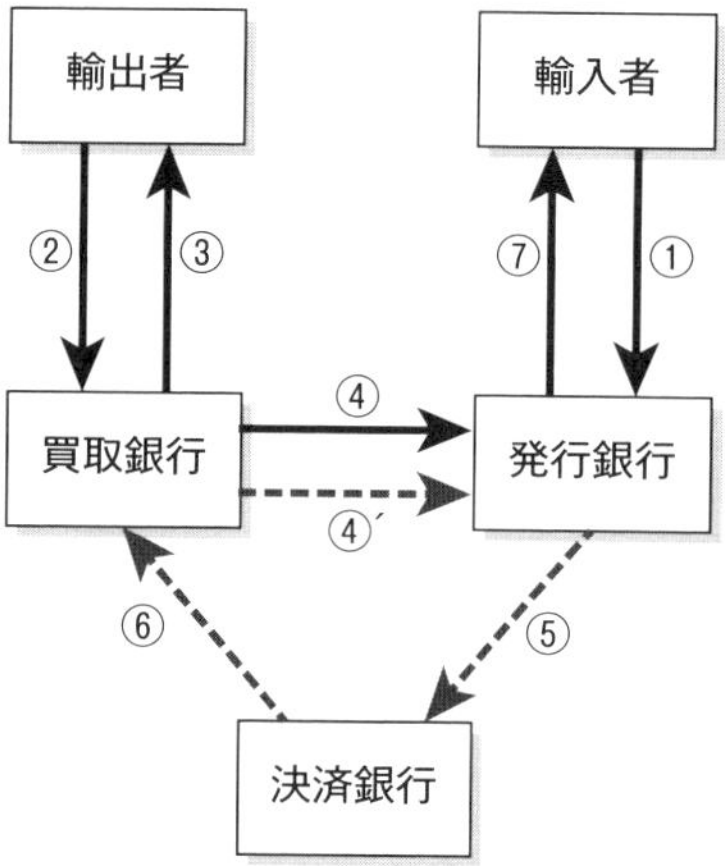

① 信用状の発行依頼
② 輸出手形の買取依頼
③ 買取代り金を輸出者に支払い
④ 船積書類の発行銀行への送付と補償請求（④´）
⑤ 買取銀行の指図に基づき決済銀行に対して買取銀行への送金指図
⑥ 決済銀行にある発行銀行口座の引落しと買取銀行への送金
⑦ 輸入者の輸入代金決済と船積書類の引渡し

60

信用状なし輸出手形取引の流れ

D／P手形とD／A手形の2つの形態がある

外国との貨物の売買では、輸出者は輸出代金を一刻も早く回収したいと希望する一方で、輸入者は貨物が売買契約どおりか確認したうえで代金を支払うことを希望します。信用状なし輸出手形取引は、このような国境を超えた遠隔地に所在する当事者間の利害を調整するために、複数の銀行が介在して船積書類を添付した輸出手形を取り立てる貿易代金決済の形態です。

信用状付輸出手形取引は、発行銀行の支払確約があるので支払いは確実ですが、信用状なし輸出手形取引では、手形の支払いはもっぱら輸入者の信用にかかっています。そこで、貨物引換証券である船荷証券を含む船積書類の輸入者への引渡しを手形の支払いまたは引受けを条件とすることで、支払いまたは引受け前に輸入者の手に貨物が渡るのを防止しています。

なお、引受けを条件に船積書類を引き渡す場合は、輸入者が手形を引き受けたあと、期日に支払いを拒絶することもあり、万全ではありません。

●D／P・D／A手形

信用状なし輸出手形には、通常D／P手形とD／A手形の2つの形態があります。D／PとはDocuments against Paymentの略で、手形金額が輸入者によって支払われた時に、船積書類を引き渡す条件（支払渡し）であり、D／AとはDocuments against Acceptanceの略で、期限付手形が輸入者に引き受けられた時に、船積書類を引き渡す条件（引受渡し）です。D／Aは支払いを手形期日まで猶予する条件ですから、輸出者（シッパー）による輸入者に対する支払いの猶予を意味し、シッパーズ・ユーザンスとも呼ばれます。

●D／P・D／A手形の法律関係

輸出者は売買契約に基づき、貨物の輸出手続きを済ませ為替手形と船積書類を準備したうえ、取引銀行に取立てまたは買取りを依頼します。取引銀行（仕向銀行）は

信用状なし輸出手形取引の流れ（一覧払手形取立のケース）

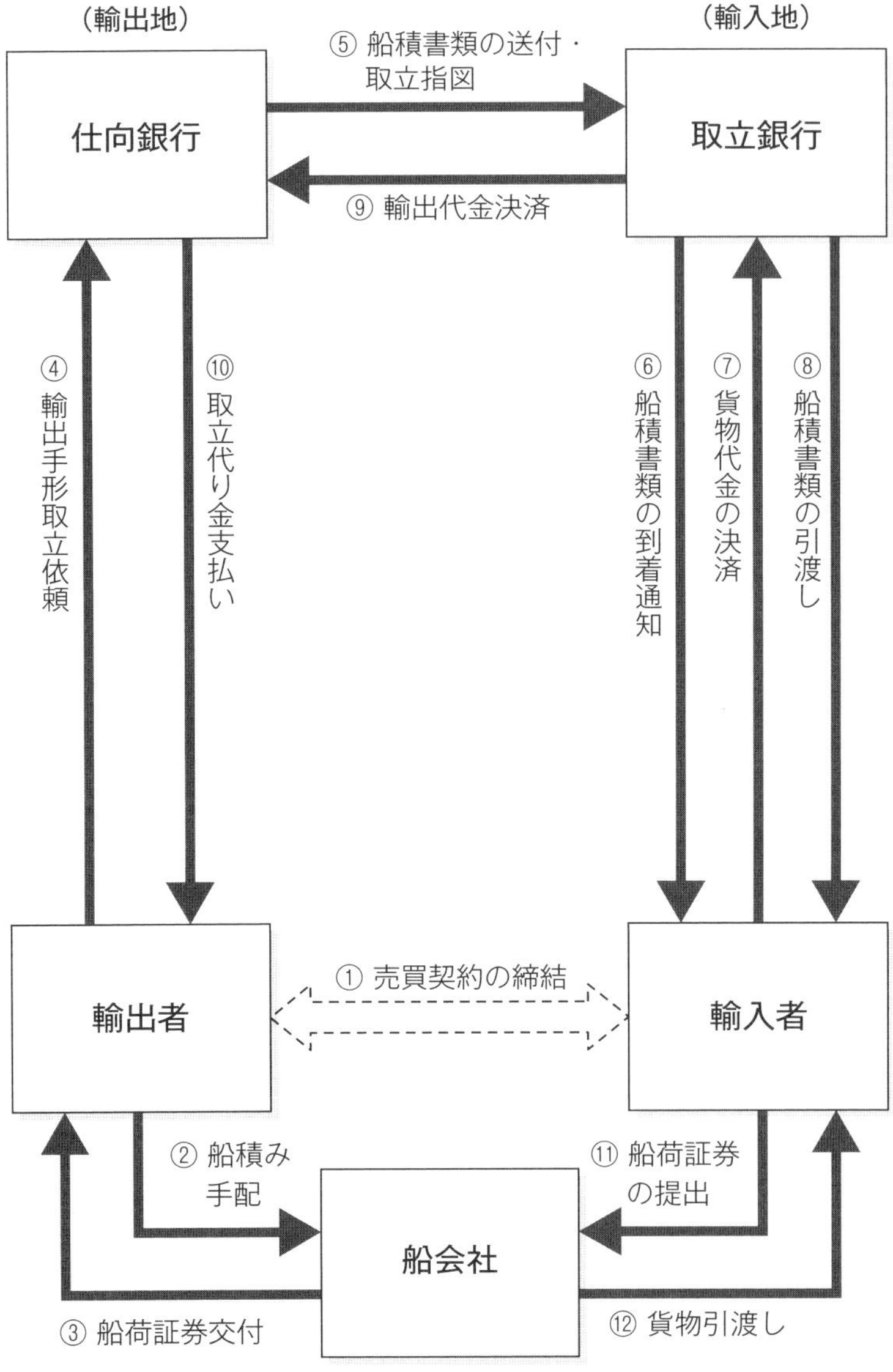

輸出者の委任に基づく受任者として、取立統一規則（URC522）に従って取立銀行（輸入地の銀行）に対して手形の取立てを委任（復委任）します。取立銀行では仕向銀行の委任に基づき、輸入者から代金を取り立てます。

●信用状なし輸出手形取引の流れ

左図に示す「信用状なし輸出手形取引の流れ」の①～⑫のとおりに処理されます。

61

輸出手形保険制度

ＮＥＸＩが保険者、買取銀行が保険契約者となり、保険料は輸出者に転嫁

輸出手形保険とは、株式会社日本貿易保険（ＮＥＸＩ）が運営と引受けを行い、政府が再保険を行うことで信用力を確保している貿易保険の1つです。輸出貨物代金回収のため輸出者が振り出し、銀行が買い取った輸出手形が不払いになったとき、買取銀行が被る損失をてん補するための保険です。輸出手形保険は、ＮＥＸＩが保険者、買取銀行が保険契約者となりますが、保険料は輸出者に転嫁されます。

●てん補されるリスクの種類と割合

輸出手形保険では、非常危険または信用危険によって生じた代金回収不能による損失がてん補されます。非常危険とは、輸入国の為替制限・禁止、輸入制限・禁止、戦争・内乱・革命、自然災害など契約当事者の責めによらないリスクです。信用危険とは、輸入者の破産や信用状態の悪化による支払遅延など輸入者の責めに帰すべき事由によるリスクです。なお、輸出者に責めがあり、代金回収不能となった場合（商品クレームや輸出者の契約違反等の不払）はてん補対象外です。

輸出手形保険における保険金額とは、損害が発生したときＮＥＸＩによっててん補される金額のことで、保険事故が発生した場合は、非常危険、信用危険ともに手形金額の95％を限度に保険金が支払われます。

●保険料

保険料は、非常危険保険料と信用危険保険料の合算額となっています。

●輸出手形の買取基準

輸出手形保険の対象となる手形は、次の要件を満たすことが条件です。

① 輸出貨物代金の回収のために振り出された手形で船荷証券、貨物引換証、航空運送状、郵便小包受取証等によって手形上の権利が担保されていること。

② 銀行が振出人から直接買い取った手形であること。

輸出手形保険とは

わが国の対外取引の健全な発展を図るため，政府関与のもと株式会社日本貿易保険（NEXI）により運営・引き受けられている貿易保険制度の１つで，輸出荷為替手形取引に伴う各種危険のうち，信用危険・非常危険に備えるのが「輸出手形保険」です。

輸出手形保険の概要

貨物を日本から出荷する「輸出契約」に基づく輸出荷為替手形の買取りで，買取銀行がその手形が期日に決済されないことによって被る損失をてん補するための保険。

○保険の対象

船荷証券等の運送書類によって貨物を担保として輸出手形が振り出される取引で，一定の買取基準を満たす荷為替手形を銀行が買い取ったとき保険の対象となる。

【対象取引】 D/P 決済，D/A 決済，信用状付荷為替手形決済

【買取基準】
(1) 荷為替手形の買取日から満期日まで720日以内
(2) 手形金額が500億円以下
(3) 船積みの翌日から起算して，３週間以内の買取り
(4) 輸入者が NEXI の海外商社名簿に登録されており，NEXI の定める格付けである。
(5) 手形の支払国（地域）が NEXI の定める特定国以外の国（地域）である。
(6) 船荷証券，航空運送状などによって手形上の権利が担保されている。

○保険契約者

保険者を NEXI，保険契約者と被保険者を銀行（買取銀行）とする。したがって，保険事故が発生した場合の保険金は買取銀行に支払われる。ただし，保険に関わる諸費用は輸出者が負担する。

○対象リスク

非常危険	✓戦争・内乱・革命 ✓為替制限・輸入制限・禁止 ✓自然災害など不可抗力	これらが原因で	銀行が買い取った荷為替手形が期日に決済されないために銀行が被る損失をカバーする。
信用危険	✓支払人の支払拒絶などの輸入者の責任による手形の不払い（商品クレーム等は除く）		

○損失額に対する保険金支払額（てん補率）非常危険・信用危険共通

手形金額 × 95% ＝ 支払保険金額

③ 手形の担保となる貨物は本邦内で生産、加工または集荷されたものであること。したがって、仲介貿易は対象外です。

④ その他ＮＥＸＩの定める要件を備えていること。

●保険事故発生の通知と保険金請求

代金回収不能など保険事故が発生したとき、買取銀行は輸出手形保険損失発生通知書を手形の満期日または事故発生日から45日以内にＮＥＸＩに提出します。

62 輸出金融

輸出船積み前後で受けられる融資制度

輸出金融とは、船積み前の貨物の生産・加工・集荷等のための融資と、船積み後の輸出手形の買取り、バイヤーズ・クレジット、サプライヤーズ・クレジットなどをいいます。

●船積み前の輸出金融（輸出前貸し）

輸出者は、輸出商品の生産・加工・集荷等に資金を必要とします。そこで銀行は、輸出者の信用状態・取引実績・担保状況、信用状取引の場合には発行銀行の信用状態、輸入国の経済・財政状態などを総合的に勘案して融資を行っています。これを一般に輸出前貸しといい、輸出手形の買取代金または支払いを受けた輸出代金をもって返済する紐付き融資となっています。

●船積み後の輸出金融

① 輸出手形の買取り

輸出者が振り出した輸出手形を取引銀行が買い取ることによる輸出金融で、輸出者は輸入地からの代金決済を待つことなく買取銀行に金利や手数料を支払って輸出代金を受け取ることができます。取引銀行からみれば輸出手形の決済までの間、輸出者へ資金を立て替える一方で、輸出手形の不払リスクを負っています。

そこで、銀行は輸出者の信用状態、取引実績、担保状況、輸入国の経済・財政状態のほか、信用状付輸出手形買取りの場合は発行銀行の信用状態、信用状条件と船積書類との一致、信用状なし輸出手形買取りの場合は取引内容、手形支払人の信用状態などを総合的に勘案して買取りの判断をします。

② オープン・アカウント輸出買取り

輸出者が後払送金ベースの輸出債権を、取引銀行が遡及権付き（With Recourse）で買い取る取扱いで、輸出債権を早期に資金化できます。なお、取引内容によっては、遡及権なし（Without Recourse）の場合もあります。

③ バイヤーズ・クレジット、サプライヤーズ・クレジット

バイヤーズ・クレジットは、国際協力銀行（JBIC）が単独または民間金融機関と協調して行う日本企業の開発途上国向けのプラントや技術等の輸出を対象とした長期融資です。

サプライヤーズ・ローンとは、JBICが行う輸出金融で開発途上国向けの大型プラント・技術等の輸出で輸入者から長期間の延払いを要求された場合に、期間中の輸出者の資金負担を支えるための融資です。

輸出金融の種類

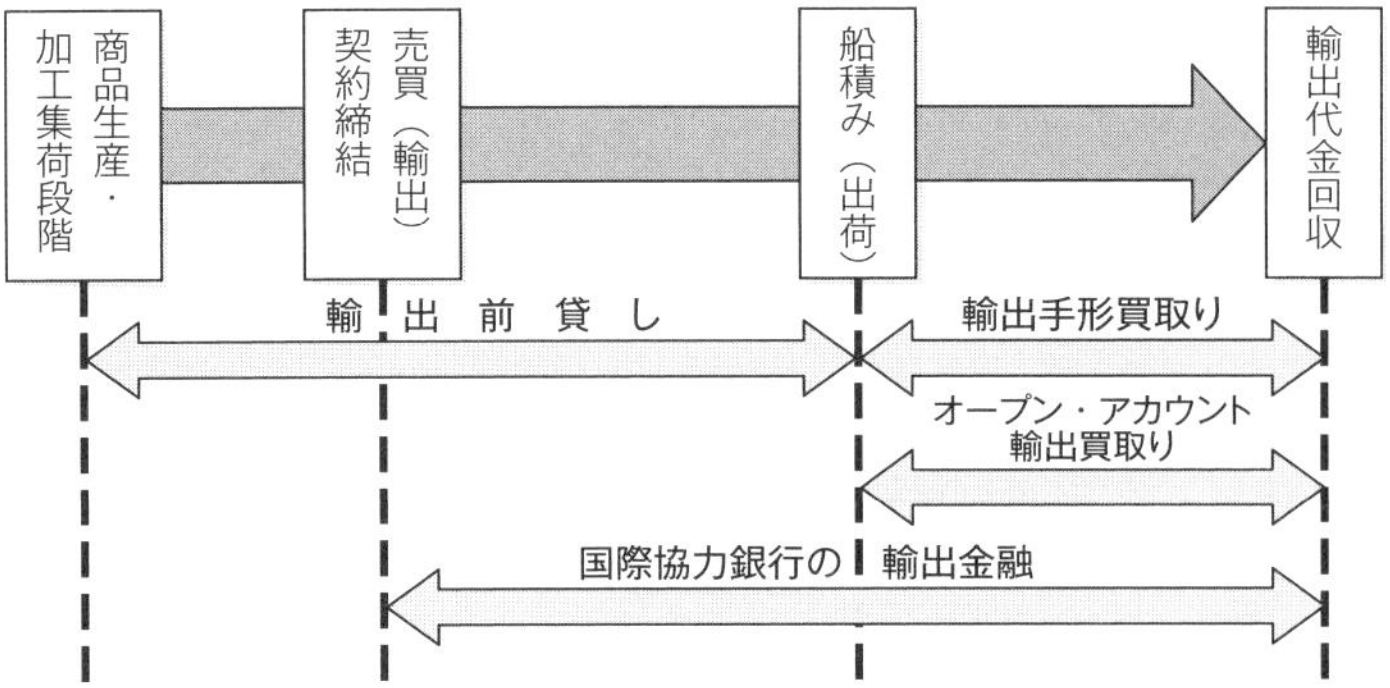

国際協力銀行のバイヤーズ・クレジット，バンク・ローン

（1）バイヤーズ・クレジットの場合

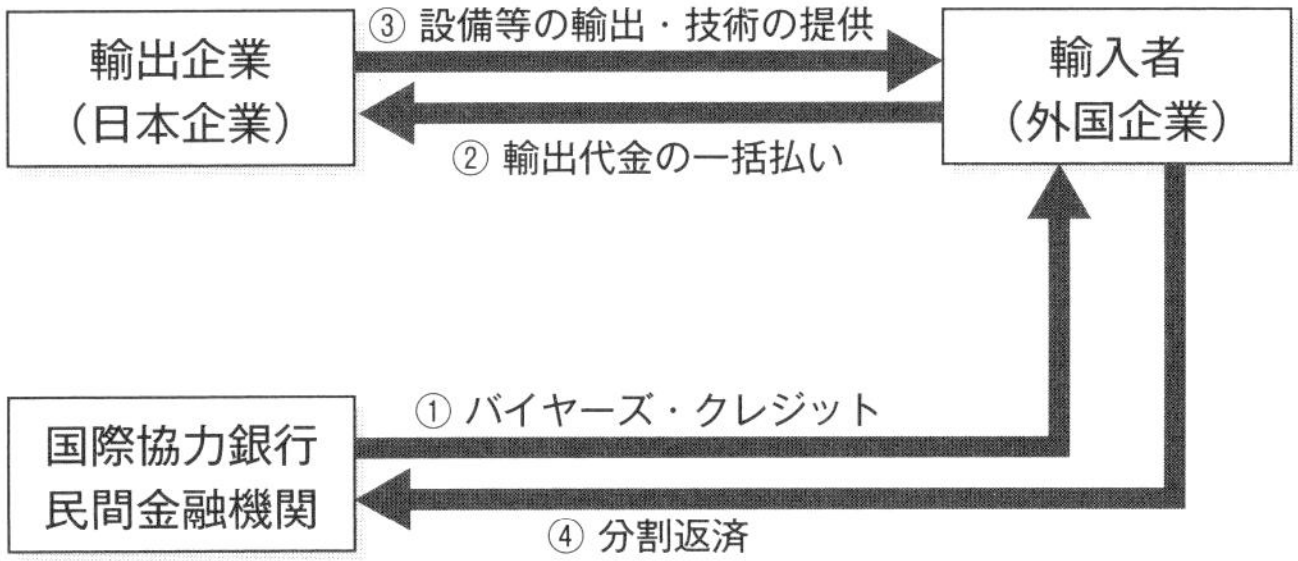

（2）バンク・ローンの場合

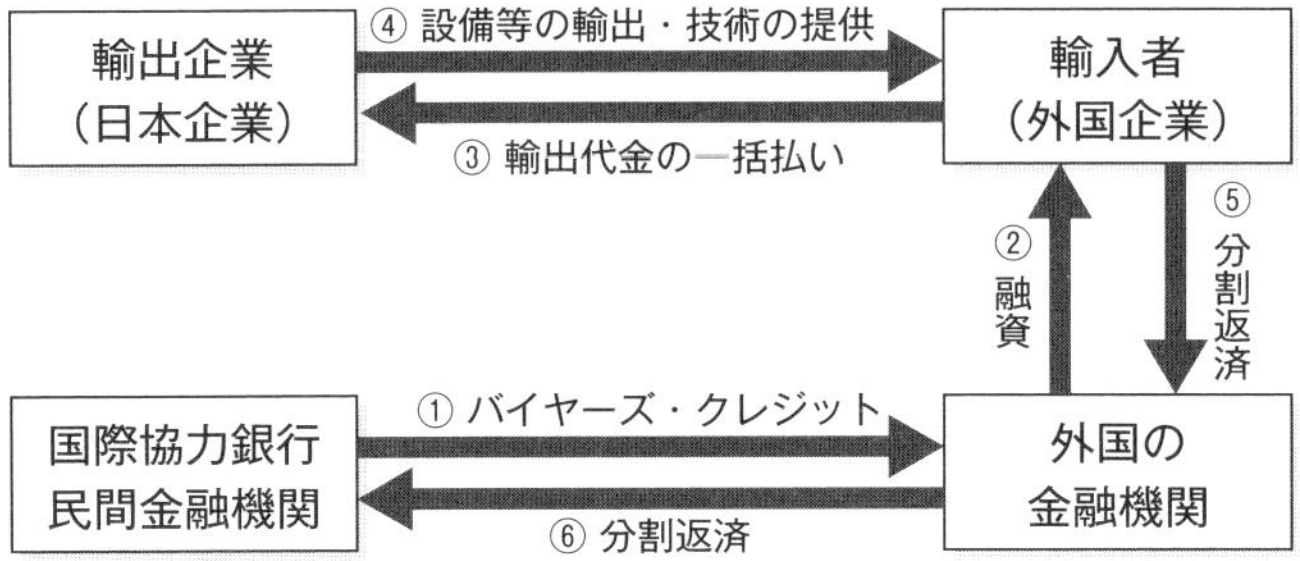

63 保証

本邦債務者が海外の債権者に差し入れる銀行保証

国際間の取引では、債務者の信用調査が満足にできないこともあり、契約金額が大きい場合や契約期間が長期にわたる場合などでは、契約の条件として信用力のある銀行の保証（Bond）を求めることがあります。そこで、銀行が、海外の建設工事、プラント建設、貿易決済など、本邦の債務者が海外の債権者に負担する債務について、それを履行することができない場合に備えて金銭支払保証を行うことがあります。

●代表的な保証（保証内容による分類）

① 入札保証（Bid Bond）

国際入札で入札主催者が入札参加者に対し要求するもので、落札した場合に落札者が必ず契約締結まで応じること、万一応じない場合は、入札金額の一部（通常1～10％程度）を銀行（保証人）が入札主催者に支払うことを確約する内容の保証です。

② 契約履行保証（Performance Bond）

海外建設・プラント工事の受注者や輸出者が、契約どおり履行できなかった場合（契約違反・不履行）、工事の発注者や輸入者が被る損害を補てんする目的で差入れを要求される保証です。保証金額は通常契約金額の10～20％程度です。

③ 前受金返還保証（Refundment Bond）

契約代金の一部または全部を発注者や輸入者から受注者や輸出者が前受けした際、万一、契約違反あるいは不履行があった場合、当該前受金の返還を銀行が保証するものです。

④ 品質保証（Warranty Bond）

発注者や輸入者に商品等を引き渡したのち、一定期間その商品の品質保証を主債務として、発注者や輸入者を受益者とした銀行保証です。

●国際規則に基づく保証

① 請求払保証（Demand Guarantee）

国際商業会議所（ICC）の制定した請求払保証統一規則（URDG：Uniform Rules for Demand Guarantee：最新版URDG758）に基づく保証です。一定の要件を充足した支払請求、必要書類の呈示があれば、契約が履行されたかどうかにかかわらず、発行銀行は、ただちに受益者に支払確約します。

② スタンドバイ信用状

スタンドバイ信用状（Stand-by Credit）は、債務保証などを目的に発行依頼人の依頼で銀行が発行する信用状による保証です。スタンドバイ信用状は、UCP600やISP98（International Stand-by Practices 1998）に準拠します。

取引の段階と保証（Bond）の種類

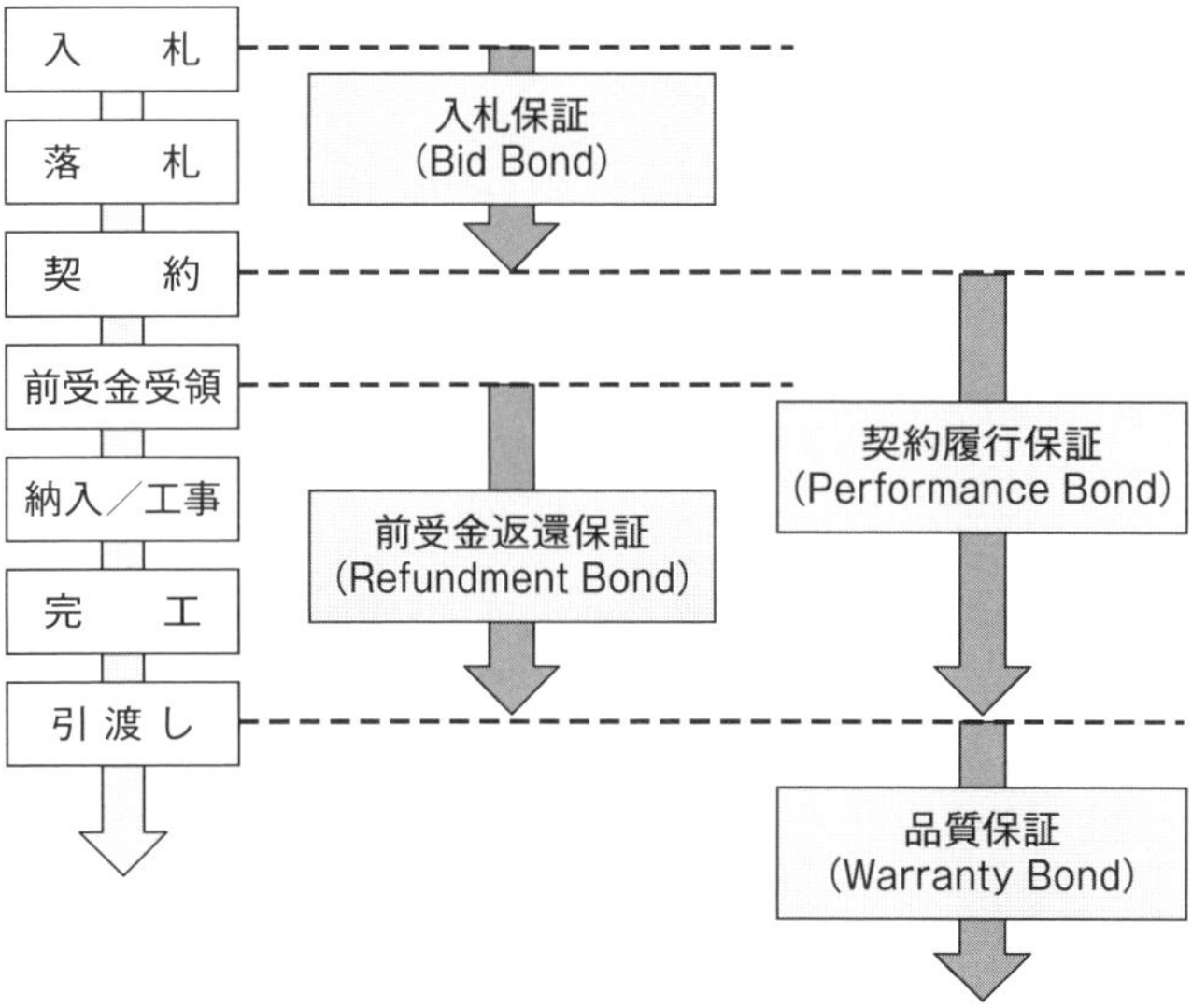

請求払保証統一規則（URDG758）に準拠した保証（Bond）の主な特徴

① 原因契約から切り離された「独立抽象性」「書類取引性」
② 明示がない限り取消不能（Irrevocable）
③ 発行銀行は書類が充足しているか書面上の審査のみ行う。
④ 発行銀行は支払呈示日の翌日から起算して５営業日以内に書類点検を行う（支払拒絶を５銀行営業日以内に行わなければ支払義務は確定する）。
⑤ URDG758に準拠する文言がなければ，この規則は適用されない。
⑥ 保証書原本の回収がなくとも期限が到来すれば自動的に保証債務は消滅する。

請求払保証は，日本の民法のように附従性（主債務の不履行があってはじめて保証債務が生じること）はなく，原因関係から独立しているため，保証請求が不当なものであったとしても呈示された書類が保証条件を充足していれば支払義務がある。一方で，当事者間の契約上の紛争を長い時間と多額の費用をかけて裁判で解決を図るよりも，はるかに迅速かつ簡便に解決する手段であり，特に国際取引では頻繁に利用されている。

コラム

フォーフェイティングと輸出ファクタリング

貿易取引では，海外の相手先の信用状態に起因する「信用リスク（信用危険）」，相手国の経済・政情不安によるカントリーリスク（非常危険），為替変動リスク，法令や慣習の相違に伴うリスクなどさまざまなリスクに晒されます。そこで，各々のリスクに応じた対策が必要となってきます。

ここでは輸出取引の「信用リスク」「カントリーリスク」をヘッジするために利用される貿易金融の例として，フォーフェイティングと輸出ファクタリングをご紹介します。

① フォーフェイティング（Forfeiting）

ユーザンス（期限）付きの輸出手形を，輸出者の買戻義務なし（買取銀行の輸出者に対する遡及権なし：Without Recourse）で銀行が買い取る取引です。

通常の輸出手形の買取りでは，不払いとなった場合に買取銀行は買取依頼人に対して輸出手形の買戻請求ができますが，フォーフェイティングは買取依頼人の買戻義務なしの買取りであるため，買戻請求はできません。これにより輸出者は輸出債権の回収リスク（信用リスクとカントリーリスク）を100%排除することができます。さらに，遡及権なし（Without Recourse）であるために，輸出債権をオフバランス化することもできます。

② 輸出ファクタリング

信用状なし輸出手形取引で，海外の輸入者の信用力（支払能力）に不安がある場合に，銀行または国内のファクタリング会社が，海外のファクタリング会社と連携し，海外の輸入者の倒産等による輸出債権回収リスクを保証するものです。

輸出ファクタリングは，海外の輸入者の信用リスク（信用危険）を100%保証しますが，カントリーリスク（非常危険）や契約違反や商品の瑕疵など，商品取引に起因するマーケット・クレームは保証の対象とはなりません。

信用リスクやカントリーリスクに対する輸出債権回収のリスクヘッジ策として，このほかにも「確認信用状の利用」「輸出手形保険」「買戻し条件なしのオープン・アカウント買取り」などがあります。取引の内容やリスクヘッジの目的を明確にしたうえで，取引銀行に相談するのがよいでしょう。

第8章

輸　入

64 外為法上の輸入規制

65 輸入取引の約定書

66 信用状の発行,条件変更,取消し

67 信用状付輸入手形取引

68 信用状なし輸入手形取引

69 輸入担保荷物貸渡し(T/R)

70 輸入航空貨物貸渡し(Airway T/R)

71 輸入担保荷物引取保証(L/G)

72 輸入金融

64 外為法上の輸入規制

経済産業大臣の承認・確認を要する輸入規制には5つの制度がある

外為法は、貨物の輸入についても輸出と同様に法の目的に反しない限り自由で、規制は最小限に止めることを原則としています。

現在の輸入規制には、①輸入割当（IQ）（数量規制）、②輸入承認（2号承認）（特定地域規制）、③輸入承認（2の2号承認）（全地域規制）、④事前確認、⑤通関時確認の5つの制度があります。

●経済産業大臣の承認を要する輸入

① 数量規制（輸入割当/IQ）

国内需給等に応じてあらかじめ輸入貨物の数量（または金額）を割り当てる制度です。経済産業省の輸入割当を受けないと輸入承認を受けられません。輸入割当が必要な輸入品目（IQ品目）には、近海魚、帆立貝、いか等の水産物、オゾン層を破壊する物質に関するモントリオール議定書付属書に関する化学物質などがあります。

② 特定地域規制（輸入承認/2号承認）

経済産業省が公表する輸入公表第2号で、特定の原産地または船積地からの輸入について、承認が必要な品目が示されています。該当品目には、地中海産の「くろまぐろ」、北朝鮮からのすべての貨物、ワシントン条約に加盟していない国からの規制動植物などがあります。

③ 全地域規制（輸入承認/2の2号承認）

輸入公表第2の2号で、原産地または船積地にかかわらず、輸入を行う際には必ず承認を必要とします。該当品目には火薬類、軍用車輌、軍用機、化学兵器などがあります。

●経済産業大臣の確認を要する輸入

④ 事前確認

事前に経済産業大臣等輸入品目を所管する大臣に対して確認申請が必要な輸入です。該当品目には、文化財（文部科学大臣所管）、冷凍まぐろ類（経済産業大臣所管）などがあります。

外為法の輸入規制

貨物の輸入は法の目的に反しない限り原則自由。
外国貿易および国民経済の健全な発展を図るため等の理由で，最小限の規制がある。

輸入規制制度	制度の内容	主な対象貨物
数量規制（輸入割当）	国内の需給調整や国内産業保護のため，経済産業大臣が輸入者に輸入貨物の数量または金額を割り当てる制度。輸入割当が必要な品目を「**IQ 品目**」という。	✓非自由化品目 近海魚（にしん，たら，ぶり等）帆立貝，いか等の水産物 ✓オゾン層を破壊する物質に関するモントリオール議定書付属書に定める規制物資　など
特定地域規制（輸入承認／2号承認）	特定の原産地または船積地域に係る輸入に経済産業大臣の承認を要する制度	✓特定の原産地または船積地域からの特定貨物 ●北朝鮮を原産地，船積地域とするすべての貨物 ●特定地域を原産地・船積地域とする「くろまぐろ」「みなみまぐろ」等 ✓ワシントン条約付属書Ⅱ・Ⅲにある絶滅のおそれのある野生動植物
全地域規制（輸入承認／2の2号承認）	原産地または船積地域にかかわらず，特定貨物の輸入に経済産業大臣の承認を要する制度（**全地域承認**）	✓原子力関連貨物，武器，火薬類，麻薬，ワシントン条約付属書Ⅰにある絶滅のおそれのある動植物
事前確認	特定の貨物を輸入する場合に，事前に経済産業大臣等の所管大臣に確認申請書を提出して確認を得れば，輸入承認が不要となる制度	✓治験用ワクチン（所管大臣：農林水産大臣） ✓特定外国文化財（所管大臣：文部科学大臣） ✓冷凍のまぐろ，鯨，ロシアからの冷凍カニなど（所管大臣：経済産業大臣）
通関時確認	特定の貨物を輸入するとき，輸入品の関係証明書等，輸入通関時に定められた書類を税関に提出することで輸入承認が不要となる制度	✓けしや大麻の実 ✓ワシントン条約付属書Ⅱ・Ⅲにある特定動植物 ✓ダイヤモンド ✓農薬 ✓ロシアを船積地域とする冷凍していないカニなど

⑤ 通関時確認
通関時に税関に各種の証明書等を提出して確認申請を行うものです。該当品目には、生鮮または冷蔵のくろまぐろ・みなみまぐろ、ダイヤモンド、などがあります。

65 輸入取引の約定書

「信用状取引約定書」のほか「外国為替取引約定書」がある

●輸入取引の約定書

銀行から与信を受けるとき「銀行取引約定書」で基本契約を締結し、輸入信用状取引では、さらに「信用状取引約定書」による信用状契約を締結します。この約定書には、輸入者の費用負担条項、担保条項、銀行の免責条項、付帯荷物の保全、輸入者の償還義務等の規定が盛り込まれています。なお、各銀行では、信用状取引を含む各種外為取引の付属約定書を1つにまとめた外為取引全般をカバーする「外国為替取引約定書」を準備しています。

●信用状取引約定書のポイント

① 適用範囲

この約定の取引範囲は、信用状の発行およびこれに伴う輸入者の償還債務の履行、関連する取引、その他これらに準ずる取引です。

② 担保

信用状取引に伴って銀行が負担する債務、付随する利息・割引料・損害金・手数料・保証料・費用等について、付帯荷物と付属書類は銀行の担保となっています(譲渡担保)。

③ 銀行の免責

信用状の通知銀行選定は、発行銀行に委ねられています。

④ 信用状条件との相違等

発行銀行が相応の注意をもって輸入為替手形および付属書類を点検した結果、ディスクレを発見した場合は、輸入者への事前通知なしに自行独自の判断で支払いまたは引受け等の拒絶をすることが可能です。

⑤ 輸入者の償還債務

発行銀行が信用状条件に従って補償債務を負担した場合、輸入者は発行銀行に対して輸入為替手形に記載の通貨・金額による償還債務を負担します。

⑥ 事前償還請求等

破産、手形交換所の取引停止処分等が発生した場合、輸入者は期限の利益を喪失し、信用状の許容限度額および利息等をあらかじめ償還する義務を負担します。その他、銀行からの請求があれば、ただちに弁済することも定められています。

取引銀行と与信を伴う外為取引を開始するときに必要な約定書

銀行取引約定書 ＋ 外為取引約定書 （＊１） ＋ 支払承諾取引約定書（＊２）

外為取引約定書 （＊１）
- ✓信用状取引約定
- ✓外国向為替手形取引約定
- ✓輸入担保荷物に関する約定
- ✓先物外国為替取引約定
- ✓輸出手形保険付保に係る証

（＊１）外為与信取引に関する５つの付属約定を一葉にまとめたもの
（＊２）銀行保証状。いわゆる外国向BONDの発行依頼の際に必要な約定書

信用状取引約定のポイント

項目	内容	参照条文
適用範囲	信用状の発行，これに伴う償還義務の履行および関連または準ずる取引。	第２条
担保	付帯荷物・付属書類は信用状取引に伴って発行依頼人が負担する債務および付随する利息・手数料等の担保として発行銀行に譲渡。	第３条
銀行の免責	通知銀行の選定は，発行銀行に委ねられている。	第８条
信用状条件との不一致等	発行銀行が相応の注意をもって輸入為替手形および付属書類を点検し，ディスクレを発見した場合は，輸入者への事前通知をせずに支払いまたは引受け等の拒絶をすることができる。	第10条
輸入者の償還債務	発行銀行が信用状条件に従って補償債務を負担した場合，輸入者は発行銀行に輸入為替手形に記載の通貨・金額による償還債務を負担する。	第11条
事前償還請求等	輸入者は，破産，手形交換所の取引停止処分等が発生した場合，当然に期限の利益を喪失し，信用状の許容限度額および利息等をあらかじめ償還する義務を負担する。その他，銀行からの請求があれば，銀行がただちに弁済する必要がある事由も定められている。	第15条

66

信用状の発行、条件変更、取消し

輸入信用状発行依頼書は与信の申込書でもある

●信用状の発行、条件変更、取消し

輸入者が取引銀行に信用状の発行を依頼するとき、銀行の定める「輸入信用状発行依頼書」を提出します。発行銀行では、信用状の発行によって、受益者（輸出者）に対する支払債務が発生するとともに、発行依頼人（輸入者）に対しては償還請求権が発生します。

輸入信用状発行依頼書は信用状の発行依頼書であると同時に与信の申込書でもあり、その記入内容は左図のとおりです。信用状は売買契約と矛盾なく発行されないと、その機能を発揮できません。輸入者は、発行を依頼する前に十分にチェックしておくことが重要です。

●信用状の発行方法

信用状の発行形態には以下の3種類があります。

① Full Cable：信用状本文すべてをスイフトなどで通知銀行へ送信する方法であり、送信された電文自体が信用状原本となります。

② Short Cable with Airmail：スイフトなどを用いて信用状の主要部分のみを発行予告（プレ・アドバイス）し、信用状本体は航空郵便などで郵送する方法であり、郵送される信用状が信用状原本となります。

③ Airmail：信用状原本を航空郵便などで通知銀行に郵送するものです。送付中の紛失や遅延のリスクから、利用は減少傾向にあります。

●条件変更・取消し

信用状発行後にさまざまな事情で、信用状の金額の増減、内容の変更、船積期限や有効期限の延長・短縮、取消しなど条件変更が必要になったとき、輸入者は、発行銀行に信用状の条件変更を依頼します。信用状は取消不能（撤回不能：Irrevocable）であり、信用状の条件変更には、発行銀行、確認銀行（確認信用状の場合）、受益者（輸出者）の同意が必要です。特に受益者（輸出者）にとって不利な条件変更（信用状金額の減額・取消し、

有効期限の短縮、船積期限の短縮など）は必ず受益者（輸出者）の同意を取り付ける必要があり、通常、同意を取り付けるまでその条件変更は有効とはなりません。

輸入信用状発行依頼書の主要項目

APPLICANT（発行依頼人）	輸入信用状の発行を取引銀行に依頼する人で，輸入者に当たる。
IRREVOCABLE（取消不能）	取消不能信用状の発行依頼であることを示している。ただし，UCP600（現行の信用状統一規則）に準拠する信用状は，信用状に表示がなくとも取消不能信用状となる。
信用状の通知方法	FULL CABLE, SHORT CABLE WITH AIRMAILまたはAIRMAIL を選択する。
BENEFICIARY（受益者）	輸入信用状によって利益を享受する人であり，輸出者に当たる。
AMOUNT（金額）	輸入信用状で発行銀行や確認銀行が支払いを確約する金額
EXPIRY DATE AND PLACE FOR PRESENTATION（有効期限および呈示地）	書類の呈示のための有効期限と呈示地であり，信用状で要求する書類は，この有効期限内に定められた呈示地で呈示されなければならない。通常，信用状が利用可能である銀行（買取銀行等）の地を呈示地とする。
LATEST DATE OF SHIPMENT（船積期限）	船積みの最終期限
呈示期間	書類の呈示期限である。もし，信用状で定めない場合は，船積み後21日暦日とする旨，UCP600に規定している。
手形条件（手形を要求しない場合はそれに準ずる）	信用状が一覧払いであるか，期限付きであるかを選択する。（例） AT SIGHT（一覧払い），AT 90 DAYS AFTER SIGHT（一覧後定期払い），AT 90 DAYS AFTER DATE OF SHIPMENT（確定日）
DESCRIPTION OF GOODS（商品明細）	売買契約書，見積送り状（PROFORMA INVOICE）等に基づき，商品の明細を簡潔明瞭に記載する。
TRADE TERMS（貿易条件）	インコタームズ2010の貿易条件を記載する。
REQUIRED DOCUMENTS（要求書類）	呈示を要求する書類（運送書類，保険書類，商業送り状，梱包明細書，原産地証明書等）とその明細を記入する。
積出地と仕向地	貨物の積出地，船積地，荷揚地，引渡地を記入する。
PARTIAL SHIPMENT（一部船積み）	貨物を分割して船積みするか，１回で全部船積みするかを定める。
TRANSHIPMENT（積替え）	輸送途上で貨物を積替えを許容するかどうかを定める。
銀行手数料・利息の負担	海外で発生する銀行手数料・利息の負担者を明示する。（例）ALL BANKING CHARGE OUTSIDE JAPAN ARE FOR ACCOUNT OF BENEFICIARY.（銀行手数料受益者負担）
TT リンバース	買取銀行にTTリンバースを認めるかどうか明示する。信用状で定めない場合は，TTリンバースを認めることとなるので注意が必要である。
信用状統一規則準拠文言	最新の信用状統一規則UCP600に準拠することがあらかじめ印刷してある。

67

信用状付輸入手形取引

ディスクレの諾否を輸入者に照会することがある

輸出地の銀行で買い取られた荷為替手形は、信用状条件に従って発行銀行へ送られてきます。船積書類を接受した信用状発行銀行では、信用状条件どおりの呈示（充足した呈示：Complying Presentation）となっているか、書類点検を行います。充足した呈示であれば、発行銀行は買取銀行に対して引受けや支払いの義務がありますので、発行銀行は相応の注意をもって書類を点検しなければなりません。

書類点検が終了すると、発行銀行は書類到着通知書（Arrival Notice）を作成し、商業送り状（インボイス）1通を添付して、輸入者に書類の到着を通知します。ディスクレ（58項参照）がある場合には、通知書にその旨を記載して通知します。

通知を受けた輸入者は、自己資金で輸入為替の決済を行うか、もしくは発行銀行から輸入金融を受けて輸入決済を行い、銀行から船積書類の引渡しを受けます。輸入者は、受け取った船積書類のなかの船荷証券を船会社などに提出して、貨物を引き取ります。

●ディスクレがある場合の対応（ディスクレの受入れ）

輸出地の銀行から送られてきた船積書類にディスクレがある場合、発行銀行は書類の受理を拒絶できますが、実務ではディスクレの諾否を輸入者に照会しています。ディスクレがあっても実質的に支障がないと判断した場合、輸入者はディスクレを受け入れ、発行銀行もそれを応諾して対外決済を行っています。

●ディスクレがある場合の対応（書類の受理を拒絶）

書類を受理せず拒絶することを決定した場合は、書類到着日の遅くとも翌日から起算して5銀行営業日以内に、スイフト等のテレコミュニケーションにより、書類を送ってきた輸出地の銀行に拒絶通告を行わなければなりません。万一、この期間内の通告を怠った場合には、ディスクレによる拒絶を主張できなくなり、発行銀行は

信用状付輸入取引の流れ
（船積書類到着から輸入手形決済まで）

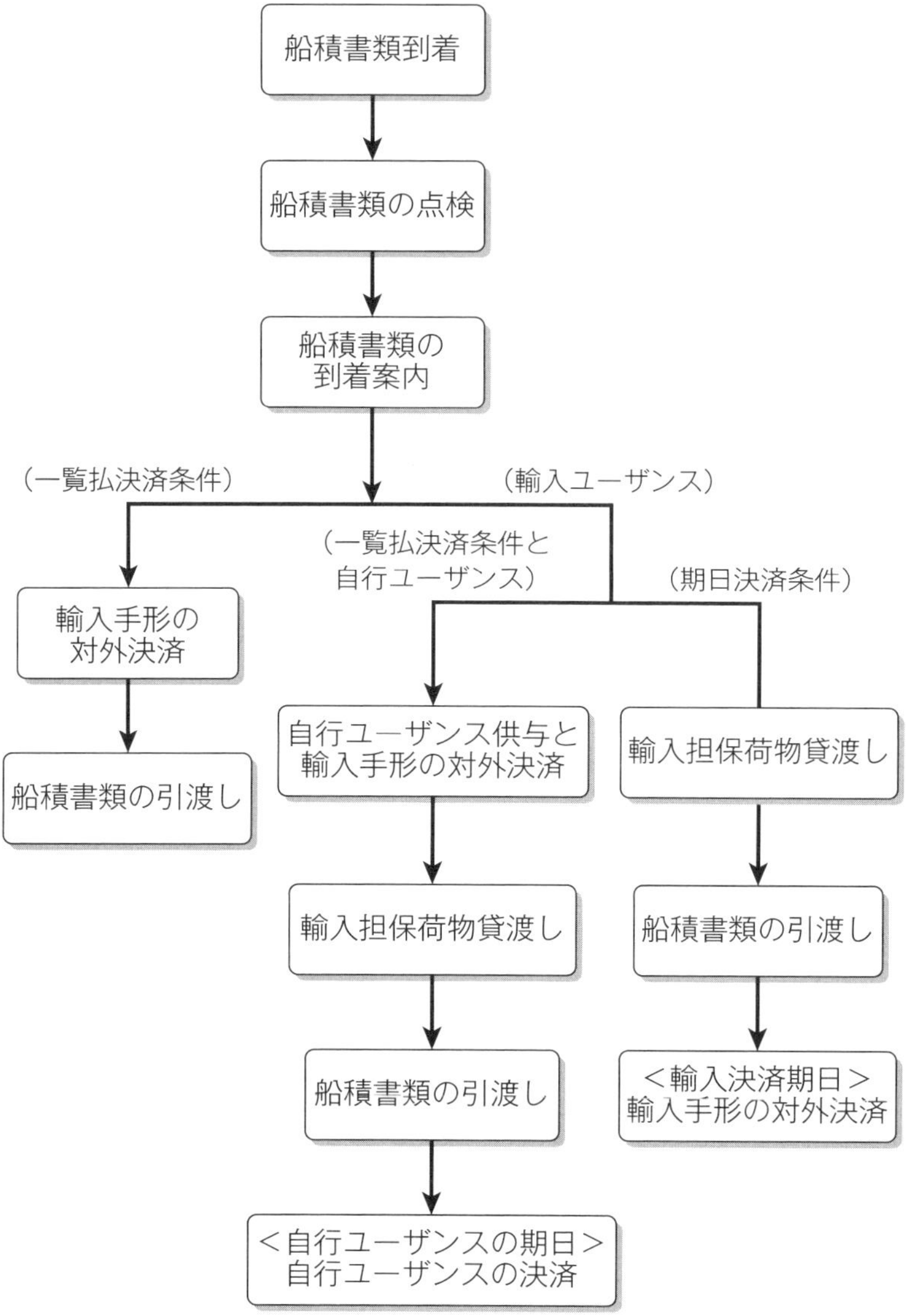

オナー（54項参照）する義務が確定してしまうからです。

拒絶通告には、書類の受理を拒絶する文言、すべてのディスクレと拒絶する書類の処理方法を記載して1回限りの拒絶通告を行います。あとでディスクレの記載漏れが判明しても、2回目以降の拒絶通告は認められません。

68 信用状なし輸入手形取引

船積書類を輸入者に引き渡す条件には、D／PとD／Aがある

信用状なし輸入取引（輸入B／C）とは、海外の銀行から代金取立てのために送られてくる、輸入者を支払人とする荷為替手形取引で、信用状に基づかない取引です。取立指図書には取立統一規則（URC522）に準拠すると記載されており、取立銀行はこの規則に従って取り扱います。

●船積書類の引渡し

輸入B／Cには、船積書類を輸入者に引き渡す条件として、支払渡し（D／P）と引受渡し（D／A）があります。

① 支払渡し：D／P（Documents against Payment）…代金支払いと引き換えに船積書類を輸入者に引き渡すよう仕向銀行が指図しているもの。

② 引受渡し：D／A（Documents against Acceptance）…為替手形を引き受けることを条件に船積書類を輸入者に引き渡すよう仕向銀行が指図しているもの。

D／P条件は、手形の支払いと引き換えに手形支払人である輸入者に船積書類が引き渡されるので、輸出者にとってはD／A条件に比べて安心な条件です。一方、D／A条件は、手形の引受けと引き換えに輸入者に船積書類を引き渡されます。手形期日に支払われない場合でも輸出者は貨物を取り戻せません。輸入者に信用がない場合には、輸出者に代金回収の不安があります。

●荷為替手形接受時の取立銀行の留意点

輸出地の仕向銀行から荷為替手形を接受したとき、取立銀行は以下の点に留意します。

① 取立指図書に記載された宛先により取立てが自行に仕向けられたものであることを確認します。

② ノンコルレス先から送られてきた場合は、手形の支払人である輸入者が自行の取引先で取立代り金の送金に支障がない場合は取立依頼に応じてもよいのです

信用状なし輸入手形取引の流れ
（一覧払手形取立のケース）

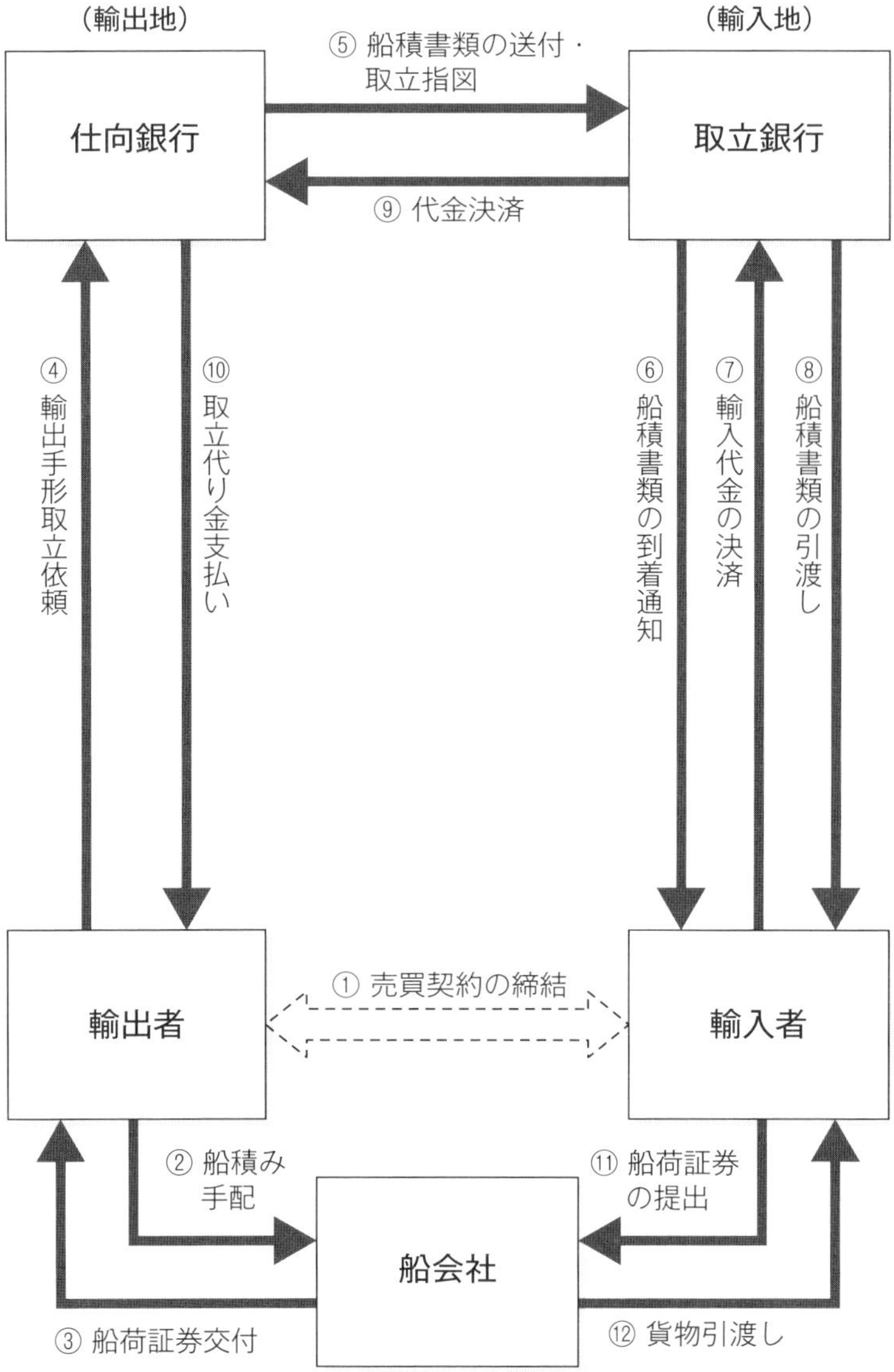

が、仕向銀行の信用には留意します。

③ 輸入者が自行の取引先でない場合には、輸入者の取引銀行に荷為替手形を転送し、同行を経由して取立てを行います。

69 輸入担保荷物貸渡し（T／R）

輸入貨物を銀行の担保にしたまま、輸入者に貸し渡す方法

輸入担保荷物貸渡し（T／R：Trust Receipt）とは、輸入金融の担保として銀行が所有している輸入貨物を、輸入者が銀行に対する輸入債務を履行する前に貸し渡すことです。T／Rはもともと本取扱いを受ける場合に銀行に差し入れる担保荷物保管証のことですが、この取扱い自体もT／Rと呼ばれています。

輸入者にとっては到着した貨物を早く引き取って国内で売却し、売却代金で輸入代金を決済したいところですが、銀行の担保のままでは、処分（売却）できません。銀行にとっても、輸入者が輸入貨物を早く処分して輸入金融を弁済してもらう必要があり、この問題を解決するため、輸入貨物を銀行の担保にしたまま、輸入者に貸し渡す方法（T／R）が考案されました。

●T／Rの種類

T／Rは、銀行が輸入者に与える貨物処分権の内容によって、甲号T／R、乙号T／R、丙号T／R（Airway T/R）に分かれています。

① 甲号T／R

銀行の代理人として輸入者に輸入貨物の陸揚げ、通関、倉入れ、付保、売却のすべてを認めるもので、輸入者は貨物を売却すると売却代金をただちに銀行に差し入れることを約束しています。輸入船積書類が信用状発行銀行に到着し、輸入者が銀行から決済資金を借り入れる（自行ユーザンスなどの輸入金融）際に、輸入者は貨物を引き取るため銀行に輸入担保荷物保管証を差し入れ、船荷証券を含む船積書類の貸渡しを受けます。

② 乙号T／R

乙号T／Rは、輸入者に貨物の陸揚げ、通関、倉入れだけを認める取扱いであり、売却（処分）が認められていないため、現在ほとんど利用されていません。

③ 丙号T／R

船積書類到着前に輸入貨物が航空便によって到着した

場合に輸入者に対して売却までの処分権を認めるもので、Airway T/Rとも呼ばれます。

輸入担保荷物貸渡し（T/R）

動産譲渡担保は，債権の担保のために債務者または第三者の動産所有権を債権者に移転し，債務の弁済があれば債務者に所有権を復帰させる形式の担保権である。動産譲渡担保には銀行が動産の占有を取得するものと，T/R のように銀行が占有を取得せず，担保荷物を輸入者に貸し渡す形式をとって，輸入者（債務者）にそのまま利用させるものがある。

銀行が輸入貨物を占有しても，保管・管理し続けることは難しく，むしろ，輸入者に輸入貨物の処分を任せて，それによって生じるキャッシュフローで輸入金融を弁済してもらうことが両者にとってメリットがある。

甲号T/Rの流れ

詳しくは次頁で説明します。

（信用状付一覧払輸入取引，自行ユーザンス利用のケース）

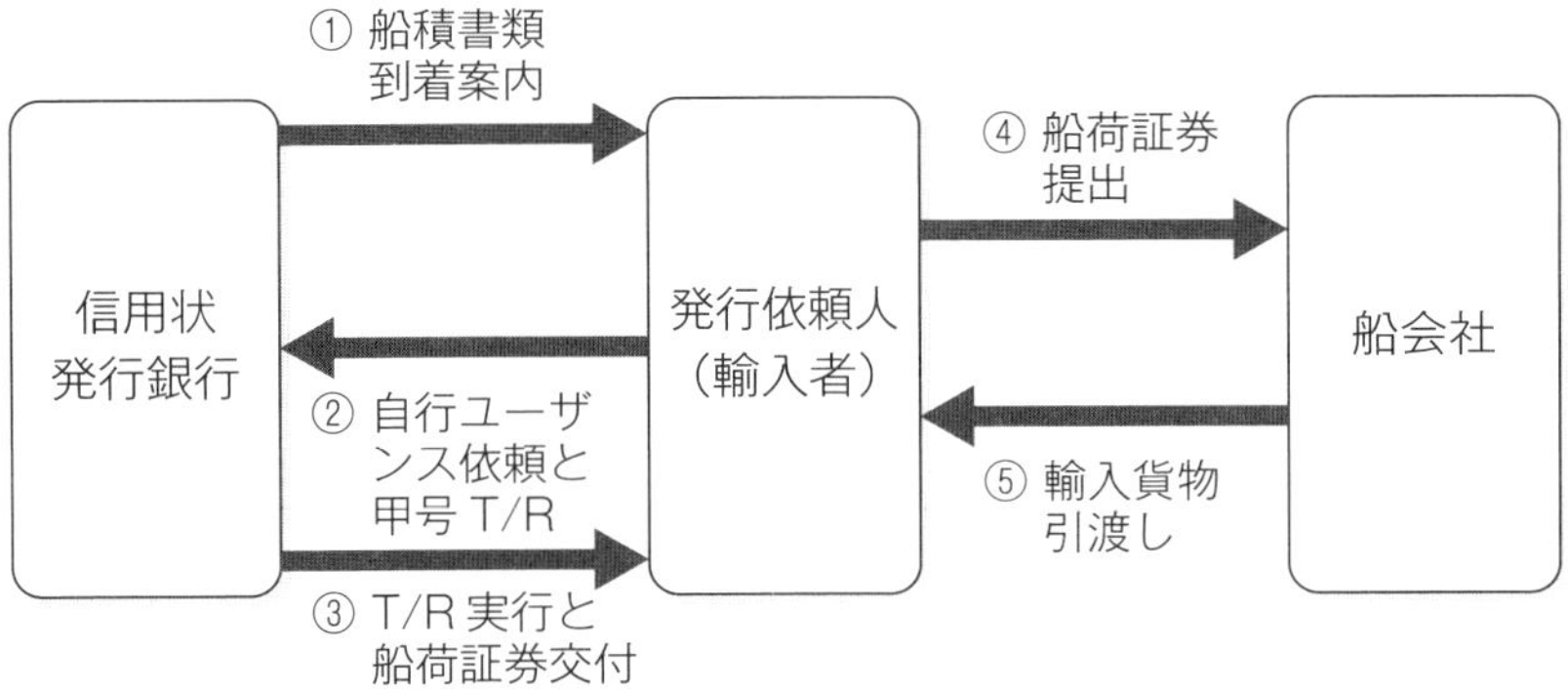

70 輸入航空貨物貸渡し（Airway T/R）

輸入航空貨物を銀行の所有のまま、輸入者に貸し渡す方法

●輸入航空貨物貸渡し（Airway T/R）の概要

信用状取引では輸入貨物は発行銀行の担保となっており、航空貨物の場合は、航空運送書類（Air Waybill）の荷受人が発行銀行になっていることがあります。このままでは輸入者は貨物を受け取ることができません。

航空貨物輸送は運送時間が短いため、通常、航空貨物は船積書類より先に輸入地に到着します。荷受人が発行銀行となっている航空貨物が到着したら、輸入者は、発行銀行に依頼して、航空会社またはその代理店が用意する貨物引渡指図書（以下、リリース・オーダー）に署名してもらい、それを航空会社に提示して貨物の引き渡しを受けます。

このとき輸入者は輸入代金決済前に銀行の所有となっている貨物の貸渡しを受けることとなるので、これを輸入航空貨物貸渡し（Airway T/R）といいます。

●手続き

航空貨物運送状（Air Waybill）は単なる貨物受取証です。船荷証券のような有価証券ではありませんので、証券の呈示ではなく、リリース・オーダーの発行により航空貨物の引渡しが行われます（次頁の図表番号対比）。

① 航空貨物が到着すると航空会社は輸入者に到着案内を行い、これを受けて、輸入者は発行銀行にAirway T/Rを依頼します。

② 発行銀行は、自己が荷受人となっている貨物を輸入者に引き渡すことを内容とするリリース・オーダーを航空会社宛てに発行します。

③ 輸入者は、発行銀行が発行したリリース・オーダーを航空会社に提示します。

④ リリース・オーダーの提示を受けた航空会社は、航空貨物を輸入者に引き渡します。

輸入航空貨物貸渡し（Airway T/R）の流れ

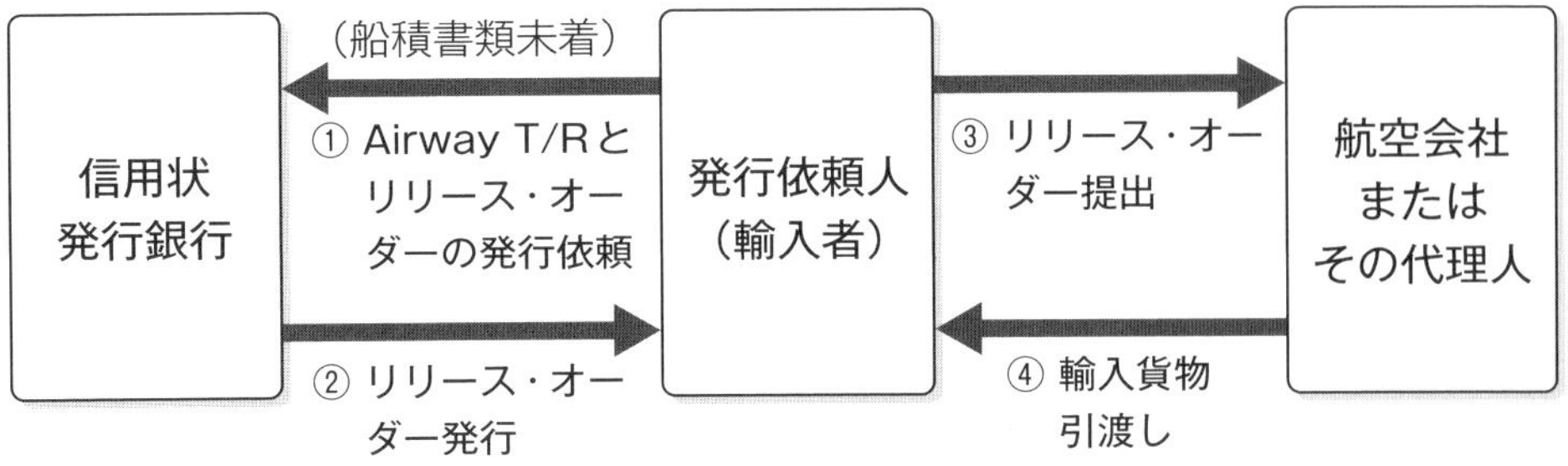

●荷物引取保証（L／G）との比較

船積書類到着前に貨物を引き取る点でAirway T/Rは輸入担保荷物引取保証（L／G）（71項参照）に似ていますが、リリース・オーダーは航空会社に対する単なる荷物引渡指図書であり、輸入担保荷物引取保証（L／G）のように発行銀行が航空会社に対して保証債務を負うことはありません。したがって、L／Gのような発行銀行に対する船積書類到着後の解除手続きもありません。

71 輸入担保荷物引取保証（L／G）

船荷証券なしで輸入者が貨物を受け取れる商慣習

近隣諸国からの輸入の場合などでは、海上輸送の高速化と港頭での荷役作業の合理化により、船積書類が輸入地の銀行に到着する前に輸入貨物が先に到着することがあります。この場合、船荷証券（B／L）を船会社に提出して貨物の引渡しを受けることができません。船荷証券の受戻証券性によって、証券との引き換えでなければ貨物を受け取れないからです。貨物の引取りが長引くと、貨物によっては品質の劣化（食品など）、市場価格の変動リスク、貨物保管料がかさみ、販売遅延、販売機会の逸失、採算割れに直面します。

そこで、このような不都合を解決するために輸入者がB／Lを船会社に提出することなく、輸入貨物を受け取るために船会社に保証状（Letter of Guarantee：L／G）を差し入れて輸入貨物を受けとることが慣例になっています。L／Gは、貿易関係者の間で行われている商慣習で、銀行が連帯保証人としてL／Gに署名することになっています。

●L／Gと輸入貨物引取り（信用状付輸入のケース）

L／Gは、主に信用状付輸入取引で発生しますので、信用状付輸入取引の流れを左図に示しています。

●L／Gの特色

船会社への保証状であるL／Gには、船荷証券を提出せずに輸入貨物を引き取ることによって生じる全損害を賠償すること、後日到着するB／Lを到着次第ただちに船会社に提出することなどが記載されています。また、保証状には保証金額や保証期限の記載はなく、船会社に対する無限度・無期限の保証です。

●L／Gの解除

後日、B／Lの原本を含む船積書類が発行銀行に到着すると、輸入者は輸入決済を行って船積書類を受け取り、B／Lを船会社に提出します。輸入者はこれと引き換えに保証状原本の返却を受け、それを発行銀行に提出して

輸入担保荷物引取保証（L/G）の流れ（信用状付輸入取引のケース）

○L/G 作成時の流れ

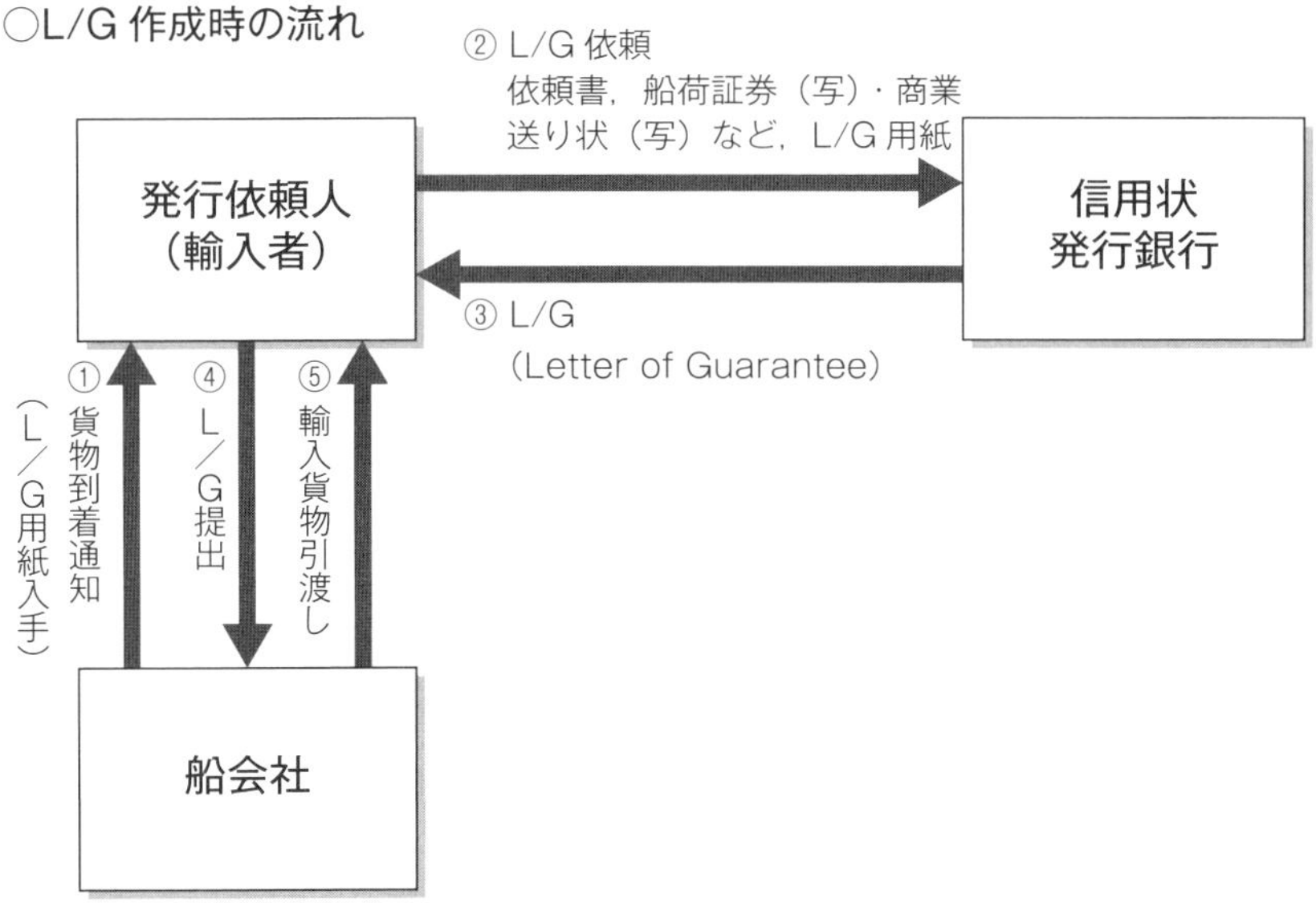

○L/G 解除時の流れ

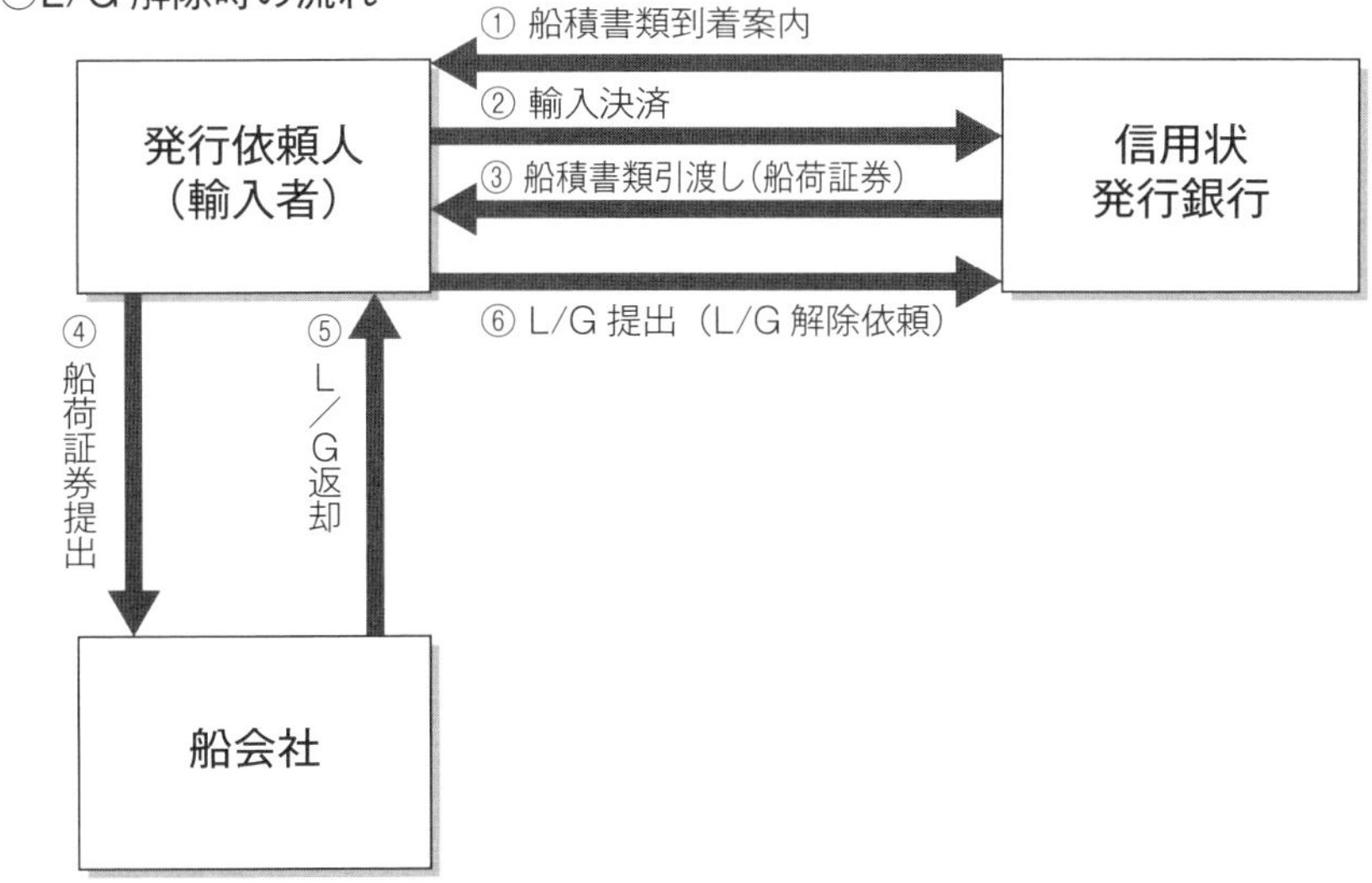

L/Gを解除してもらいます。
発行銀行は連帯保証の対価として、L/Gを行った時から解除までの期間、保証料を請求します。取引の流れは左図を参照ください。

72 輸入金融

輸入ユーザンスと輸入撥ね（ハネ）融資のしくみ

輸入金融とは、狭義には輸入船積書類が到着後、輸入者に対して外貨建輸入代金の決済を猶予し、あるいは、輸入者が決済原資を回収するまでの間、輸入代金決済に必要な外貨資金を融資することをいいます。広義には、さらに信用状取引における信用状の発行、輸入担保荷物貸渡し（T／R）、輸入担保荷物引取保証（L／G）、輸入撥ね（ハネ）融資も輸入金融に含めています。

ここでは狭義の輸入金融と輸入撥ね（ハネ）融資について説明しています。

●輸入ユーザンス

輸入代金の決済は、信用状取引の場合、輸出地の銀行から発行銀行に船積書類が呈示され、それを決済することで終了しますが、輸入者の依頼で決済を一定期間猶予することがあり、これを輸入ユーザンスと呼んでいます。

輸入ユーザンスは、誰が信用供与を行うかによって、輸出者が行うシッパーズ・ユーザンスと銀行が行う銀行ユーザンスに分かれています。銀行ユーザンスは、さらに本邦の銀行（発行銀行など）が行う自行ユーザンスと海外の引受銀行が行う外銀ユーザンスがあります。自行ユーザンスでは、輸入者はユーザンス期日を支払日、銀行を名宛人とする外貨建輸入代金と同額の約束手形を振り出して銀行に差し入れます。

●輸入撥ね（ハネ）融資

輸入者は貸渡しを受けた輸入貨物を販売し、その代金を販売先から回収することによって、輸入代金の決済や輸入ユーザンスを弁済するのが一般的です。しかし、輸入貨物を原材料として自家消費し、製品販売までに時間を要する場合などでは、代金回収までに時間がかかるため、輸入ユーザンス終了後も引き続いて円建ての国内融資の形で資金を立て替えてもらうことがあり、これを撥ね融資といいます。

また、外貨と円の借入金利の違いから、最初から外貨

輸入金融の種類（信用状付輸入取引の場合）

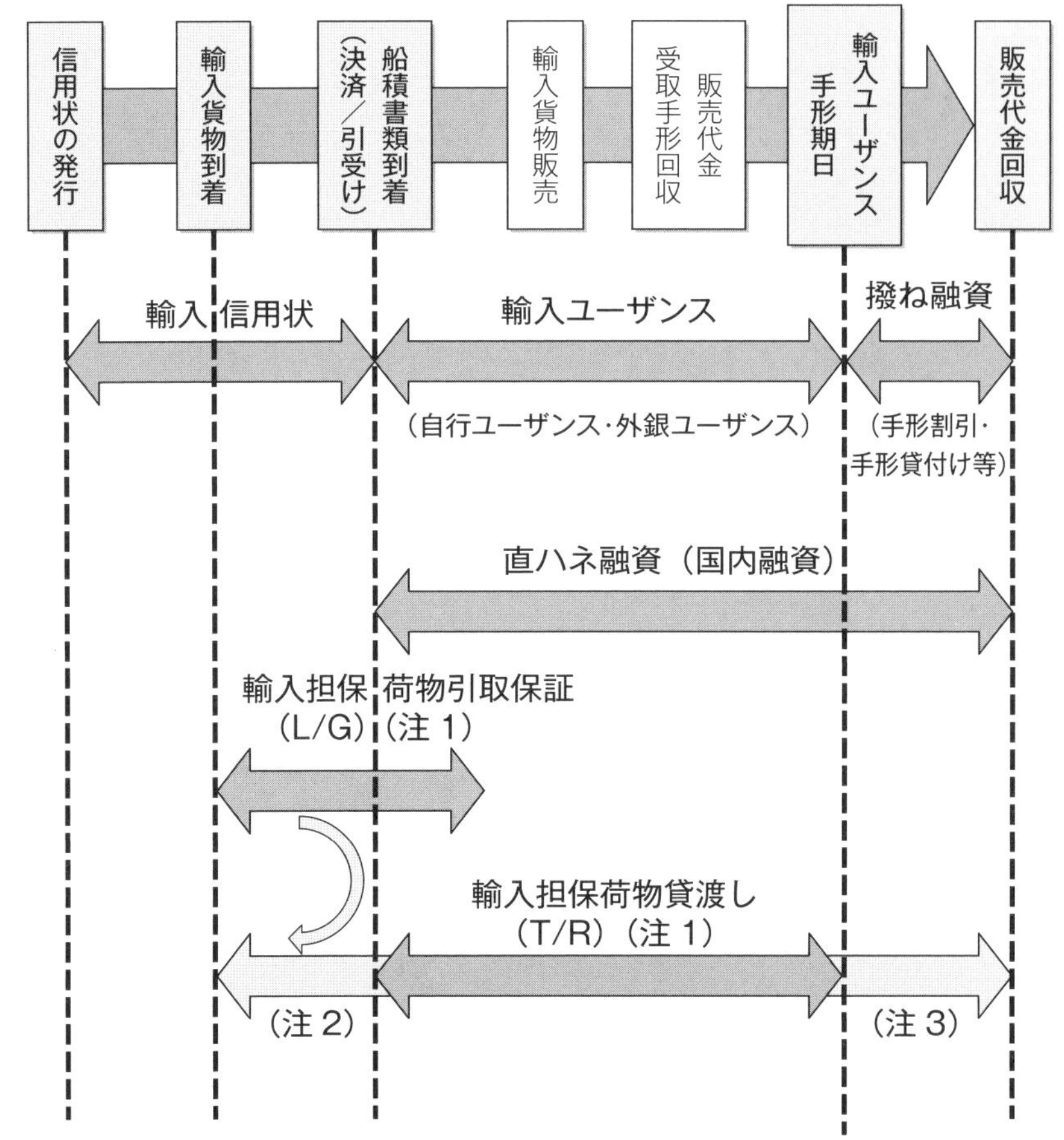

（注 1）輸入担保荷物引取保証（L/G）は，船積書類到着日ではなく船荷証券を船会社に提出し，L/G の返却を受けて発行銀行に提出したあとで解除される。

（注 2）輸入担保荷物引取保証（L/G）は，船荷証券なしに船会社から貨物の引取りを輸入者に認めるための銀行の保証であるが，同時に輸入担保荷物貸渡し（T/R）でもある。

（注 3）輸入担保荷物貸渡し（T/R）は，一般的には輸入ユーザンス，輸入撥ね融資が弁済されるまで継続する。

建ての輸入ユーザンスを利用せず、円建ての国内融資を受けて輸入代金決済に充てることがあり、これを「直ハネ」といいます。

コラム

B/Lの危機と船積書類の電子化の動向

貨物船の高速化，停泊時間の短縮，ターミナルの貨物取扱手続きの簡素化などにより，国際輸送は，銀行間で受け渡される船積書類よりも輸入地に貨物が早く到着するケースが増大しました。船荷証券（B/L）は受戻証券性から，船荷証券のオリジナルがなければ，輸入者は先に到着した貨物を受け取ることができません。特に，近隣のアジア諸国からの貨物は短時間で日本に到着するため，貨物を受け取りたくとも受け取れない事態が多発しました。これを船荷証券の危機（B/L Crisis）といいます。このような不都合を解決するため，これまでさまざまな方法が試みられてきましたが，B/Lの危機の処方箋の本命として，将来的には，船積書類の電子化とTSUのような情報のデータ交換に期待が集まっています。

●船荷証券の電子化への試み（Bolero，EssDOCsなど）

船荷証券の電子化とは，従来の紙の船荷証券の内容を電子的情報に変換し，船荷証券の発行，交付，移転，流通を関係者間における電子データ交換によってやり取りするものです。一部実現はしていますが，現状ではさまざまな未解決の問題が残っており，普及には至っていません。

●TSU（TSU，BPO）

TSU（Trade Services Utility）とは，スイフトが開発した企業間で取り交わす売買契約・船積書類等の貿易データを銀行間でマッチングするシステムであり，マッチングしたデータの決済を確約するのがBPO（Bank Payment Obligation：信用状に相当）です。TSUでは，企業間の貿易データのマッチングが成立し次第，BPO負担銀行（信用状発行銀行に相当）は，BPO受益銀行（売主側銀行）に支払いを約束するという新たな貿易決済スキームです。このスキームでは，銀行間で取り交わすのは貿易データであり書類ではないため，船荷証券を含む船積書類は銀行を経由することなく輸出者から輸入者へ直接送付されるので，船荷証券の危機を回避することが可能になります。

TSUとBPOはまだ緒に就いたばかりですが，国際商業会議所（ICC）は2013年７月にバンク・ペイメント・オブリゲーション統一規則を制定し発効させるなど，今後の普及が期待されています。海上貨物輸送が高速化し，グローバル企業がサプライチェーンの精度を上げて，事業の効率化を目指していく流れは不可避であり，今後も目を離すことができません。

第9章

資本取引

73 資本取引とは

資金のみが移動する対外的な金融取引のこと

貨物やサービスの移動ではなく、資金のみが移動する対外的な金融取引を一般に資本取引といいます。

その範囲は極めて広く、対外取引を規制する際の範囲を明確にするため、外為法は、資本取引、対外直接投資、対内直接投資に分けて規定しています。資本取引の一形態である対外直接投資は、資本取引と合わせて、単に資本取引ということもあります。

●資本取引

預金、金銭の信託、金銭の貸借、債務の保証、対外支払手段または債権の売買、証券の発行・募集・取得・譲渡、不動産の取得などに伴って国際間で資金が移動する金融取引の中から、対外直接投資と対内直接投資を除いた取引のことです。外為法は、居住者と非居住者との間で行われるもの、居住者間で外貨により決済されるものに分けて資本取引を規定しています。

●対外直接投資

対外直接投資とは、居住者が外国での事業活動に参加するために、非居住者から外国法人の株式等の取得や期間1年超の金銭の貸付け、海外支店・工場等の設置・拡張資金の支払い等を行うことです。

●対内直接投資等

対内直接投資等とは、外国資本（外国投資家）が日本企業との永続的な関係を持つことを目的に、日本企業の株式取得、期間1年超の金銭の貸付け、日本国内での支店・工場等の設置・拡張資金の支払い等を行うことです。なお、対内直接投資は、日本における外国資本の事業活動を適用対象にするため、対外直接投資と異なり、居住性ではなく外国投資家という概念を基準にしています。居住者の外国投資家の場合もあります。

●本章で取扱うのは主に銀行等が行う資本取引

本章では、資本取引のなかの、居住者外貨預金、インパクト・ローン、現地貸付け、居住者・非居住者間の保証、居住者・非居住者間のネッティングおよびプーリングを取り上げます。ネッティングを除いて、いずれも銀行が取引の当事者となる取引です。

現在、資本取引の報告は不要となっていますが、経済制裁などで事前許可を要することがあります。許可とはいえ、実質取引禁止措置であり、原則許可は下りません。

資本取引, 対外直接投資, 対内直接投資等の区分

日本から海外への投資	海外から国内への投資
対外直接投資 ✓居住者による経営参加を目的にした海外の企業への出資，貸付け ✓居住者による海外での支店や工場の設置 ✓その他	**対内直接投資等** ✓外国投資家による経営参加を目的にした日本国内の企業への出資，貸付け ✓外国投資家による日本国内での支店や工場の設置 ✓その他
資本取引 次に掲げる居住者と非居住者間の取引，または居住者間の外貨建取引で対外直接投資以外のもの ✓預金 ✓金銭の信託 ✓金銭の貸借 ✓債務の保証 ✓対外支払手段や債権等の売買 ✓証券の発行・募集 ✓証券の取得・譲渡 ✓不動産の取得など	**資本取引** ✓非居住者による日本国内への投資で対内直接投資以外のもの 例えば，支店設置のための本邦不動産の取得

74 外貨預金

決済口座、資金運用目的、為替リスクヘッジ等の手段として利用される

外貨預金は通貨、預入金額等に制限はありません。本人確認と取引時確認ができれば、預入れや払出しは自由ですが、非居住者・非居住者間の3,000万円相当額超の支払い等の場合は報告が必要です。居住者間の支払い等の場合は必要ありません。本人確認には米国の外国口座税務コンプライアンス法（FATCA）に基づく米国人の口座の開設等も含まれます。なお、居住者海外預金は月末残高が1億円超の場合は「海外預金の残高に関する報告書」の提出が必要です。

●外貨預金の特色

外貨預金は決済口座、資金運用目的、為替リスクヘッジ等の手段として利用され、以下の特徴があります。

- 外国為替相場の変動による元本割れのリスクがあります。
- 外貨定期預金は、原則中途解約できません。銀行は預金として受け入れた資金を市場で運用しているため、途中でその資金を回収することができないからです。やむを得ず中途解約に応じる場合は金利動向等によってはコストが発生しますので、そのコストは顧客が負担することになっています。
- 同一通貨での外貨の預入れ、払出しには手数料がかかります。
- 外貨預金は預金保険の対象外であり、元本・利息とも保証がありません。

●為替変動リスクの回避

① スワップ付外貨定期預金

外貨預金預入れ時に、先物為替予約を締結して、為替リスクの回避と円ベースの利回りを確定する取引をスワップ付外貨定期預金といいます。

② オプション付外貨定期預金

外貨定期預金に預金元本または元利合計額と同額の米ドル・プットオプションの顧客の買いを組み合わせて、

期日に円高になった場合は権利行使をして一定の利回りを確保する一方、円安になった場合はオプションの権利を放棄して為替差益を享受する手法です。為替リスクを回避しながら為替差益を狙う点に特色があります。

外貨定期預金の商品概要

取扱通貨	米ドル，ユーロ，英ポンド，スイスフラン，豪ドル等。銀行は外貨運用の難易度・採算等から，流通性の低い通貨は扱っていない。
取引日	預金通貨の海外市場の休日を除く銀行営業日
預入期間	預入日から1年以内（1週間，1か月，6か月，1年等）
預入単位・付利単位	最低預入金額は100通貨単位，付利は１通貨単位以上
預金金利	ユーロ市場，東京ドル・コール市場等の金利を基準に各行独自に決定
利息計算	通常，預入日から期日までの片端，年間日数は米ドルの場合360日ベース（通貨により異なる）
利子の課税	✓個人は，20.315%の源泉分離課税（所得税・復興特別所得税15.315%，地方税５%） ✓法人は，総合課税
為替差益・差損の課税上の取扱い	✓個人 為替差益は雑所得として確定申告による総合課税。ただし，年収2,000万円以下の給与所得者で，差益を含めた給与所得以外の所得が年間20万円以下であれば申告不要，為替差損は黒字の雑所得から控除できる。 ✓法人 総合課税（営業外損益として処理し確定申告）
手数料	同一通貨での預入れ，払出しにはリフティング・チャージがかかる。
為替リスク	為替リスクは，為替予約や通貨オプション等で回避
預金保険制度	対象外で元本利息とも保証はない。

75 インパクト・ローン

資金使途に制限のない外貨建ての融資のこと

インパクト・ローンとは、銀行が居住者である取引先に対して行う、資金使途に制限のない外貨建ての融資のことをいいます。取扱通貨は米ドル、ユーロなどの主要外国通貨で、融資の形態は手形貸付けあるいは証書貸付けです。

●インパクト・ローンの特色

インパクト・ローンは国内の通常の円建融資と比べ、以下のような特色を持っています。

① 貸出原資の調達市場の取引慣行に従う取引

インパクト・ローンは、貸出原資をユーロ市場や東京ドル・コール市場から調達しているため、市場の取引慣行がそのまま融資条件に反映されます。

② 為替リスクを伴う

外貨建ての融資のため、借入人は同一通貨での外貨建債権を保有しているか、為替予約を締結しインパクト・ローン返済時の円貨建てを確定するなどの対策を取らない限り、借入れ時と返済時の為替相場変動による為替リスクを伴います。

●インパクト・ローンの種類

インパクト・ローンは元来為替リスクを伴うため、その為替リスクを回避するか否かで、以下の2つに分類できます。

① オープンインパクト・ローン

借入時点で返済時の適用相場の予約を締結していないインパクト・ローンで、返済時に円安になると返済円貨額が増加するため、借入人は為替リスクを負うこととなります。

② スワップ付インパクト・ローン

インパクト・ローンの借入れと同時に元金・利息合計額に対して返済期日に合わせた先物為替予約を締結して、為替リスクの回避と円ベースの借入金利も確定する取引をスワップ付インパクト・ローンといいます。

インパクト・ローンの商品概要

借入金額	貸出最小金額を各銀行が定めていることが多い。 （例：5,000米ドル相当額以上）
資金使途	制限なし
取扱通貨	米ドル，ユーロ，英ポンド，スイスフラン，豪ドル等
取引日	通貨の海外市場の休日を除く銀行営業日
借入金利	ユーロ市場，東京ドル・コール市場等の金利を基準に各銀行独自にマージン（スプレッド）を上乗せして決定
借入期間	１年以内は短期インパクト・ローンとして原則「手形貸付け」，１年超は中長期インパクト・ローンとして「証書貸付け」
利息計算	通常，借入日から期日までの片端，年間日数は米ドルの場合360日ベース（通貨により異なる）で計算する。 原則，利息後払いであるが両端・前払いの場合もある。
期日前返済	内入れ・期日前返済等は不可。やむを得ず行う場合は資金コストが発生する。
印紙税	「手形貸付け」は外貨金額にかかわらず手形１通につき200円 「証書貸付け」は従価税方式
為替リスク	為替リスクは，為替予約や通貨オプション等で回避
利用目的	スワップ付インパクト・ローンは，先物為替予約で為替リスクを回避して借入円貨額や借入金利が確定する取引であり，国内円建借入れと経済効果は同一。資金調達方法の１つとして「国内円資金調達の代替」として利用される。 オープンインパクト・ローンは，単独では為替リスクにさらされるが，以下のような目的に利用することができる。 ① 円高による為替差益を見込んだ借入コスト節減目的の利用 ② 外貨建ての債務や海外投融資のための借入金で，外貨建ての債権の受取りを返済原資としている取引への利用（借入れ時・返済時とも円貨が介在しない取引） ③ 外貨建ての輸出債権や海外投融資債権等の外貨建債権の為替リスクヘッジを目的に，外貨建債務を保有するための借入れ

76

ネッティング、プーリング

受取りと支払いの相殺や資金の集中管理でリスクや手数料を減少させる

●ネッティングとは

ネッティングとは、取引当事者間における債権・債務の差額決済をいいます。一例を挙げれば、A社とB社間でA社からB社への売掛金が6百万米ドル、B社からA社への売掛金が10百万米ドルある場合、同じ相手の債権と債務を相殺して、A社が、それぞれの売掛金の差額の4百万米ドルをB社に支払うことによって決済する方法がネッティングです。

1対1の2者間で相殺する場合をバイラテラル・ネッティング、3者以上の間で相殺する場合をマルチラテラル・ネッティングといいます。ネッティングを行うことにより決済金額を小さくし、為替リスクや決済リスク、決済コストを削減することができます。

●プーリングとは

プーリングとは、企業がグループ全体の資金効率を高めるためマスターアカウント（中心口座）を設けて資金を一元集中管理することです。例えば、A国にある子会社が製品の販売代金を自社の口座に入金すると、その資金は統括する会社のマスターアカウントに移されます。また、子会社が決済資金を必要とする場合は、必要額がマスターアカウントから子会社口座に送金されます。統括会社に資金を集中して子会社の口座残高を常にゼロに近くするしくみです。

プーリングでは統括会社の高い信用を利用して、より有利な条件での資金調達、運用が可能になります。また、集約した資金を、資金需要のある子会社に供給することでグループ内での資金効率が改善し、金融コストを引き下げることができます。

●各国の規制

ネッティングやプーリングは、海外との取引の多い企業にとっては為替リスクを削減し、資金を効率的に運用することができ、支払手数料を削減する有効な手段です。

ネッティングのスキーム（例）

✓日本企業A社と海外現地法人２社の３社間で貿易などに伴う債権債務がある
✓債権債務解消のため，矢印の方向に同一通貨で支払いを行う

1．ネッティングを実施する前（通常の個別決済）
通常の決済では44の為替量が発生する

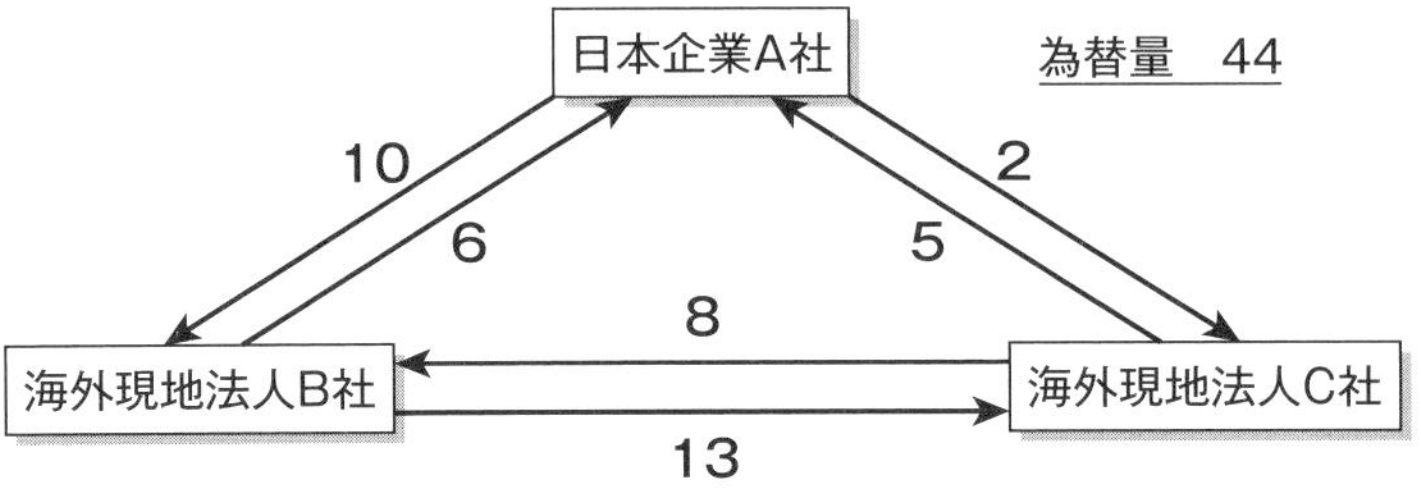

2．バイラテラル・ネッティングを実施した場合

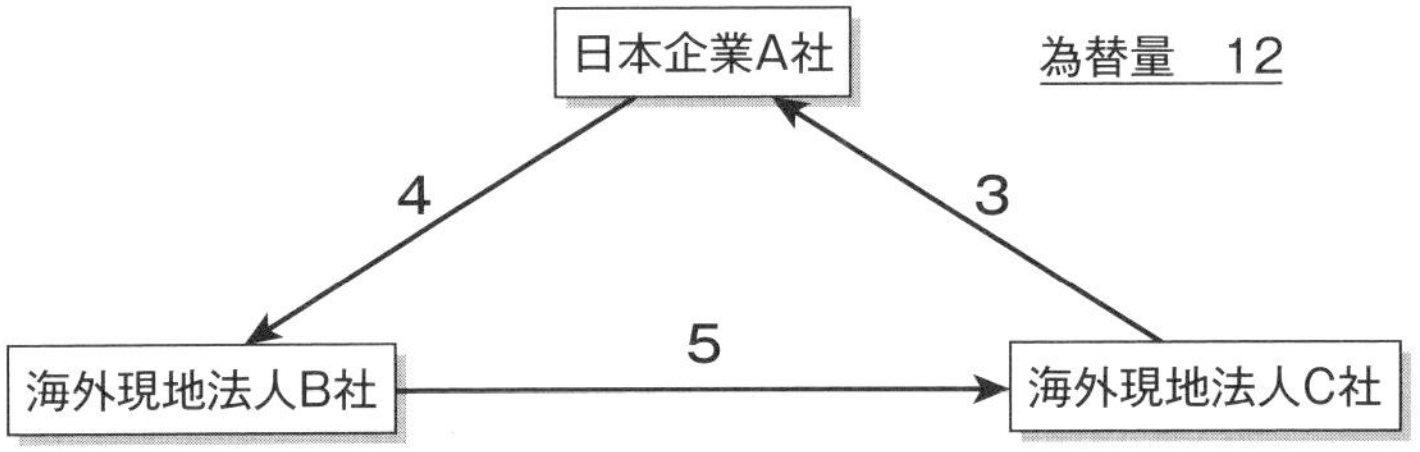

3．マルチラテラル・ネッティングを実施した場合

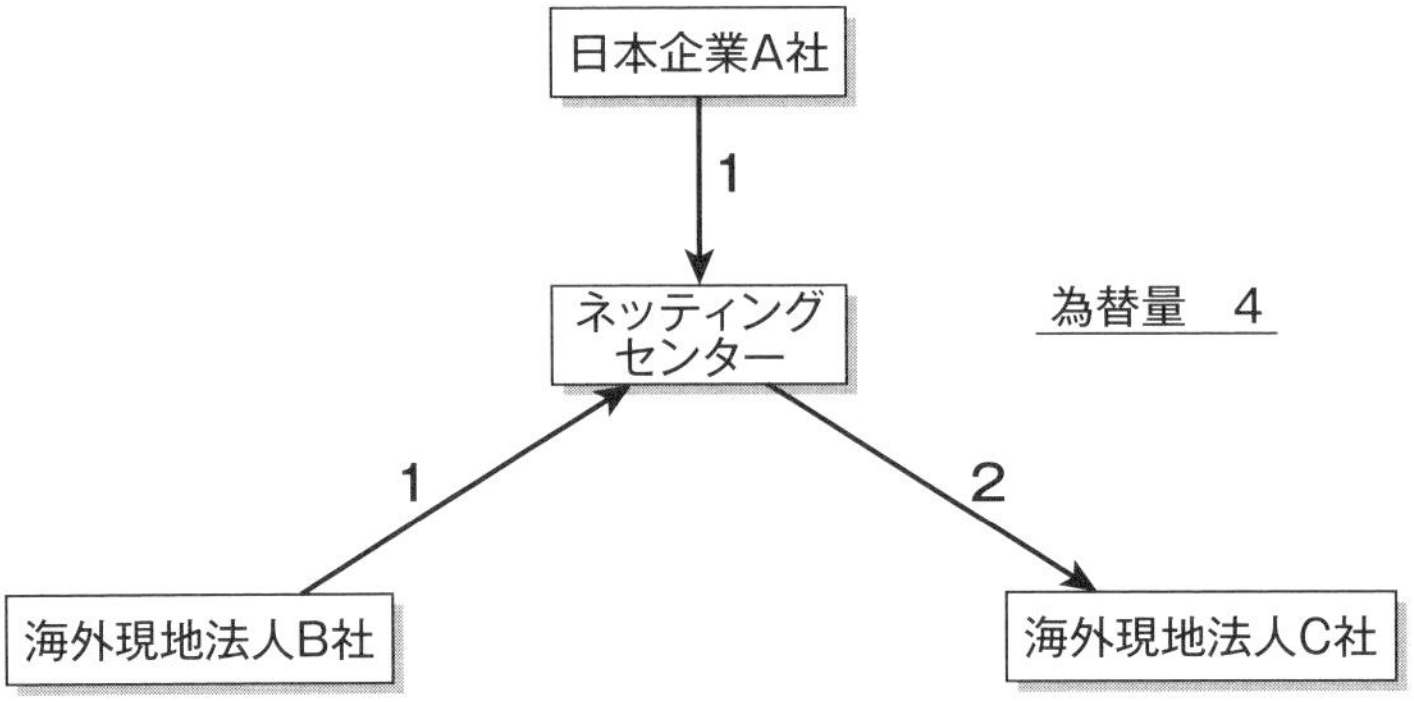

しかし、国によっては外国為替関連の規制があり、個別の対応が必要となります。

日本や欧米主要国、シンガポールや香港では可能ですが、規制の多い新興国では限定的な取引しかできない点に留意する必要があります。

77

現地金融

親会社が支援する海外現地法人の借入れの4つのパターン

海外に現地法人を設立した場合、現地法人の資金調達手段には増資と借入れがあります。増資はいったん実行すると資金が固定されてしまうので、親会社としては資本金と借入金のバランスを取った資金調達を検討することになります。

ただ、設立から間もない現地法人は収益力や信用力が弱く独自で資金調達することは難しく、日本の親会社が支援をして借入れを行うのが一般的です。借入れには、日本からの借入れと邦銀の現地法人や支店を含む現地銀行からのものがあります。

●日本からの借入れ

日本からの借入れは邦銀からの借入れと親会社からの借入れがあり、最も一般的なのは親会社からの借入れ、いわゆる親子ローンです。

親子ローンのメリットは、出資と異なり、返済により資金を回収できることです。手続き面でも、銀行借入れのような貸し手との条件交渉、提出書類の準備が不要であり、親子間の合意で返済スケジュール等も適宜変更が可能です。

留意点としては、借入通貨は円や米ドルなど現地からみると外貨になるため、現地法人の販売代金の回収が現地通貨の場合に為替リスクが発生します。また、資本金と借入額の割合を一定比率（例えば資本金1に対し海外借入れ3以内等）で規制（過少資本税制）している国や、金利水準が市場のレートから乖離している場合に移転価格税制が適用されることもあり、税務面への注意も必要です。

日本の銀行から直接借入れを受けることもありますが、留意点は親子ローンと同様です。

●現地銀行からの借入れ

現地銀行からの借入れは、親会社からの現地銀行への保証差入れや日本の銀行からの支払保証（スタンドバイ

L／C）の発行が条件になるケースがよくあり、日系企業の多くは、こうした条件で現地銀行から外貨あるいは現地通貨の借入れを行っています。

新興国での現地通貨での借入れについては、金融市場が未発達な地域や金利が極端に高い国もあり、注意が必要です。

現地金融のパターン

1. 親会社からの借入れ（親子ローン）

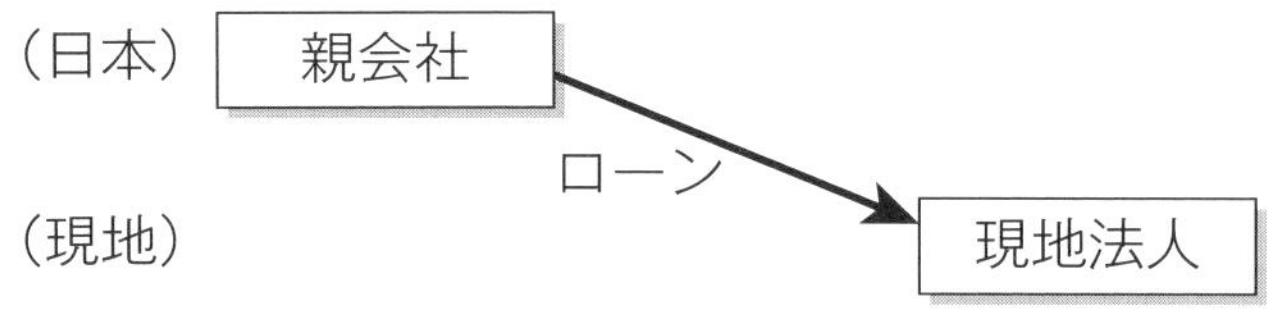

2. 日本所在の銀行からの現地法人への直接ローン

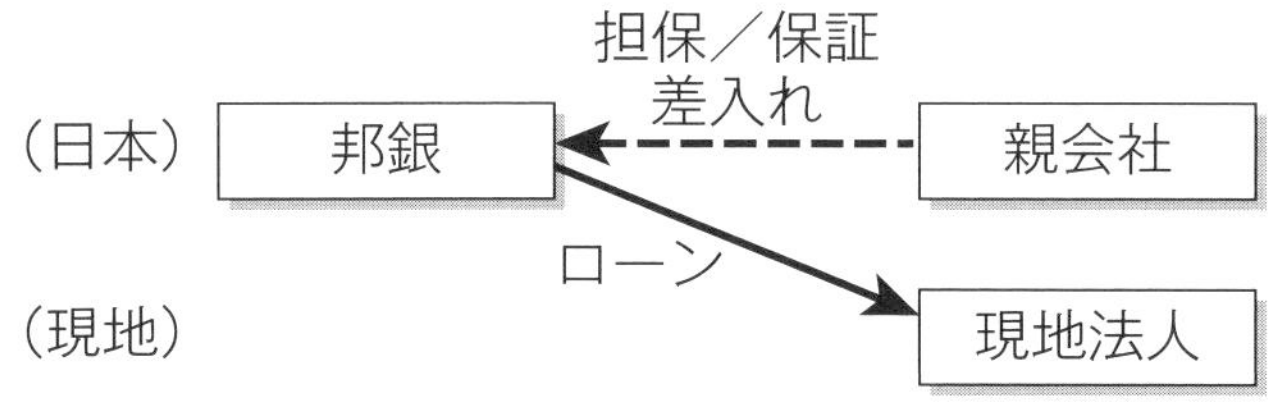

3. 現地銀行からの借入れ（親会社保証差入れ）

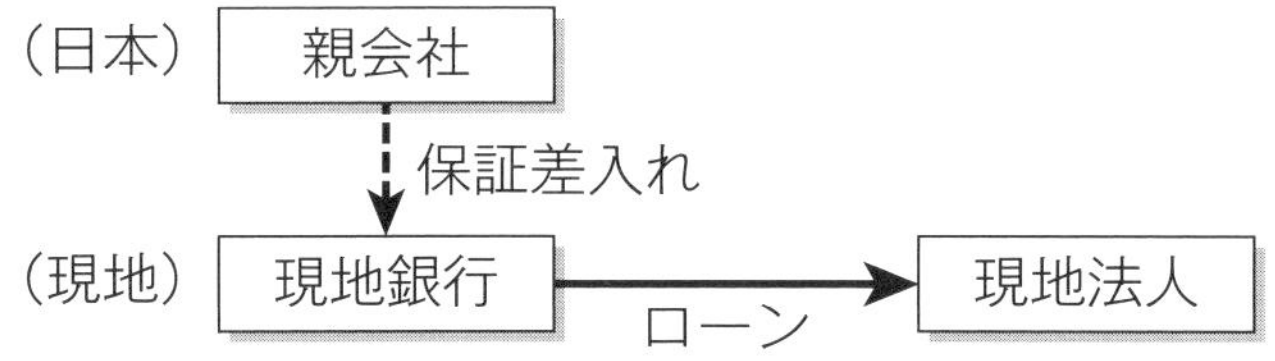

4. 現地銀行からの借入れ（スタンドバイL／C差入れ）

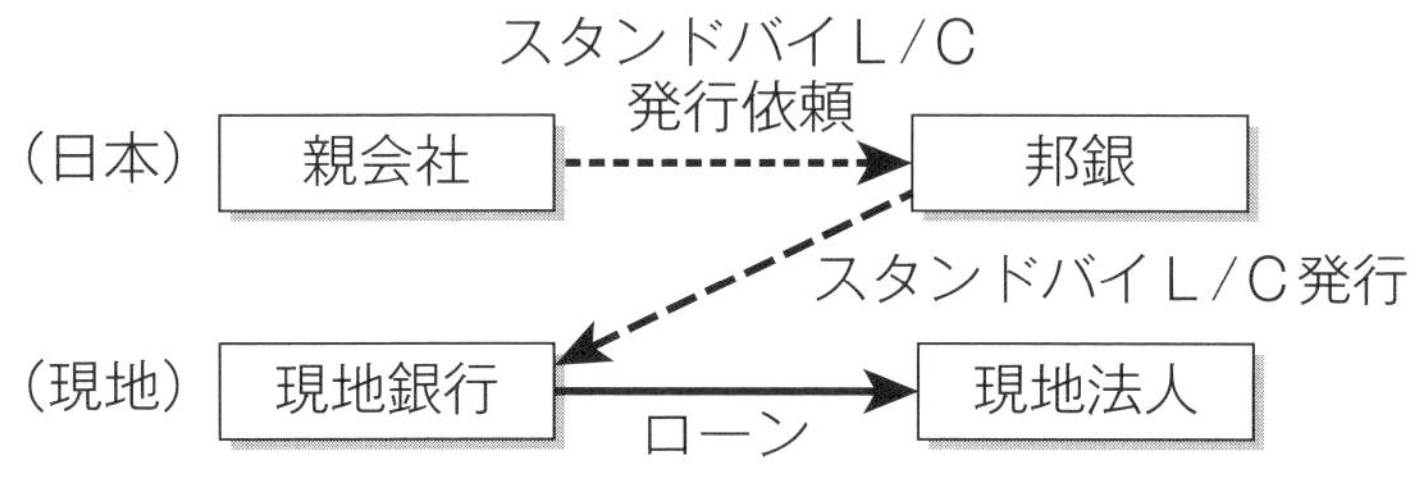

コラム

地域統括会社とタックスヘイブン対策税制

事業の国際化が進み複数の海外拠点を保有するようになると，当初は各拠点の独立性が強くバラバラに運営されているものを，各拠点の役割や機能を明確にしてグループ経営の効率化やアジア・ヨーロッパ等の地域ごとの業務統合を図ろうとする動きが活発となります。地域統括会社は，企業グループとして事業展開する地域（アジア，欧州，北米，中南米など）を管理し，域内の自社グループの子会社・関連会社の事業や機能を統括，支援するために設立された拠点であり，本社権限の一部を移譲することによって，その地域の実情にあわせたスピーディな意思決定を行うことを可能としている場合もあります。地域統括会社は，傘下の各国の事業会社の統括機能を担保するため，持株会社の機能を併せ持つことが多いのも特徴です。

このような地域統括会社は，インフラ，金融制度，税制等を考慮して，香港，シンガポール，マレーシア，タイ，上海，オランダ，ベルギー，米国デラウェア州などに設置されるのが一般的です。これらの地域ではもともと低税率で，地域統括会社に対して税制上の優遇措置を与えることも多く，地域統括会社の実効税率は低くなるのが一般的です。

このような低い実効税率というメリットを得る際に，注意しなければならないのが，本邦のタックスヘイブン対策税制です。タックスヘイブン対策税制は，軽課税国に所在する関係会社を通じた課税回避（タックスヘイブン）に対して，その海外関係会社の所得を日本の親会社の所得に合算して課税される制度です。例えば，日本から見た場合，シンガポールの法人税率は17%で，タックスヘイブン対策税制に定められる基準税率20%を下回るので，軽課税国に該当し，タックスヘイブン対策税制の対象国となります。しかし，2010年度の税制改正によって，地域統括会社に対するタックスヘイブン対策税制の適用要件が緩和され，地域統括会社をシンガポールに設立することも容易になりました。

グローバル企業にとっては，親会社と現地の生産・販売等の各拠点を有機的に連携し，グループ全体の収益性・効率性の向上を図り，意思決定の迅速化を進めるために，地域統括会社を設立する傾向は今後も加速すると考えられます。重要なのは，統括会社の設立の目的を明確にし，各企業の国際戦略やビジネスの段階に適合した立地（地域）や機能を選択する必要があるといえます。

第10章

国際間取引の広がりと海外進出

78 直接貿易と間接貿易

国内取引では発生しない貿易におけるリスクや留意点

●直接貿易と間接貿易

貿易の形態には、自社で行う直接貿易と、商社等を通じて行う間接貿易があります。直接貿易は間接貿易に比べて、海外市場のニーズや動向の把握、顧客情報の直接入手、商社に支払う手数料を削減できるなどのメリットがありますが、貿易手続実務やバイヤーの開拓、信用リスク調査、相手国の輸入規制の確認などを自社の責任で行うことになります。

どちらを選択するかは自社の置かれた状況により違ってきます。例えば輸出実績がまったくない企業の場合は、いきなり自社ですべてを行うことはリスクが大きいといえます。すでにかなりの実績を積んで、社内体制も確立され、さらなる売上の増加を図りたい場合は直接貿易に切り替えてもよいといえるでしょう。

相手国、相手先や商品によって、自社で行う部分と商社等を活用する部分を分けることも考えられます。

●国内取引との違い

間接貿易でも同様ですが、直接海外の顧客と取引をする場合は、国内取引との違いを理解しておく必要があります。輸出の場合であれば、輸出先における商標等の確認が必要です。新興国などで多いのですが、すでに相手国で何者かに商標だけ登録されており、自社ブランド名で売れないケースもあります。

輸出取引の流れは複雑で、一般的には、生産地→港湾→通関→船便・航空便による輸送→検疫・輸入通関→相手国での輸送・保管といった過程を経るため時間とコストがかかり、関税も含めると日本国内での販売価格水準では採算が取れません。さらに、国際物流ではコンテナが用いられることが多く、その場合はコンテナ単位とするには、1回の取引で一定の貨物量の確保が必要となります。輸出量がコンテナ単位に満たない場合は、積載効率を上げるために他社製品と混載になることもあります。

　また、生鮮食料品などでは相手国での冷蔵状態での保存や輸送が可能かどうか、空港／港湾での動植物検疫の受検についての調査が必要です。

　物品により保健所発行の衛生証明書、商工会議所が発行する原産地証明書等が必要になることもあります。

直接貿易のメリットと留意点

直接貿易のメリット	準備・留意点
(1) 海外市場拡大（海外市場開拓）を積極的に進めることができる	(1) 貿易実務担当部署，担当者，海外要員の育成・配備が必要
(2) 商社等に支払う手数料の負担軽減	(2) 商社等の販売網，情報が活用できない ～独自の営業活動が必要 ～相手国の規制，商習慣等の情報取得 ～知的財産の保護対策
(3) 海外市場・バイヤーと直接コンタクトするため売れ筋商品，顧客ニーズ等の情報の入手が可能	(3) 商社等が負担していた貿易取引リスクに対し自社対応が必要 ～信用リスク，為替リスク，カントリーリスク
(4) 商品クレーム等を直接受けることによる自社のマーケティング力のレベルアップが図れる	(4) 商社が提供していた貿易金融機能が利用できない
(5) 国際化による企業イメージの向上	(5) 間接貿易からの切替えでは，商社が開拓した海外取引先を円滑に引き継ぐための交渉も必要 ～国，貿易相手により直・間を使い分け
(6) 社内の国際感覚を身につけた人材育成に寄与	(6) 業務体制を整える（社内体制，通関業者，船会社，銀行（決済）取引，保険会社との関係構築と契約）

スムーズなスタートのために

- 商社が開拓した海外取引先を円滑に引き継ぐためには時間をかけた段階的な交渉が必要
  ～国，貿易相手により直・間を使い分け

79 仲介貿易

販売力のある現地企業と提携する輸出方法

●仲介貿易とは

仲介貿易は三国間貿易ともいわれ、異なる外国の間で貨物が移動する取引を、第三国の企業が仲介して商品の輸送や代金の決済を行う形式の貿易です。

例えば、日本に所在する企業が、A国製造業者の製品を購入し、製品はA国からB国に直接輸送します。商品代金は、B国の買い手が日本企業に支払い、日本企業は、それを売り手のA社に支払います。日本企業はA社と買い契約、B社と売り契約を結びます。B社からの受取金額とA社への支払金額の差額が取引を仲介した日本企業の収益になります（左上図）。

●仲介貿易の留意点

日本では外為法上、仲介貿易を行うことは、原則自由です。ただし、対象貨物および仕向国が、安全保障上の問題で輸出貿易管理令で規制されている場合は、事前に経済産業大臣の許可を得る必要があります。

信用状で仲介貿易の代金決済を行う場合は、買い手から受け取る信用状に記載されている書類の準備や船積期限等を遵守できるように売り手に要求する必要があります。売り手から送られてきたインボイスなどを差し替えたり、売り手国で発行された船荷証券や原産地証明書の差替えが必要となるケースもあります。

●異なる外国の間で貨物が移動する取引の取次ぎ

最近では日本企業の海外進出が進み、本社が海外現地法人の製品を取り次いで、他国に販売するケースも増えています。外国企業間の海外取引を取り次いで手数料収入を得る形態です。外為法では仲介貿易に当たりません（左中図）。

●同一国内間取引の仲介

ASEANなど新興国の市場拡大により、売り手と買い手が同じ国の取引を仲介するケースも増えています。この場合、貨物は同じ国の中で移動するだけなので貿易にはなりません。同一国内での売買になるのでその国の付加価値税（日本の消費税）が発生するケースが一般的です。国内取引ですが、海外との資金決済が発生するため、新興国では取引に制約がある国もあります（左下図）。

仲介貿易

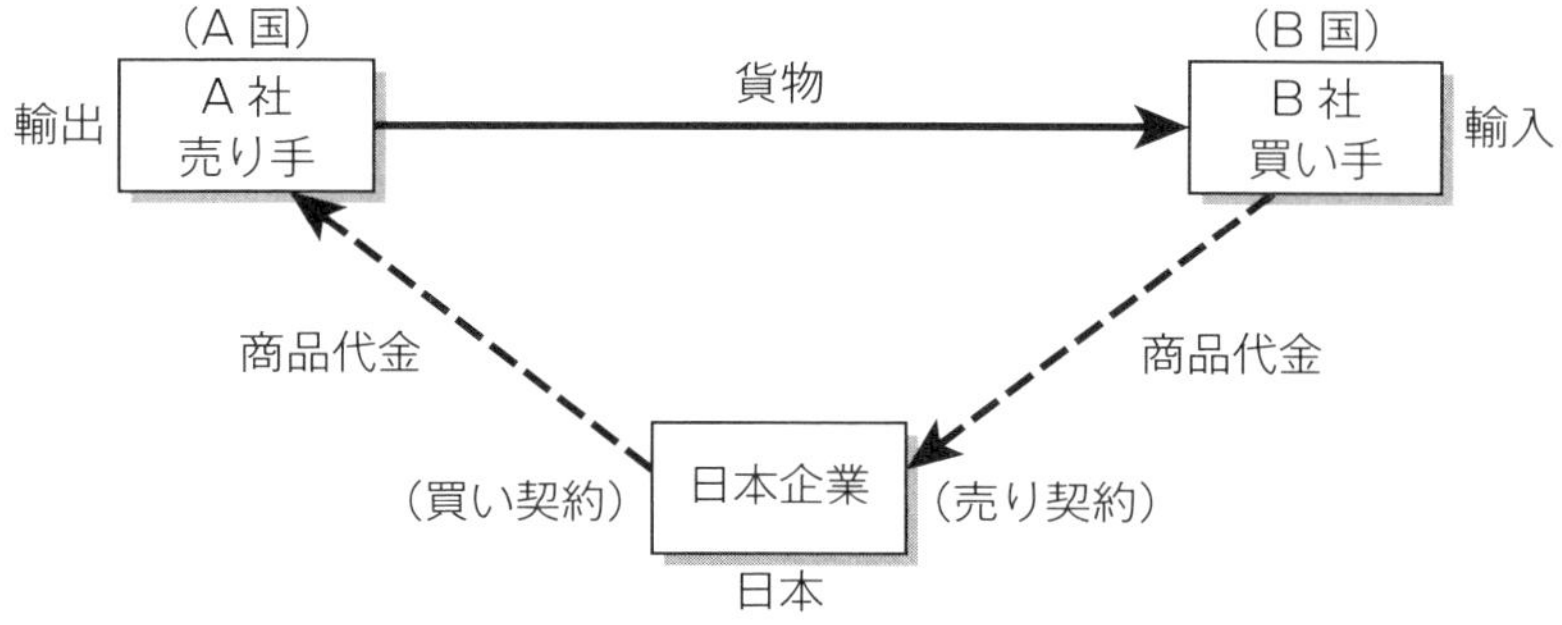

外国間貿易の取次ぎ

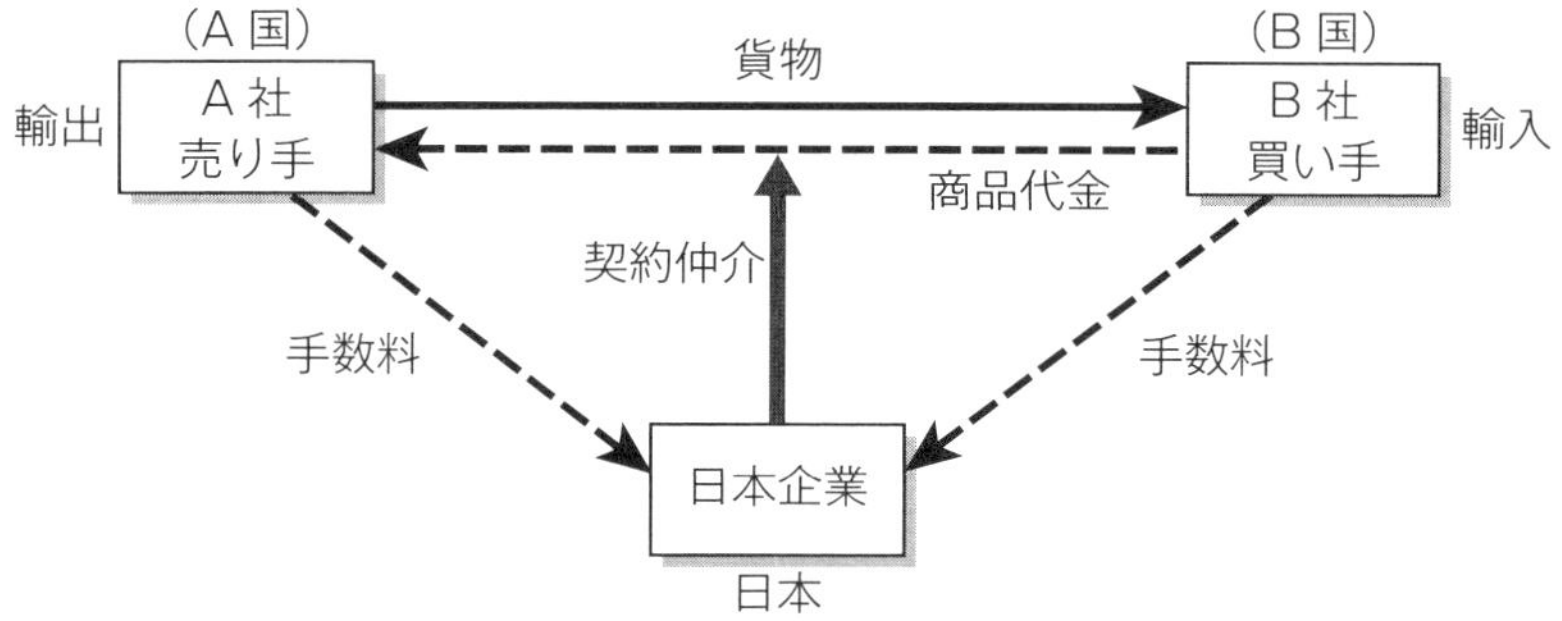

国内取引の仲介

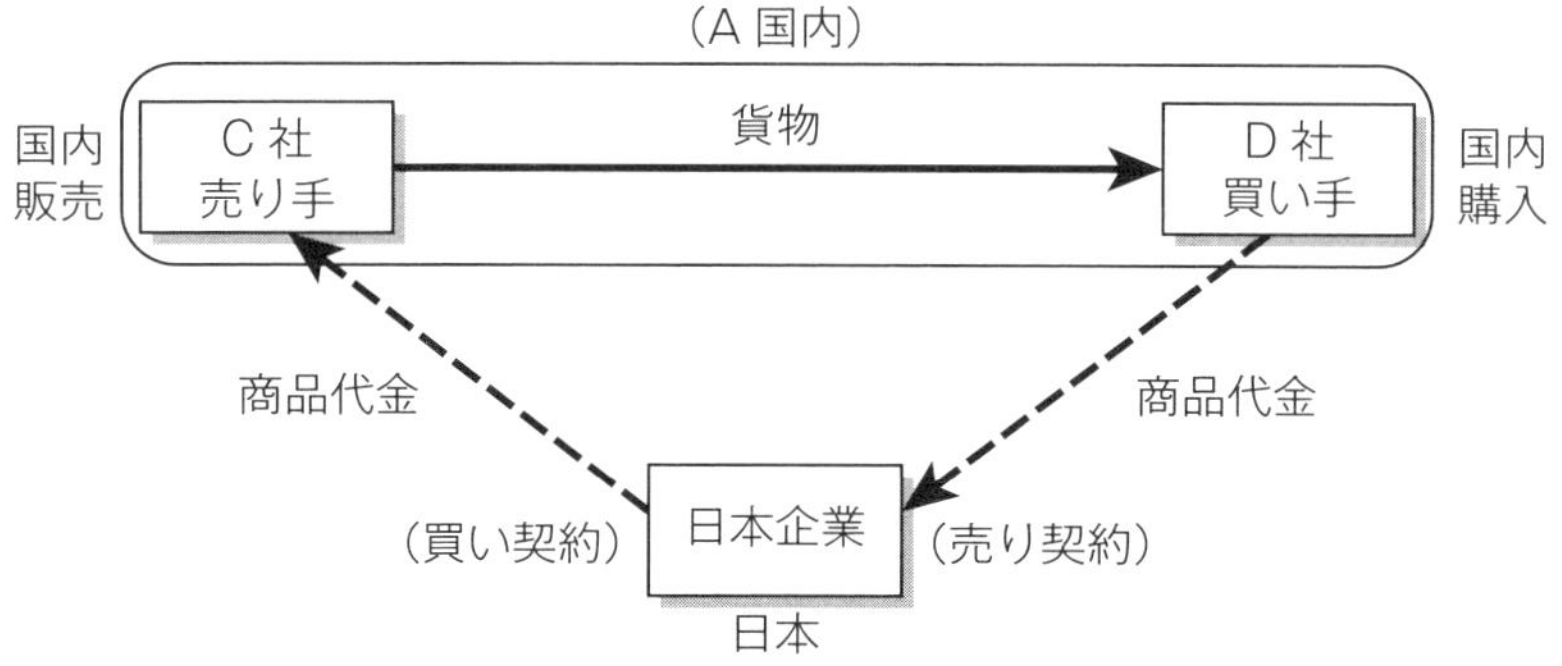

80 海外販売店・代理店の活用

自社の技術やブランドを提供することで海外で稼ぐ

●販売力のある現地企業と提携した輸出（販売店・代理店契約）

海外市場での売上を伸ばすために、現地に販売網を持った地場企業と提携する方法が多く利用されています。現地の事情や市場に精通した企業との提携は、日本にいながら飛躍的に売上を伸ばすことも可能です。また、商品のアフターケアや広告なども任せられれば、負担を軽減することも可能です。

提携の形態は大きく2つに分けることができます。

1つは販売店契約（Distributorship Agreement）といわれているものです。販売店契約では、日本からの輸出に対する輸入者は販売店であり、販売店は輸入した商品を現地で国内販売します。

もう1つは、代理店契約（Agency Agreement）です。代理店契約の場合、日本からの輸入者は代理店ではなく、代理店が現地で開拓した個々の購入者です。したがって、代理店は、日本の輸出者と購入者を売買契約の当事者とする契約を締結します。

●代金回収と売主の義務

輸出代金回収の観点からは、販売店契約の場合は販売店の信用、代理店契約の場合は個々の購入者の信用が重要です。

販売店契約の場合、輸出者は製造物責任以外、原則として相手国の顧客に対して責任を負いませんが、代理店契約の場合、輸出者は売主として商品に対する責任があります。いずれの場合も、輸出者は取引実績に応じて契約に定めた手数料を販売店・代理店に支払うことになります。

●販売店・代理店活用の留意点

海外の販売店・代理店の活用は売上を伸ばす有力な手段であり、多くの企業が海外販売店・代理店を利用しています。自社製品の現地販売を任せるわけですから、販

販売店契約

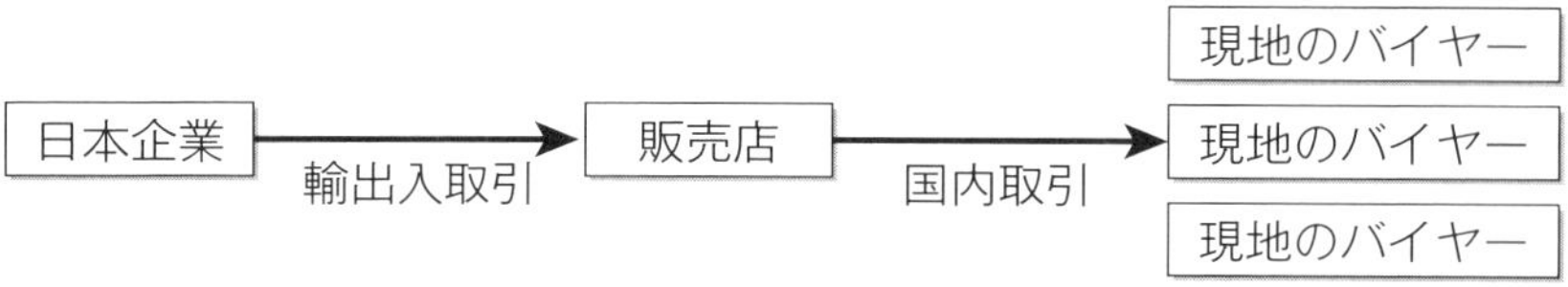

代理店契約

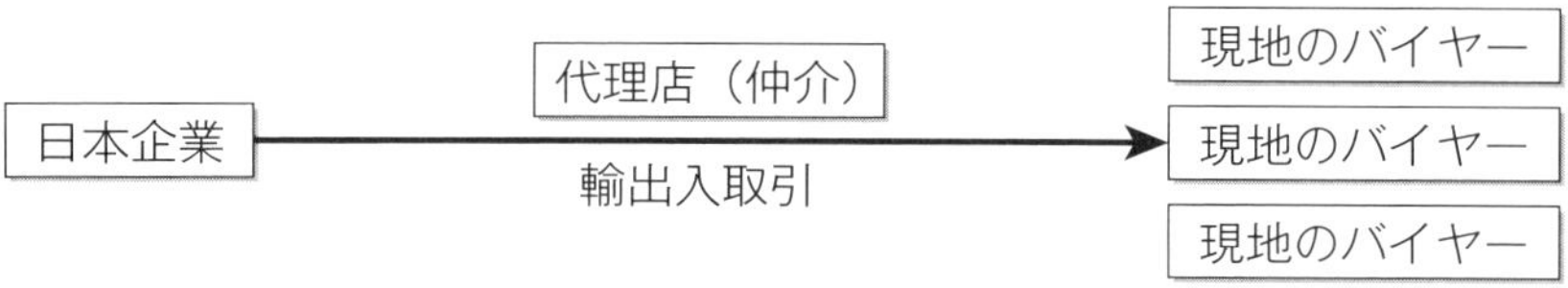

販売店・代理店契約の留意点

(1) 販売独占権

- 相手側にその地域での一手独占販売権を与えるかどうか？
  与えると相手側の士気は上がるメリットはあるが，その地域での自社からの直接の輸出も制限される。

(2) 販売商品，地域の範囲

- 相手側に販売を任せる商品，販売地域，提供する技術等を明確に規定し自社の長期的販売戦略に沿ったものにする必要がある。

(3) 契約期限

- 相手がこちらの期待した成果を上げられない可能性もあり，契約書には必ず期限を設けておく。

(4) 相手国の代理店保護法

- 販売店や代理店に対して，法律で保護を与えている国がある。
  ～契約期間が満了した場合でも，解除についての制限や一定の補償請求権を認めている。

  ～比較的立場が弱いとみなされる代理店に対して補償義務を適用する国もある。

(5) 独占禁止法

- 相手国内の再販価格等に制限を加えると，国によっては，その国の独占禁止法に違反する可能性がある。

売店・代理店選定にあたっては十分な調査を行い、しっかりと契約書を取り交わすことが大切です。

81 技術輸出

資金や人材の負担を抑えて優位な海外で生産する

●技術輸出とは

技術輸出とは、特許・実用新案・技術情報などに関する権利を外国に提供し、対価として特許料などの技術料を受け取ることです。

技術移転の方法は、海外に生産拠点として現地法人を設立し、そこに技術を提供して自社製品の市場拡大を図り、技術料として特許料などの使用料（ロイヤルティ）を受け取るものがあります。使用料の受取りは、株式配当とともに海外に進出した日本の親企業にとって重要な収益源となります。

一方、海外に拠点を設立せずに技術だけを提供するケースもあります。企業の経営資源の1つである技術それ自体を商品として輸出することで、技術輸出を重要な収益源と位置付け、戦略的に行おうとするものです。海外に拠点を設立せずにコストを抑え、技術だけを提供して使用料（ロイヤルティ）を受け取り、技術が価値のあるうちに開発費の回収や利益を最大限にするものです。

対象となる技術には、特許権、意匠権、商標権、著作権、半導体チップの回路配置権や設計図・マニュアルのようなノウハウがあり、特許権のように登録することにより法律で保護されるものやノウハウのような営業上の秘密もあります。

●使用料の設定方法

使用料を賦課する方法には、契約期間中の使用料を固定するイニシャルロイヤルティ方式と、契約期間中の契約品の売上や利益に応じて変動するランニングロイヤルティ方式があります。これら2つをあわせたものもあり、取引実態に合わせて設定します。

●使用料の水準

使用料（ロイヤルティ）の水準に定まった方法はありません。相手国によっては、現地当局がロイヤルティ送金について「売上の5％まで」というような規制を設けている場合があります。技術は時間とコストをかけた会社の大切な資産であり、重要な収益源ですので、納得できる合理的な利益を確保すべきです。また、関連会社との使用料の水準については、日本と相手国での移転価格税制を踏まえた検討が必要です。

技術輸出の留意点

相手国の規制や制約

ロイヤルティの受取りには進出国政府の方針により規制や制約があり，事前の十分な調査が必要。

- ロイヤルティ料率の上限規制（例えば５％を上限とする）など
- ロイヤルティの海外送金の規制
- 技術移転契約を政府当局に登録することの義務化や内容について介入

契約における留意点

技術を提供して対価の使用料を取得するには相手側との契約締結が必要。

〈技術契約について留意すべき基本的事項〉

- 技術流出や将来の海外展開も含め提供する技術等については必要最小限に抑える。相手は将来のライバルになる可能性もある。またノウハウは一度開示すると契約解除後にプロテクトするのは難しい。
- 技術の詳細と価値を知っているのはライセンサー企業自身なので，その情報と提供する目的を正しく専門家あるいは交渉するコンサルタントに伝える。

相手国での課税

受け取るロイヤルティの利益の源泉が相手国にあるため，送金時に相手国側で源泉課税されるのが一般的。

- 税率は相手国の税率が適用される。
- 相手国が日本と租税条約を締結している場合，租税条約上の税率の適用が可能。

技術提供した場合の相手企業の監査

技術輸出において，ロイヤルティ受取り側では，金額の計算根拠となる数字が適切かどうか判断できない場合が多い。

- 技術供与した相手の売上や収入はどう計算されて算出されているかは，会社の決算書をみただけでは不明かつ提示された数字の信頼性についても疑問。
- 相手側は当該技術取引と関係ない情報もあり，自社の売上や収益の詳細を技術提供者に知られたくないため詳細な情報開示を拒む可能性がある。
- あらかじめ契約書で情報の開示や内容の監査について決めておくことが必要。

82

海外委託加工・委託生産

海外販売地域の拡大に伴い増加する三国間貿易とその類似取引

製造コストの削減や販売先の要請で、中小企業も海外生産を迫られるケースが増加しています。ただ、海外に生産拠点を設立するには資金面、人材面の負担やリスクが大きく、なかなか決断が難しい場合もあります。そのような場合、直接大きな資本を投下して進出するのではなく、現地の地場企業に生産を委託する方法があります。本格的進出に比べて短時間で対応ができ、資金負担が比較的少ないため、多くの企業が活用しています。

日本から海外に生産を委託する場合、「委託加工」と「委託生産」があります。

●委託加工

委託加工は委託者（日本の企業）が自社の負担で原材料や部品を海外の受託企業に提供して加工を委託し、加工賃を支払って製品はすべて引き取ります（生産した商品は加工業者から他社には販売させません）。日本企業は受託者に技術提供、指導、監督を行います。

●委託生産

委託生産は日本企業が海外の現地企業に生産を委託することです。受託企業は生産のみを行い、製品の販売権は委託者である日本企業にあります。ただ、提供した生産ノウハウや技術を取得した受託企業が、将来力をつけて競争相手になる可能性もあります。

なお、委託生産には次のような形態もあります。

① OEM（Original Equipment Manufacturing）
委託者（日本側企業）が自社ブランド製品の製造を海外の企業に委託し、その全体を引き取る形態です。OEM受託企業にとっては、相手先ブランドでの委託生産です。

② ODM（Original Design Manufacturing）
OEMと同様ですが、ODMは製造だけでなく企画・設計も含めた自社ブランドでの生産を委託します。

③ EMS（Electronics Manufacturing Service）

委託加工・生産のメリットとリスク

メリット	• 生産拠点の多様化，能力拡大 • 生産コスト削減（人件費等） • 将来の海外展開に向けて現地製造のノウハウ蓄積 • 適切な国や地域を選べば，優位な場所で生産が可能 • 現地法人設立に比べ設立リスクが小さい • 投資額抑制が可能 • 撤退が容易
リスク （委託先の問題）	• 委託先の技術水準が低いと期待どおりの品質の製品ができない。 • 提供した技術や製造ノウハウ流出の可能性 • 提供した技術やノウハウが相手側に蓄積され，委託先が将来競合先になる。 • カントリーリスク（災害，政情不安，経済危機，テロ等）
留意点	設備，技術，原材料調達力のある受託企業を選定する • ブランド価値を守る品質管理および納期管理が必要 • 日本側の意思反映には限度あり • 現地での指導，人材の育成が必要 • 知的財産権の保護，管理（ライセンス契約，秘密保持契約等）対策

文字どおり電子機器製造を委託するものです。ＥＭＳは製品の設計や資材の決定も受託者が行います。受託者は完全な契約ベースで仕事の受注を行い，場合によって

は，競合メーカーの製品を同時に製造する場合があります。

83

海外進出の形態

目的に応じて駐在員事務所や支店、現地法人などを設立する

企業が国際業務を推進する目的はさまざまです。海外と取引のない企業でも、為替相場変動や外国政府の取引規制、景気など海外からの影響を常に受けます。海外取引を始める要因は1つではなく、いくつか組み合わさっている場合もあります。海外に進出する場合も目的やニーズはさまざまであり、実情に合った方法や形態を選ばなければなりません。

海外に拠点を作る進出形態には、以下の3つがあります。

●駐在員事務所

駐在員事務所は情報収集や市場調査などを目的とするもので、営業活動はできません。本社の出先という位置付けで、進出国の法人ではありません。

駐在員事務所設立には、原則、設立国の認可が必要ですが、米国のように届出や認可の必要のない国や、逆に積極的に認めていない国や認可期限を設けている国もあります。

営業活動はできませんが、事務所費用、人員の派遣、現地での雇用、事務費等の負担があります。

●支店

支店は進出国において事業を営む外国法人であり、日本企業は進出国で営業活動を行います。本社の一部として機動的、効率的に活動できますが、現地でトラブル等が発生した場合は、直接本社が裁判等の当事者になります。また、現地での税務処理について本社も調査の対象となります。支店の業務範囲を制限している国も多く、事前の調査が必要です。

●現地法人

現地法人の設立には人材と多額の資金が必要で、失敗した場合のリスクも高くなります。そのため、現地の市場、労働事情、法律、税制、規制、原材料の調達、インフラ、輸送など多岐にわたる事前調査が必要です。また、

現地を支援するための本社の体制整備、人材の育成も必要です。

新興国では製造業での進出に加え、最近は拡大する市場に注目した販売拠点とする進出や、現地の市場に即した製品開発を行う研究開発拠点といったマーケティングに重点を置いた現地法人も増加しています。

海外進出と委託加工・委託生産

それぞれの特徴と留意点の概要は以下のとおり。

進出形態		特徴	留意点
委託加工・委託生産（自社の拠点はない）		相手国企業と契約。出資は不要で，コストを抑制できる	技術指導が必要。委託先のコントロールが重要
駐在員事務所		現地法人に比べコストは抑えられるが情報収集等活動は限定的	営業活動ができない
支店		営業はできるが製造拠点としては不向き	新興国では設立に規制のある国が多い。現地で納税申告が必要
現地法人	単独出資（100%）	経営の自由度は高い	資金，人材等負担が大きい
	合弁（50%以上出資）	合弁相手の販売力等相手側機能を活用しつつ，経営の主導権を握ることができる	合弁相手と経営方針が異なる場合の対処・調整が重要。重要事項の決定には一定の制約がある
	合弁（マイナー出資）	投資コストを抑えながら販売ルートなど相手側の人材や機能を活用できるが経営の自由度は低い	合弁相手との経営方針が異なる場合，少数派としての対処方法が課題

84 直接投資

現地法人設立のメリット・デメリットと単独進出と合弁の違い

●直接投資

海外に直接資本を投下し、自社の拠点を設立、人材も派遣する場合は、輸出や委託生産と比較すると経営への関与は大きくなるので、本社の意思を大きく反映させることが可能です。ニーズに適合した国や地域への進出であれば、それらのメリットを享受することは不可能ではありません。

ただ、直接投資による拠点設立は投資する金額が多額になるのに加え、現地スタッフの雇用などの人事面、法務や財務、税務面で新たなリスクやコストが発生することに留意する必要があります。

●直接投資のメリット

直接投資による海外進出には以下のようなメリットがあります。

① 有利な立地の選定による事業コストの引下げ
- 安い労働力の活用
- 消費地に近いところで生産
- 部品や原材料の入手が容易、あるいは安価
- 進出国での優遇税制やFTA網の活用

② 販売先（顧客）を求める進出
- 所得が上昇し市場が拡大している地域への進出
- 日本の既存取引先の現地拠点へ部品等の供給

③ リスク対策
- 円高対策（為替リスク）
- 生産地の1か所集中を回避（カントリーリスク）

④ 研究開発や地域統括
- 現地顧客ニーズに合わせた製品開発

一方、海外進出には資本金や運転資金などの資金に加え、派遣する駐在員の費用も1人当たり日本の3倍かかるとされ、事業リスクが高くなります。

また、いったん進出すると撤退には現地の法律、労務や税務の問題で煩雑な手続きと時間がかかることがあ

り、留意が必要です。

海外進出する場合、1社単独で会社を設立する形態と現地の企業と合弁で行う方法があります。進出先国の規制で外国企業の出資比率が制限されるなどやむを得ず合弁形態をとる場合もありますが、合弁のメリットを生かし、あえて合弁を選択する場合もあります。

単独出資と合併

海外に会社を設立する場合，自社で100%の株を所有し，単独で経営する方法と，他社と株を持ち合い共同して合併企業として経営する方法があります。どちらの方法を選択するかは目的や内部事情，置かれている環境，進出国の規制により異なります。

100%の単独出資と合弁の違い

合弁形態での進出のメリット

- 出資金や人材を合弁相手と分担することにより，投資額とリスクを軽減できる。
- 現地企業との合弁の場合，相手企業の政治力，販売力や設備を利用でき，事業をスムーズに進めることができる。
- 新興国などの出資比率等制限がある業種での進出の場合，進出形態として選択する。

合弁形態での進出の留意点

- 開発途上国では資金力などの点で合弁相手として信頼に足る相手が少ない。
- 議決権や配当の権利が合弁相手に一定程度渡るため，自社が経営権を握れない可能性がある。
- 会社の経営方針や配当方針を巡り対立する可能性がある。
- 相手の資金負担力が十分でないと，増資や親会社からの貸付け等についても，自社の負担が増加する。
- 現地パートナーの経営管理能力に現地子会社の業績が左右される。
- 事業から撤退する場合，親会社間の足並みが揃わず，一方の反対で難しい場合もある。

コラム

日本企業の海外進出状況

世界経済のグローバル化のなかで，生産活動は欧米先進国・新興国の区別なく国境を越え，コスト削減や原料調達，販売市場拡大等の目的で最適な国や地域に移転する動きが進んでいます。また，新興国の中間層の拡大により，付加価値の高い商品市場がアジアで拡大しています。今や一企業が他国の影響を受けず，自国内の事情だけで収益を確保し存続し続けることは難しい状況になりつつあります。

とりわけ，わが国は2010年の128百万人をピークに人口減少が進行しているなかで，景気の低迷も長引き，内需のみでビジネスを展開していくには限界があります。

このような経済環境のなかで，日本企業の海外進出にも変化が現れています。従来の日本企業の海外進出は，製造業の生産コストの削減，特に人件費の低い地域での進出が中心でしたが，昨今は新興国市場に着目した販売のための卸売業やサービス業での進出も増加しています。現地法人の機能も，工場での生産活動だけでなく，マーケティングや研究開発といった機能も重視されるようになってきました。ただ，新たな市場が拡大する一方で新興国内の技術水準も上昇し，日系企業と競合，あるいは凌駕する地場企業も出てきました。

経済産業省「第45回海外事業活動基本調査」（2016年５月公表）によると，2014年の製造業の海外生産比率は24.3％で過去最大になっています。なかでも自動車を主体とする輸送機械は46.9％にのぼっています。海外現地法人の数と売上高の変化は以下のとおりです。

日本の海外現地法人数の推移（社数）			
		2005年	2014年
全産業		15,850	24,011
内	製造業	8,048	10,592
	卸売業	3,763	6,641
	サービス業	930	2,105

日本の海外現地法人の売上高推移（兆円）			
		2005年	2014年
全産業		185.0	272.2
内	製造業	87.4	129.7
	卸売業	79.7	101.4
	サービス業	1.5	11.3

参考文献

- 『貿易・為替入門』三菱東京UFJ銀行
- 『外為法ハンドブック　2015』三菱UFJリサーチ＆コンサルティング
- サム・Y・クロス（国際通貨研究所訳）『外国為替市場の最新知識』東洋経済新報社
- 安田火災海上株式会社編『やさしい貨物保険』有斐閣ビジネス
- 高安昭之助監修『新・取立統一規則に基づく取立為替Q&A』東銀リサーチインターナショナル
- 『外国取引実践コース１（外国為替の基本と送金・両替業務）』経済法令研究会
- 『外為取引実践コース２（輸出為替）』経済法令研究会
- 『外為取引実践コース３（輸入為替）』経済法令研究会
- 『外為取引実践コース４（資本取引・サービス貿易と国際金融業務）』経済法令研究会
- 『ゼミナール　外為実務Q&A』経済法令研究会
- 後藤守孝共著『テキスト２（外為取引の実務）』銀行研修社
- 『外国為替基礎コース１（外国為替概論）』全国地方銀行協会
- 中島真志『クロスボーダー決済の最新事情』金融財政事情
- 後藤守孝『貿易実務のための外国為替コース』シグマベイスインベストメント
- 寺田一雄『連載　貿易実務入門』貿易実務ダイジェスト
- 寺田一雄『現代の貿易ビジネス』中央書院
- 蔵和弥『よくわかる貿易の実務』同文館出版
- 軽森雄二，細川博『海外進出のしかたと実務知識』中央経済社
- 小島浩司編著『金融機関のための中小企業海外展開支援実務のポイント』経済法令研究会
- 『海外進出支援実務必携』金融財政事情研究会
- 『シンガポール進出時の税務的留意点－タックスヘイブン対策税制について－』独立行政法人日本貿易振興機構（ジェトロ）
- 『国際海上物品運送法と船荷証券に関する国際条約（ヘーグ・ルール等）』独立行政法人日本貿易振興機構（ジェトロ）

■著者略歴

後藤　守孝（ごとう　もりたか）

編集統括，執筆担当：第１章～第５章，第９章の一部

東京銀行（現・三菱東京UFJ銀行）に入行，長年にわたり国際業務，外国為替業務に従事。海外勤務はブリュッセルとロンドン，その後三菱UFJリサーチ＆コンサルティングで貿易投資相談に携わる。

主な著書：『信用状統一規則の実務Q＆A』（共著・中央経済社）（2008年），『貿易と信用状』（共著・中央経済社）（2010年）

軽森　雄二（かるもり　ゆうじ）

執筆担当：第６章，第９章の一部，第10章

三和銀行（現・三菱東京UFJ銀行）に入行，海外勤務は米国，インドネシア，その後三菱UFJリサーチ＆コンサルティングで貿易投資相談に携わった後，現在，公益社団法人経営・企業協会および海外工業開発コンサルタンツ有限会社に勤務。

主な著書：『海外進出のしかたと実務知識〈改訂版〉』（共著・中央経済社）（2015年），『海外進出支援実務必携』（共著・金融財政事情研究会）（2014年），『金融機関のための中小企業海外展開支援実務のポイント』（共著・経済法令研究会）（2015年）

粥川　泰洋（かゆかわ　やすひろ）

執筆担当：第７章，第８章，第９章の一部

三菱銀行（現・三菱東京UFJ銀行）に入行，永年にわたり国際業務・外為実務の一線で活躍し，現在，外為事務部上席調査役。国際商業会議所日本委員会メンバーとして国際規則（バンクペイメントオブリゲーション統一規則）の翻訳作業に参加。日本貿易学会会員，貿易アドバイザー協会（AIBA）会員。

すらすら図解
貿易・為替のしくみ

2017年4月20日　第1版第1刷発行

著　者　後藤守孝
　　　　軽森雄二
　　　　粥川泰洋
発行者　山本継
発行所　(株)中央経済社
発売元　(株)中央経済グループパブリッシング
〒101-0051　東京都千代田区神田神保町1-31-2
電話　03（3293）3371（編集代表）
03（3293）3381（営業代表）
http://www.chuokeizai.co.jp/
製版／(有)イー・アール・シー
印刷／三英印刷(株)
製本／(株)関川製本所

ISBN978-4-502-22341-9 C3034